Zeitschrift für Kulturmanagement Jg. 1 2015/2

Journal of Cultural Management Vol. 1 2015/2

Die jährlich in zwei Heften erscheinende, referierte „Zeitschrift für Kulturmanagement" initiiert und fördert in Nachfolge des „Jahrbuchs für Kulturmanagement" eine umfassende wissenschaftliche Auseinandersetzung mit Kulturmanagement im Hinblick auf eine methodologische und theoretische Fundierung des Faches. Das international orientierte Periodikum nimmt nicht nur ökonomische Fragestellungen, sondern ebenso sehr die historischen, politischen, sozialen und wirtschaftlichen Bedingungen und Verflechtungen im Bereich Kultur in den Blick. Explizit sind daher auch Fachvertreter akademischer Nachbardisziplinen wie der Kultursoziologie und -politologie, der Kunst-, Musik- und Theaterwissenschaft, der Kunst- und Kulturpädagogik, der Wirtschaftswissenschaft etc. angesprochen, mit ihren Beiträgen den Kulturmanagementdiskurs kritisch zu bereichern.

The half-yearly published "Journal of Cultural Management", as a successor of "Jahrbuch für Kulturmanagement", initiates and supports an extensive scholarly discourse about cultural management, in view of a methodological and theoretical foundation of the field. This peer-reviewed journal is not limited to economic concerns, but rather takes into account all the historical, political, social and economic conditions and interconnections in the study of culture. Experts from neighbouring academic disciplines such as cultural sociology and policy, art studies, theatre studies, musicology, arts education and economics are addressed in order for their contributions to enrich the cultural management discourse critically.

ZEITSCHRIFT FÜR KULTURMANAGEMENT
Kunst, Politik, Wirtschaft und Gesellschaft

JOURNAL OF CULTURAL MANAGEMENT
Arts, Economics, Policy

Volume 1 | Number 2
2015

[transcript]

Fachverband
Kulturmanagement

Recommended citation: TEISSL, Verena (2015): Dispositive der Kulturfinanzierung. – In: Zeitschrift für Kulturmanagement / Journal of Cultural Management 1/1, 15-29.

Die „Zeitschrift für Kulturmanagement" erscheint in zwei Ausgaben pro Jahr, im Frühjahr und im Herbst. Sie kann als Jahresabonnement direkt über den Verlag abonniert werden. Das Abonnement umfasst alle Ausgaben eines Jahres. Die Zusendung der abonnierten Exemplare erfolgt unmittelbar nach Erscheinen. Die Rechnungsstellung erfolgt jeweils zum Versand der ersten Ausgabe eines Jahres. Das Abonnement beginnt mit dem jeweils aktuellen Heft und verlängert sich automatisch um jeweils ein Jahr, wenn es nicht bis zum 1. Februar eines Jahres beim Verlag gekündigt wird.
Der Preis pro Einzelheft beträgt 34,99 €.
Der Preis für ein Jahresabonnement (inklusive Versand) beträgt:
in Deutschland: 65,00 € / international: 75,00 €.

Der Preis pro Einzelausgabe E-Journal beträgt 34,99 €.
Der Preis für ein Jahresabonnement des E-Journals beträgt 65,00 €.
Der Einzelpreis für ein Bundle (Printausgabe und digitale Ausgabe) beträgt 42,00 €.
Der Preis für ein Jahresabonnement des Bundles (inklusive Versand) beträgt:
in Deutschland: 78,00 € / international: 88,00 €.
Weitere Informationen finden Sie unter: http://www.transcript-verlag.de/zkmm
Selbstverständlich ist die „Zeitschrift für Kulturmanagement" auch über jede Buchhandlung erhältlich.
Bitte beachten Sie, dass über unseren Webshop keine Campus-Lizenzen erworben werden können. Für den Erwerb von Campus-Lizenzen wenden Sie sich bitte an unsere Vertriebspartner. Einen Überblick über Ihre Bezugsoptionen finden Sie auf unserer Website unter: http://www.transcript-verlag.de/bezugsoptionen

Bibliografische Information der Deutschen Nationalbibliothek
Die Deutsche Nationalbibliothek verzeichnet diese Publikation in der Deutschen Nationalbibliografie; detaillierte bibliografische Daten sind im Internet über http://dnb.d-nb.de abrufbar.

Umschlaggestaltung: Hans-Dirk Hotzel, Kordula Röckenhaus, Bielefeld
Innenlayout: Hans-Dirk Hotzel
Lektorat: Carsten Wernicke, Jana Schmülling, Megan McCarty
Satz: Stepan Boldt, Benjamin Burkhart, Carsten Wernicke
ISSN 2363-5525
E-ISSN 2363-5533
Print-ISBN 978-3-8376-3161-6
PDF-ISBN 978-3-8394-3161-0

Gedruckt auf alterungsbeständigem Papier mit chlorfrei gebleichtem Zellstoff.

Inhalt

EDITORIAL
STEFFEN HÖHNE, MARTIN TRÖNDLE   9

Beiträge

Money Talks
Über die Nichtneutralität von Geld
in der Kulturfinanzierung
THOMAS HESKIA   13

Kulturpolitik in der Demokratie
MONIKA MOKRE   51

**Die Thüringer Kommunen und die Bürde
der Kultur**
TOBIAS J. KNOBLICH   65

**Das ‚hohe Kulturgut deutscher Musik'
und das ‚Entartete'**
Über die Problematik des Kulturorchester-Begriffs
LUTZ FELBICK   85

Arbeits- und Tagungsberichte

Die Zukunft beginnt heute!
Strategien für die Kulturszene Schweiz. Tagung des
Studienzentrums Kulturmanagement der Universität Basel
BRIGITTE SCHAFFNER   119

„Was alle angeht. Oder: Was ist
heute populär?"
Reflexionen zur Jahrestagung der Dramaturgischen
Gesellschaft aus Perspektive des Kulturmanagements
BIRGIT MANDEL   127

Jenseits des standardisierten Fragebogens
Workshop der Arbeitsgemeinschaft ‚Methoden der
empirischen (Kulturnutzer-)Forschung' des
Fachverbands Kulturmanagement am 26.02.2015
THOMAS RENZ, VERA ALLMANRITTER   137

Visitor Studies Group Conference
Visitor Studies: Embracing Change?
4.-5. März 2015, London
VERA ALLMANRITTER, ANNETTE LÖSEKE   141

Zeitschriftenschau

Zeitschriften Review 2013-2014
Diskurse, Daten, Methoden – Journals im Feld
der Kultursoziologie
KAREN VAN DEN BERG, TASOS ZEMBYLAS   147

Aktuelle Einsichten in das Kulturmarketing
Studien, Fakten und Erkenntnisse
SIGRID BEKMEIER-FEUERHAHN, ULRIKE ADAM,
NADINE OBER-HEILIG   155

Rezensionen

Jochen STROBEL/Jürgen WOLF (Hgg.): Maecenas und seine
Erben. Kunstförderung und künstlerische Freiheit –
von der Antike bis zur Gegenwart
STEFFEN HÖHNE   167

Stefanie FREYER: Der Weimarer Hof um 1800. Eine
Sozialgeschichte jenseits des Mythos
STEFFEN HÖHNE   170

Klaus Georg KOCH: Innovationen in Kulturorganisationen.
Die Entfaltung unternehmerischen Handelns und die
Kunst des Überlebens
BIRGIT MANDEL   172

Kathryn BROWN (Ed.): Interactive Contemporary Art.
Participation in Practice
FRANZISKA BRÜGGMANN   175

Polly MCKENNA-KRESS/Janet A. KAMIEN: Creating
Exhibitions. Collaboration in the Planning,
Development and Design of Innovative Experiences
FRANZISKA BRÜGGMANN   178

Markus METZ/Georg SEESSLEN: Geld frisst Kunst. Kunst
frisst Geld. Ein Pamphlet
STEFFEN HÖHNE   182

Angela DIMITRAKAKI/Kirsten LLOYD (Hgg.): ECONOMY.
Art Production and the Subject in the 21st Century
ALEXANDER WILHELMI   185

Chantal MOUFFE: Agonistik. Die Welt politisch denken
KAREN VAN DEN BERG   188

Abstracts   193

Verzeichnis der Adressen /
adress directory   197

Editorial

Das zweite Heft der *Zeitschrift für Kulturmanagement: Kunst, Politik, Wirtschaft und Gesellschaft / Journal of Cultural Management: Arts, Economics, Policy* nimmt sich in vier Artikeln des Verhältnisses von Kulturproduktion, Kulturpolitik und Kulturfinanzierung an. Thomas Heskia analysiert die Nichtneutralität von Geld und versucht so für das Handeln im Kunstfeld eine neue Sensibilisierung im Umgang mit Geldwerten zu erzeugen; Monika Mokre entfaltet eine demokratietheoretische Diskussion zur Kulturpolitik und fragt nach deren Konsequenzen in der Kulturfinanzierung; Tobias J. Knoblich exemplifiziert das Wirkungsgefüge Kulturpolitik/Kulturfinanzierung anhand der Landeskulturpolitik in Thüringen. Lutz Felbick schließlich lenkt den Blick auf die Genese des Begriffs ‚Kulturorchester' und weist anhand der Begriffsgeschichte nach, wie nicht alleine die Orchester in Deutschland eine einzigartige Stellung in der Kulturlandschaft erhalten haben, sondern wie sich dadurch bis heute Mittelallokationen in der öffentlichen Kulturfinanzierung manifestieren.

Als neue Rubrik wurde die *Zeitschriftenschau* eingeführt. In dieser Rubrik werden die wichtigsten wissenschaftlichen Periodika im Feld vorgestellt. Den Anfang machen Karen van den Berg und Tasos Zembylas zu Zeitschriften aus dem Bereich der Kultursoziologie; Sigrid Bekmeier-Feuerhahn, Ulrike Adam und Nadine Ober-Heilig liefern einen Überblick zu Zeitschriften, die für Themen des Kulturmarketings von Interesse sind. Mit weiteren Arbeits- und Tagungsberichten sowie Rezensionen möchte die *Zeitschrift für Kulturmanagement* ihrer Aufgabe als wissenschaftliches Periodikum in der Nachfolge des *Jahrbuchs für Kulturmanagement* nachkommen und sowohl den Diskurs zwischen Theoriebildung bzw. -reflexion und Praxisorientierung abbilden, als auch eine fachkonstituierende Funktion wahrnehmen.

Autorinnen und Autoren im Fach Kulturmanagement selbst, als auch in den einschlägigen Nachbardisziplinen sind eingeladen, wissenschaftliche Artikel, Essays, Case Studies oder Rezensionen und Tagungsberichte einzureichen. Besprechungen und Berichte sollen künftig einen Schwerpunkt in der *Zeitschrift für Kulturmanagement: Kunst, Politik, Wirtschaft und Gesellschaft* erhalten.

Zeitschrift für Kulturmanagement, 2/2015, S. 9-10
doi 10.14361/zkmm-2015-0202

Im Rahmen der Qualitätssicherung werden wissenschaftliche Artikel und Essays einem fairen und anonymisierten Begutachtungsverfahren (double-blind peer-review) unterzogen. Nähere Informationen hierzu entnehmen Sie der Homepage des *Fachverbandes für Kulturmanagement* (<http://www.fachverband-kulturmanagement.org/informationen-fur-autoren/>).

Gerne laden wir Sie zur kommenden 9. *Jahrestagung des Fachverbands Kulturmanagement* mit dem Thema *Evaluation im Kulturbereich. Herausforderungen der Evaluierung von kulturellen Projekten, Programmen und Institutionen sowie von kulturpolitischen Strategien* ein, die vom 14. bis 16. Januar 2016 am *Zentrum für Kulturmanagement, School of Management and Law* der ZHAW *Zürcher Hochschule für Angewandte Wissenschaften* auf dem Campus Winterthur stattfinden wird.

Dem Tagungsthema *Evaluation im Kulturbereich* wird dann eine eigene Ausgabe der *Zeitschrift für Kulturmanagement* gewidmet sein. Den Call for Papers als auch die Autoreninformationen für themenoffene Einreichungen entnehmen Sie ebenfalls der Homepage (<http://www.fachverband-kulturmanagement.org/category/tagungen-des-fachverbandes/>).

Wir wünschen ein anregendes Lesevergnügen.[1]

Steffen Höhne und Martin Tröndle
(geschäftsführende Herausgeber)

---

[1]   Die in der Zeitschrift verwendeten Genusmarkierungen erstrecken sich ausdrücklich auf beide Geschlechter. Auf eine spezifische Markierung wird i. d. R. aus sprachökonomischen Gründen verzichtet.

BEITRÄGE

Money Talks
Über die Nichtneutralität
von Geld in der Kulturfinanzierung

THOMAS HESKIA
Kunsthochschule Mainz

Abstracts

Von der Kulturfinanzierung wird oft gefordert, dass sie sich nicht auf die künstlerischen Inhalte niederschlagen darf. Nur so könne die Freiheit der Kunst gewahrt bleiben. Tatsächlich wird von Förderern, Sponsoren und Mäzenen in der Regel behauptet, dass sie objektiv agierten und keinesfalls Einfluss auf künstlerische Inhalte ausübten. Eine solche Verleugnung greift jedoch zu kurz: Finanzierung ist multidirektionale Kommunikation und Geld selbst ein semantisches System. Es transportiert Bedeutung und beeinflusst dadurch stets das Ergebnis kultureller und künstlerischer Produktion. Im Rahmen eines gesellschaftlichen Dreisektorenmodells untersucht der vorliegende Artikel den über das Interaktionsmedium Geld vermittelten Transport von Bedeutungen aus Markt, Staat und Zivilgesellschaft in das gesellschaftliche Teilsystem Kunst.

Keywords

Theorieentwicklung – Kulturfinanzierung – Kulturökonomie – Kultursoziologie – Staat
theory development – financing – cultural economy – cultural sociology – state

Corresponding Author

Thomas Heskia
E-Mail: thomas.heskia@kunsthochschule-mainz.de

— Research Article –

1. Kultur – Finanzierung – Geld

In Kulturorganisationen und bei Kulturprojekten spielt die Frage der Beschaffung von Ressourcen insbesondere finanzieller Mittel – somit: Geld – eine zentrale Rolle. Geld gilt als zentraler Bestandteil des gesellschaftlichen Teilsystems Wirtschaft. Oft grenzen sich die Kunstschaffenden davon ab und machen das Verhältnis von ‚reiner' Kunst und profitorientiertem Kommerz zum Thema. Ungeachtet dieser Auseinandersetzung wird Geld als ‚Treibstoff' der Kunstproduktion zugelassen. Allerdings geschieht dies unter der Prämisse, dass sich die Finanzierung nicht auf die künstlerischen Inhalte niederschlagen darf. Nur auf diese Weise könne die Freiheit der Kunst gewahrt bleiben. Ein solches Ausblenden des Verhältnisses von Kulturfinanzierung und Kunstproduktion greift jedoch zu kurz, denn: Finanzierung ist multidirektionale Kommunikation und Geld selbst ein semantisches (Zeichen-)System. Geld ist nicht neutral, es ist Teil sämtlicher gesellschaftlicher Sphären, es transportiert Bedeutung und dadurch verändert und beeinflusst es das Ergebnis kultureller und künstlerischer Produktion. Dass diese Zeichenhaftigkeit über den vordergründig materiellen Wert hinausreicht, dass im Geldverkehr immer auch kulturelle Werte mittransportiert werden, soll mit Bezug auf den Kultursektor Inhalt des vorliegenden Artikels sein. Dazu wird zunächst eine Ideengeschichte des Geldes entfaltet, um anschließend danach zu fragen, welche Erkenntnis diese für ein differenzierteres Verständnis des Verhältnisses von Kulturfinanzierung und Kunstproduktion generiert. Dabei stützt sich der Beitrag auf ein sozioökonomisches Dreisektorenmodell, indem die Kulturproduktion in einem Spannungsfeld von Markt, Staat und Zivilgesellschaft verortet wird.

2. Zur Ideengeschichte des Geldes

Geld ist ein universelles Phänomen, welches komplexe Gesellschaften zu verschiedenen Zeiten unabhängig von einander entwickelt haben. Die Verwendung von Geld als Zahlungsmittel, Wertmaßstab und Wertaufbewahrungsmittel gilt als zentrale Kulturleistung, für die Philosophie, Anthropologie, Soziologie und natürlich auch die Wirtschaftswissenschaften eine Reihe von Entstehungs-, Funktions- und Werttheorien vorgelegt haben. Aristoteles geht in der *Nikomachischen Ethik* der Frage nach, ob die Geltung des Geldes seiner stofflichen Qualität (φύσει/physei) entspringt oder nicht doch vielmehr durch Vereinbarung (νόμος/nomos) entsteht (EHRLICHER 1981; ARISTOTELES 1911, V 8). Auf die Scholastiker um Thomas von Aquin geht die auf Renaissance und Aufklärung vorausweisende Neuformulierung der Konventionstheorie zurück, die Geld als Ergebnis gesellschaftlicher Vereinbarung betrachtet, während die Metallisten bis weit ins 19. Jahrhundert den Geldwert rein auf seinem Edelmetallgehalt begründeten (STAVENHAGEN 1969: 418-421).

Der österreichische Ökonom Carl Menger überwindet beide Ansätze durch seine These einer natürliche Entstehung des Geldes, bei der sich gewisse Güter, die über die Eigenschaften der Transportabilität, Dauerhaftigkeit und Wertstabilität verfügen, als universelle Tauschgüter herausbilden (MENGER 1871: 260; 1970). Diese ‚Naturtheorie' liegt auch den kommerziellen Geldentstehungstheorien zugrunde, nach denen das

Geld dem privaten Handel entspringt. Demgegenüber setzen nichtkommerzielle Theorien den Ursprung des Geldes mit Austauschverfahren in kultischen und verwandtschaftlichen Kontexten in Verbindung (HÖLTZ 1984: 6; EINZIG 1966: 344-388). Zu den nichtkommerziellen Theorien wäre auch der politische Ursprung des Geldes zu zählen, also die Verwendung von standardisierten Tauschgütern zur Leistung staatlicher Tribute. Dieser Ansatz ist weniger als Erklärung einer originären Geldentstehung als für das Verständnis der weiteren Entwicklung tauglich. Erst die Annahme durch die Obrigkeit für die Bezahlung von Abgaben verlieh dem Geld eine allgemeine Gültigkeit. Die offizielle Anerkennung bewirkte eine gesteigerte Akzeptanz im privaten Zahlungsverkehr. Die damit einhergehende staatliche Normung sorgte auch für die Vervollkommnung als Recheneinheit: Das Bildnis des Herrschers garantierte den Feingehalt ausgeprägter Münzen und die Verkehrsfähigkeit von Scheidemünzen (MENGER 1970: 41-46). Mit der Einführung des Buchgeldes durch die italienischen Banken des Mittelalters war es wiederum der Markt, der Entwicklung und Abstraktion des Geldes vorantrieb. Verbrieft konnte Buchgeld durch Ausgabe von Banknoten werden, ein Privileg, das bis zum 20. Jahrhundert weitestgehend auf nationale oder supranationale Notenbanken übertragen wurde (KLAMER/DALEN 1998: 22-36).

Schon aus seiner Geschichte geht mithin hervor, dass Geld nicht nur der Wirtschaft dient, sondern von seinem Ursprung an in sämtlichen gesellschaftlichen Sphären eine Rolle spielt. Eine weitere Tendenz aus der Geldgeschichte ist die graduelle Entwicklung des Geldes von einem konkreten Tauschmedium zu einem vom realen Eigenwert abstrahierten Zeichen seiner selbst bis hin zu einem virtuellen Symbol, das Werte vertritt (HUTTER 1995; FRERICHS 1993).

3. Die Nichtneutralität des Geldes

Die zunehmende Abstraktion verleitete vorerst zur Annahme, dass Geld in Bezug auf wirtschaftliche Entscheidungen neutral wäre. Die klassischen Nationalökonomen gehen davon aus, dass sich das Geld wie ein Schleier über das Wirtschaftsgeschehen legt. Existenz und Umlauf des Geldes hätten demnach keinen Einfluss auf Größen wie Produktion und Beschäftigung (ISSING 2001: 13f.). Diese Idee findet ihren Niederschlag in der Quantitätstheorie, die besagt, dass eine Veränderung der Geldmenge zu nichts anderem als einer Veränderung des Preisniveaus führt (MILL 1848; FLOTOW 1997: 67). Die klassische Volkswirtschaft des 19. Jahrhunderts, ergibt sogar nur dann Sinn, wenn die Recheneinheit Geld kein Eigenleben führt. Einzig und allein durch die Senkung der Transaktionskosten wird ihr ein realwirtschaftlicher Effekt zugestanden (GANßMANN 2011: 14). Knut Wicksell, einer der Begründer der neueren Makroökonomie wies als erster auf die in der Quantitätsgleichung enthaltene starken Schwankungen unterworfene Umlaufgeschwindigkeit als von der Geldmenge unabhängigen Preisfaktor hin. Er bricht mit der klassischen Dichotomie von Real- und Geldwirtschaft, indem er den Zinssatz als zentralen Transmissionsmechanismus identifiziert (WICKSELL 1922; ARNON 2011: 345). Temporäre Abweichungen des tatsächlichen Zinsfußes vom Gleichgewichts- oder ‚natürlichen' Zinsfuß führen zu Konjunkturschwankungen der Realwirtschaft, ein Ansatz, der von Ludwig von Mises (1928) und Friedrich von Hayek (1929) zu einer monetären Konjunkturtheorie weiterentwickelt wurde.

John Maynard Keynes war es, der in den 1930er-Jahren – infolge der durch den Zusammenbruch der Finanzmärkte ausgelösten Krisen der Realwirtschaft – die Quantitätstheorie, aber auch die monetären Konjunkturtheorien zum adäquaten Verständnis einer dynamischen Wirtschaft als ungeeignet ansah. Kern seiner General Theory ist der unmittelbare Zusammenhang von Geld, Zinssatz und Beschäftigung (KEYNES 1936). Antizyklische Konjunkturpolitik – also verstärkte staatliche Ausgaben in Zeiten wirtschaftlicher Krisen – kann nach Keynes auch durch staatliche Geldschöpfung betrieben werden. Auch wenn der interventionistische Ansatz des Keynesianismus liberale Gegner auf den Plan rief, so geht keine der aktuellen volkswirtschaftlichen Schulen mehr von der klassischen Dichotomie aus. Der Monetarismus als Gegenmodell zum Keynesianismus sieht in der Steuerung von Geldmenge und Zinssatz sogar die einzige zulässige wirtschaftspolitische Maßnahme (VAGGI/ GROENEWEGEN 2014: 319f.): „Money matters"!

Ähnlich wie die Volkswirtschaft ging man auch bei der soziologischen Betrachtung des Geldes ursprünglich von seiner Eigenschaft als neutralem Abstraktum aus. Ebenso wie der Ökonom Alfred Marshall (2003 [1923]) Geld als das rationalisierende Element sieht, das als unbestechlicher Maßstab für sonst unmessbare menschliche Motivationen dienen kann, ist es für den Soziologen Max Weber (1976: 45) das „formal rationalste Mittel wirtschaftlichen Handelns" und als solches der emotionalen Sphäre streng entgegengesetzt (ZELIZER 1994: 8). Karl Marx geht hingegen davon aus, dass Geld das gesamte soziale Leben durchdringt. Geld ist für ihn die allgemeine Äquivalentform, in der sich der

Wert von Waren ausdrücken lässt (MARX 1872: 46-47). Sie sind Verge-
genständlichungen menschlicher Arbeit, denen sowohl ein Gebrauchswert, als auch ein Tauschwert zugewiesen werden kann (MARX 1872:
16-24). Jenseits dieses rationalen Doppelcharakters baut der Mensch
zu Waren ein verdinglichtes, quasireligiöses Verhältnis auf, wodurch sie
die Eigenschaft eines Fetisch annehmen (MARX 1872: 47-61). Geld ist
letzten Endes nichts Anderes als eine besondere Form von Ware. Da ihr
definitionsgemäß der Gebrauchswert fehlt, ist sein Fetischcharakter sogar noch stärker ausgeprägt. Geld wird zur „göttlichen Kraft", die Status
und Macht des Subjekts bestimmt und deswegen kultisch verehrt wird
(BÖHME 2001: 302).

Auch wenn man der Marxschen Lehre in Bezug auf die transzenden-
tale Wirkung des Geldes nicht folgt, erkennt man, dass Geld soziale Beziehungen in materielle Relationen verwandelt. Beim Soziologen Georg
Simmel, der sich zu Beginn des 20. Jahrhundert in seiner *Philosophie
des Geldes* (1920) als erster mit dem Wesen des Geldes als sozialem Phänomen beschäftigt hat, wird dieser Umstand ins Positive gekehrt: Dadurch, dass Geld die persönliche Beziehung traditioneller Arrangements
aufgebrochen hat, konnten die ständischen Hierarchien des Feudalis-
mus überwunden werden. Jeder kann frei wählen, mit wem er in wirtschaftlichen Austausch tritt. Für Simmel ist die Indifferenz – oder wie er
sich ausdrückt „Farblosigkeit" – des Geldes der Schlüssel zu individuel-
ler Freiheit (SIMMEL 1920: 297-321). Geld ist reine Quantität, der die
Dimension der Qualität fehlt (SIMMEL 1920: 269). Auch wenn es selbst
nicht mit Bedeutungen aufgeladen ist, verändert Geld jedoch die Gesellschaft durch neue Wechselwirkungen und Handlungsmuster (SIMMEL
1920: 197-194; 480-585). Simmels Farblosigkeit ist somit keinesfalls
mit der Geldneutralität gleichzusetzen: Geld spielt eine Doppelrolle, weil
es nicht nur – als Zeichen des Tauschwerts – eine neutrale Relation bildet, sondern auch – als Motor des Wachstums – realwirtschaftliche Relationen besitzt (FLOTOW 1997: 156-159; FLOTOW/SCHMIDT 2000).

4. Geld als Medium

Relevanz bekommt Geld durch seine Eigenschaft als Medium, das niemals nur ein einfacher Transmissionsmechanismus ist, sondern konkrete Auswirkungen auf die Gesellschaft zeitigt. Geld ist wie bereits
eingangs erwähnt ein Zeichen, das Werte bezeichnet und als solches für
Erkennbarkeit und Kontinuität sorgt. Als Medium, in dem Transaktio-

nen geformt werden (HUTTER 1995: 331) spielt dieses Geldzeichen eine zentrale Rolle in den sozialen Systemtheorien. Talcott Parsons (1980) definiert das symbolische Tauschmedium Geld – neben Macht, Einfluss und Commitments/Wertbindung – als eines der sozialen Interaktionsmedien, die der Mitteilung dessen dienen, was man (Ego) möchte, um den anderen (Alter) zu komplementärem Handeln zu motivieren. Interaktionsmedien vereinfachen die Kommunikation, indem sie es innerhalb einer tragenden Struktur ermöglichen, allein mit Symbolen zu agieren und dadurch Handlungsmuster zu entlasten (SIENHOLZ 2012).

In Niklas Luhmanns' Theorie sozialer Systeme bilden nicht Individuen – also Menschen oder deren Handlungen – Systeme, sondern Kommunikationsakte, die aneinander anschließen und sich aufeinander beziehen. Für Niklas Luhmann ist Geld – mit den Geldzeichen als zeitbeständigen Elementen und den Zahlungen als vergänglichen Formen – eines der symbolisch generalisierten Kommunikationsmedien (LUHMANN 1997: 316-395). Im Gegensatz zu den reinen Verbreitungsmedien zählt er sie zu den sogenannten Erfolgsmedien, welche die im Zuge der gesellschaftlichen Entwicklung gesunkene Wahrscheinlichkeit erfolgreicher Kommunikation – „Kommunikation ist unwahrscheinlich" (LUHMANN 2001: 78) – durch Vermittlung zwischen Ego und Alter signifikant erhöhen. In die gleiche Kategorie fallen für Luhmann Macht, Liebe, Wahrheit und – in unserem Zusammenhang interessant – Kunst (KRAUSE 2005: 176-178): Künstlerischer Ausdruck bewegt den Kunstsinnigen dazu, sich dem Kunstwerk zuzuwenden und schafft damit dem Künstler ein Publikum.

Parsons Ansatz der sozialen Interaktionsmedien und Luhmanns symbolisch generalisierte Kommunikationsmedien bieten in Bezug auf das Medium Geld eine basale soziologische Erklärung dafür, was die Ökonomen unter der Verringerung der Transaktionskosten verstehen. Sie weisen aber durch die Betonung von Interaktion bzw. Kommunikation und die Einbettung in einen sozialen Systemzusammenhang bereits darüber hinaus. Für Parsons (1980: 19-21) sind sie kybernetische Steuerungsmechanismen der Interaktion, die in begrenztem Maße untereinander austauschbar sind, so z. B. Geld gegen Macht oder Einfluss gegen Wertbindung (SIENHOLZ 2012). Luhmanns generalisierte Kommunikationsmedien sind hingegen Steuerungsmedien, die bestimmte gesellschaftliche Funktionssysteme lenken. Geld ist der Wirtschaft als legitimes primäres Steuerungsmedium zugeordnet. Es spielt aber auch in den anderen Funktionsbereichen – so etwa in Wissenschaft, Recht, Politik oder eben Kunst und Kultur – eine Rolle, wobei das Überhandnehmen (‚Korruption‘) zur systemischen Gefahr geraten kann (SIMON 2012).

Im Gegensatz zu Luhmanns operationsbasierter Kommunikationstheorie setzt die materielle Theorie McLuhans bei den Individuen an (HUTTER 1995: 329). Medien stellen für ihn eine Erweiterung des Menschen dar – *The Extensions of Man*, wie er sie schon im Untertitel seines grundlegenden Werkes *Understanding Media* nennt (McLUHAN 1964). In seinem berühmten Leitsatz „The medium is the message" beschreibt er, wie Medien bereits unabhängig von den transportierten Inhalten Umfang und Form menschlicher Assoziationen und Handlungen formen und lenken können (McLUHAN 1964: 5). Geld als soziales Medium, respektive Erweiterung des Selbst um innere Wünsche und Motive schafft soziale und geistige Werte. Es ist Metapher, Übersetzer und Brücke und wird dadurch zum Speicher gemeinsamer Anstrengungen, Fertigkeiten und Erfahrungen. Geld ist Sprache, weil es die Arbeitsleistung verschiedener Subjekte untereinander übersetzt. Kurz gesagt: „Money talks"! (McLUHAN 1964: 135f.)

Ansätze, Geld als eine codierte Sprache oder Zeichenschrift zu sehen, sind vielfältig. Laut Hutter (1995: 328) scheitert aber die Integration in vorhandene Theorievarianten. Ganßmann (1995: 125) reduziert die Aussagefähigkeit der Sprache Geld auf den eindimensionalen Preis, auf den der vieldimensionale Gehalt einer Ware reduziert wird. Dies berücksichtigt aber nur eine Richtung der Kommunikation und explizit nur den Bereich, in dem Ware gegen Geld getauscht wird, also den Markt. Lösen lässt sich dies durch die Betrachtung des gesamten Tauschvorgangs, also nicht nur die Hingabe des Geldes, sondern auch der Gegenleistung und den gesamten Transfer an Bedeutungen und Werten. Der Wirtschaftssoziologe Karl Polányi (1968: 178) spricht in diesem Sinn von einer über die Mechanismen des Marktes hinausreichenden Semantik der Geldverwendung, die wie Sprache und Schrift über eine einheitliche Grammatik verfügt. Die Art und Weise, wie Geld ‚spricht‘ ist damit die Art der Interaktion, in der es verwendet wird. Zahlungsvorgänge als Alltagspraxis lassen sich dadurch auch im Sinne der Cultural Studies als ‚Text‘, also als signifizierendes Produkt potentieller Bedeutungen lesen (FISKE 2003: 51).

5. ‚Earmarking' in Zelizers Sozialer Bedeutungstheorie des Geldes

Umfassend beschreibt Viviana Zelizer die vielschichtigen sozialen Bedeutungen des Geldes. Die Verwendung von Geld ist Teil gesellschaftlicher Zusammenhänge und in diesen kommuniziert es Bedeutungen im Sinn sozialer Konstruktionen. Für Zelizer spielt Geld massiv in die soziale Sphäre hinein. Ihren Standpunkt fasst sie in fünf Thesen zusammen (ZELIZER 1994: 18):

1) Geld dient nicht nur als rationales Werkzeug der Wirtschaft, sondern existiert auch außerhalb der Märkte.

2) Es gibt kein ‚einheitliches Geld', sondern nur ‚vielfältige Gelder', die entsprechend ihrem jeweiligen sozialen Kontext von den Verwendern markiert und in eine enge Beziehung zu ihrer Herkunft gesetzt werden (‚earmarking').

3) Aufgrund der Aufladung mit sozialer Bedeutung ist Geld subjektiv und damit im Gegensatz zur klassischen ökonomischen Annahme nicht mehr frei transferierbar oder beliebig teilbar.

4) Die Dichotomie zwischen utilitaristischem Geld und nicht-monetären Werten ist nicht haltbar. Auch kulturelle und soziale Werte lassen sich mit Geldwerten belegen.

5) Allerdings setzen kulturelle und soziale Strukturen dem Prozess der Monetarisierung unüberwindliche Grenzen, in dem sie Kontrolle über Geldflüsse ausüben.

Earmarking (engl. u. a. für Kennzeichnung) ist der zentrale Begriff von Zelizers sozialer Bedeutungstheorie des Geldes. Entsprechend ihrer Herkunft werden die ‚Gelder' von ihren Verwendern mental differenziert und geistig markiert. Die physische Homogenität des Geldes – Voraussetzung für die Verwendung als universelles Austauschmedium – steht dabei außer Zweifel, es handelt sich bei dieser Kennzeichnung vielmehr um einen rein psychosozialen Prozess. Geldbeträge werden beim Earmarking gedanklich an die zugrunde liegenden Interaktionen geknüpft. Geld wird damit sogar stärker mit den sozialen Beziehungen assoziiert als mit Objekten und Individuen (ZELIZER 1994: 20), wodurch das Konzept an Luhmanns kommunikationsgeleitete Systemtheorie anschlussfähig ist. So wie bei Luhmann die Kommunikationen und nicht die Objekte ausschlaggebend sind, so sind es bei Zelizer genau genommen die Geldflüsse.

Das Konzept des Earmarking ist verwandt mit Richard Thalers ver-
haltensökonomischer Idee des Mental Accounting. Gemäß dieser indivi-
dualpsychologisch fundierten Theorie ordnen die Menschen Geldtrans-
aktionen mentalen Konten zu, was zur unterschiedlichen Behandlung
nominell gleicher Geldbeträge führt (THALER 1999). Aus Thalers ökonomischer Sicht, die dem methodologischen Individualismus verpflichtet ist, führt diese Form der geistigen Zuordnung jedoch zu irrationalen
Entscheidungen, während Zelizers ‚Earmarking' durch die soziale Einbindung Sinn ergibt.

Seit alters her gibt es soziale Beziehungen, denen ganz bestimmte
Geldflüsse zuzuordnen sind. Im Rahmen familiärer Rituale und Bindungen sind dies etwa die Mitgift, der Brautpreis oder Alimente. Geldflüsse
konstituieren aber auch abstrakte soziale Interaktionen. Über Beste-
chungsgelder oder Vermächtnisse wird versucht, Kontrolle zu erlangen,
durch Sozialleistungen wird Ungleichheit manifest, Trinkgelder markie-
ren Statusunterschiede. Manche Geldleistungen korrelieren auch mit
ausschließlich negativ konnotierten sozialen Interaktionen. Beispiele für
solche Paarungen wären Schweigegeld in Bezug auf das Verbrechen oder
das Blutgeld, also der Geldbetrag, mit dem man sich von der Blutrache
freikaufen kann (ZELIZER 1994: 26). Tatsächlich wird jeder Geldfluss
durch die mit ihm verbundene soziale Interaktion mit Bedeutungen versehen. Dieser solcherart sozial konstruierte Text ist für die Verwendung
maßgeblich. Geld, das selbst hart verdient wurde, setzt man anders ein
als einen Zufallsgewinn. Bei Geldgeschenken ist es eine gesellschaftliche
Konvention, es im Sinne des Gebers auszugeben. Es wird eine lesbare
Beziehung zum Ausdruck gebracht, die mit der Verwendung des Geldes
eingelöst wird.

Geldströme sind somit mit Bedeutungen verbunden oder sie werden
ihnen zugewiesen. Im Bereich des dritten Sektors entstehen sie aus den
sozialen Beziehungen, im Staat werden sie von politischen Prinzipien
und Werten abgeleitet. Aber auch auf Märkten findet nicht einfach ein
simpler Austausch Ware gegen Geld statt: Was gekauft wird, determi-
niert die Nachfrage. Diese wird durch die Präferenzen bestimmt, die
nichts anderes darstellen, als ein Bündel aus persönlichen Bedeutungen
und Werten.

6. Geld im sozioökonomischen Dreisektorenmodell

Als Befund zum Wesen des Geldes konnte bereits weiter oben festgestellt werden, dass Geld sämtliche Gesellschaftssphären durchdringt, in denen wiederum Anknüpfungspunkte zu Kunst und Kultur zu finden sind. Um die durch Geld vermittelte Interaktion zu analysieren, soll jedoch zuerst auf die den gesellschaftlichen Sphären zugrunde liegende funktionale Differenzierung eingegangen werden. Soziale Systeme konstituieren sich laut Luhmann durch die Abgrenzung von ihrer Umwelt. Das umfassendste soziale System ist die Gesellschaft als Ganzes, deren Referenzrahmen sie selbst ist (LUHMANN 1997: 3). Aus dieser Gesamtgesellschaft differenzieren sich die gesellschaftlichen Funktionssysteme heraus. Zu den von Luhmann monographisch behandelten Teilsystemen Wirtschaft, Wissenschaft, Recht, Kunst, Politik und Religion werden aktuell noch Sport, Gesundheit, Bildung und Massenmedien gezählt (ROTH 2014).

Durch Herauslösung der hinreichend ausdifferenzierten Teilsysteme Wirtschaft und Staat aus der Gesamtgesellschaft lässt sich ein dreipoliges Beziehungsfeld aufbauen. Als sogenanntes Dreisektorenmodell hat eine solche Betrachtung in die wirtschaftswissenschaftliche Literatur Eingang gefunden, sichtlich von mehreren Autoren unabhängig voneinander entwickelt, in der Regel aber ohne befriedigende theoretische Fundierung (ZAUNER 2007; SPRINGER GABLER 2014). Aus seiner Verwendung lässt sich jedoch ein gegenläufiger Zugang ableiten, der vom betriebswirtschaftlichen Handlungsrahmen Markt ausgeht, dem der Staat als zweiter idealtypischer Pol gegenüber gestellt wird. Da dieses lineare Spannungsfeld sich als nicht hinreichend erweist, wird ex negativo ein Dritter Sektor oder Intermediärer Sektor definiert, der diejenigen Felder und Akteure umfasst, die weder marktwirtschaftlichen noch staatlichen Handlungslogiken folgen (ZAUNER 2007: 146). Auf diese Weise rückt die Zivilgesellschaft in den Bereich einer sozioökonomischen Betrachtung. Sie erbringt gesamtgesellschaftlich oder von einzelnen gesellschaftlichen Gruppen erwünschte Leistungen, für die kein Marktgleichgewicht zustande kommt, bei denen sich aber auch der Staat als denkbar schlechter Anbieter erweist, bei denen also sowohl „Marktversagen" als auch „Staatsversagen" vorliegen (BADELT 2007: 98-119). Bei einigen Autoren wird die gesellschaftliche Gesamtschau noch vervollständigt, indem unter einem formell strukturierten Nonprofit-Sektor noch der Bereich informeller privater und familiärer Beziehungen als gesellschaftliche Basis ergänzt wird (HAIBACH 1998: 31; KLAMER 2012).

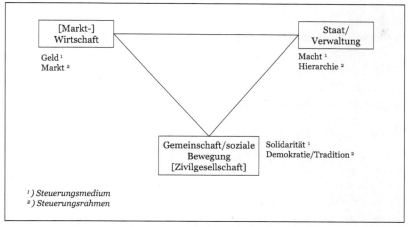

Abb. 1: *Zauners sozioökonomisches Dreieck* (ZAUNER 2007).

Der systemtheoretische Zugang Zauners (2007: 159, 174) ordnet den drei Sphären Steuerungsrahmen und jeweils ein primäres Steuerungsmedium zu. Steuerungsrahmen sind typische organisatorische Rahmenbedingungen, mit den Steuerungsmedien sind Luhmanns symbolisch generalisierte Interaktionsmedien gemeint. Der Staat handelt im Rahmen der Hierarchie und wird durch legitimierte Macht gesteuert. Die Zivilgesellschaft – als konziserer Ausdruck für Zauners Begriffspaar Gemeinschaft/Soziale Bewegung – wird über Solidarität im Rahmen von Tradition und Demokratie geschaffen. Handlungsrahmen der Wirtschaft im engeren Sinne ist der Markt, der vorrangig über das Steuerungsmedium Geld reguliert wird. Die drei Medien verfügen in ihren jeweiligen Sphären über die primäre Steuerungsfunktion, sie kommen aber in allen Bereichen vor. Anhand des Mediums Geld soll dies in diesem Artikel ausführlich geschildert werden. Es gilt aber auch für alle anderen Medien – in den jeweils anderen Sphären. Macht spielt in der Wirtschaft ebenso eine wichtige Rolle, wie etwa auch die Idee der Solidarität in staatlichem Handeln. Des Weiteren soll das Prinzip Wirtschaft umfassend als Austauschmechanismus in allen Sphären verstanden werden, sodass Wirtschaft als Marktwirtschaft zu präzisieren wäre. Im Folgenden soll der marktwirtschaftliche Pol nur mehr kurz als ‚Markt' bezeichnet werden.

Das Dreisektorenmodell dient zumeist dazu, die verbleibenden gesellschaftlichen Funktionssysteme oder einzelne Organisationen als ihre

Subsysteme in ihrer sozioökonomischen Beziehung bzw. Nähe zu Markt, Staat und Zivilgesellschaft zu verorten, die sich – eine Kernaussage dieses Artikels – zu einem großen Anteil in Geldbeziehungen abbilden lässt. Die breite Anwendung des Dreisektorenmodells für den Kunst- und Kultursektor in Deutschland lässt sich auf den Bericht der Enquete-Kommission *Kultur in Deutschland* (DEUTSCHER BUNDESTAG 2007) zurückführen, der wiederum auf den *Schweizer Kulturwirtschaftsbericht* verweist (HGKZ 2003).

Die Bezeichnung und Erschließung der gemeinschaftlichen Sphäre als Dritter Sektor oder Intermediärer Sektor ist eine marktzentrierte Umkehrung der geschichtlichen Entwicklung. Die Gesellschaft ist in ihrem Ursprung als staats- und marktlos zu denken und wird ausschließlich durch familiäre Bindungen und Gemeinschaftswerte zusammengehalten. Aus dem Clan als Großverband ist der von familiären Bindungen abstrahierte Staat hervorgetreten (LUHMANN 2002: 189f.). Noch in der griechischen Polis wurde nicht zwischen Staat und Gemeinwesen differenziert, mittelalterliche Reiche sind durch religiös fundierte Macht- und Lehensbeziehungen geprägt. In der frühen Neuzeit entsteht schließlich der moderne Staat, der sich von metaphysischen und persönlichen Bindungen löst, indem er seine Beziehungen zur Gesellschaft auf einzelgesetzlicher und verfassungsrechtlicher Ebene egalitär kodifiziert. Der Markt tritt als letzte Sphäre hinzu, indem er archaische Formen der Subsistenz- und Hauswirtschaft ablöst. Für Karl Polányi (1978) kann überhaupt erst mit dem Aufstieg des Kapitalismus im 19. Jahrhundert von der Entstehung einer einheitlichen Marktsphäre gesprochen werden, ein Prozess, den er als *The Great Transformation* bezeichnet. Nicht unumstritten ist seine Annahme, dass frühere Formen von Märkten nur voneinander isolierte Phänomene sind, die in die Sphäre der Gemeinschaft eingebettet sind. Marktkräfte wären dabei noch durch Gemeinschaftswerte reguliert gewesen (POLÁNYI 1979: 26; 1977: 6f.).

Auch wenn man diesem radikalen Ansatz nicht folgt, lässt sich erkennen, dass Geld und Marktsphäre nicht denselben Ursprung haben. Die Verwendung als Tauschmittel auf Märkten ist nicht der einzige und auch nicht der älteste Verwendungszweck (POLÁNYI 1979: 25). Geld existiert bereits in einer markt- und staatslosen Gesellschaft. Es hat seine Rolle als multifunktionales Medium auf die jüngeren Teilsphären ausgedehnt und durch seinen universellen Charakter zur Differenzierung dieser gesellschaftlichen Funktionssysteme beigetragen. Es half bei der Abstraktion des persönlichen Verhältnisses zum Staat und die Funktion als Tauschmittel, Wertmesser und Wertbewahrer fügte sich kongenial in das umfassende und flexible Marktsystem, in dessen Zentrum nunmehr in Geld ausgedrückte Preise als Funktion aus Angebot und Nachfrage stehen. Seine heutige Rolle im Verhältnis zum Staat wird durch ein komplexes Umverteilungssystem aus Steuern und Zuschüssen deutlich, das politische Werte, Verhandlungen und Kompromisse reflektiert. Auch im gesellschaftlichen Umgang spielt Geld eine differenzierte Rolle, die an den Transport von Bedeutungen geknüpft ist.

7. Die Logiken der drei Sphären

Den drei Sphären lassen sich unterschiedliche Handlungslogiken zuordnen, nach denen Austausch und Zuordnung von Ressourcen stattfinden. Das Prinzip Wirtschaft im Sinne eines Allokationsmechanismus ist dabei, wie bereits ausgeführt, ebenso wenig wie Geld ausschließlich der marktwirtschaftlichen Sphäre zuzuordnen. Polányi spricht allgemeiner von institutionalisierten Bewegungen, durch die die Elemente wirtschaftlicher Prozesse – materielle Ressourcen und Arbeit sowie Transport, Lagerung und Verteilung – miteinander verbunden sind. Dabei lassen sich drei verschiedene Formen der Integration feststellen: Reziprozität, Umverteilung und Austausch (POLÁNYI 1977: 35-43).

Die Bewegungen in der informellen Sphäre sind durch Reziprozität und Symmetrie geprägt. Gaben und Gegengaben werden nicht gegeneinander aufgerechnet, die Äquivalenz wird mehr durch ritualisierte Austauschzeremonien als durch harte Verhandlungen hergestellt. Über Umverteilung und Zentralität integrieren sich gesellschaftliche Sphären, in denen die Ressourcen zuerst in einer Hand gesammelt werden und dann über Gewohnheit, Gesetz oder spontane Entscheidungen verteilt werden. Ein solches Wirtschaften findet sich in patriarchalen Stammes- und Familienstrukturen, es lässt sich aber auch auf den Mechanismus der staatlichen Umverteilung übertragen. Der Form Austausch und Markt liegt eine zweiseitige Güterbewegung zugrunde, die vorrangig dem Eigeninteresse der Akteure dient. Da beide Seiten Nutzen maximierend agieren, ist das Feilschen ein integraler Bestandteil des Marktmechanismus. Effektivität wird erst durch wiederholte Transaktionen hergestellt, weshalb der Markt auf institutionelle Strukturen angewiesen ist (POLÁNYI 1977: 38f.). Polányi weist darauf hin, dass es sich nicht um Entwicklungsstufen handelt, sondern dass all diese Formen notwendigerweise nebenher existieren. Es ist mithin nicht so, dass der Markt alle Funktionen übernehmen kann (POLÁNYI 1977: 38f.).

Insbesondere ist das Prinzip der Reziprozität nicht auf archaische Stammesgesellschaften beschränkt, sondern besteht in modernen Gesellschaften als Integrationsform des informellen Sektors weiter. Gegenstand des Austausches ist ‚the gift'. Während man im Französischen ‚le don', oder im Italienischen ‚il dono' verwendet, gibt es im Deutschen keine eindeutige Bezeichnung: ‚Geschenk' ist als Übersetzung zu oberflächlich, das Wort ‚Gabe' hat wiederum einen archaischen Unterton, welcher der Aktualität des Konzepts nicht gerecht wird. Auch die wissenschaftliche Terminologie bleibt inkonsequent: Zwar spricht man von der ‚Geschenkökonomie', ihr Untersuchungsobjekt wird allerdings in der Regel als Gabe bezeichnet. Die Grundlagen der Geschenkökonomie hat der französische Anthropologe Marcel Mauss mit seinem 1923/24 erschienenen *Essai sur le don* gelegt, in dem er der Tradition der französischen Anthropologie folgend anhand von archaischen Gesellschaften in Polynesien, Melanesien und Nordwestamerika entwickelt. Als Gabe werden Güter, Leistungen oder eben auch Geld ohne materielle Gegenleistungen weitergegeben, sehr wohl werden aber Kommunikationen und Bedeutungen ausgetauscht. Gaben erscheinen freiwillig, uneigennützig, spontan und in sich abgeschlossen, tatsächlich sind sie bei genauerer Betrachtung interessengeleitet und lösen Verpflichtungen sowohl ein als auch aus (MAUSS 1966). Das Prinzip der Reziprozität wird mit der Gegengabe verwirklicht, welche mit der ursprünglichen Gabe in keiner direkten Beziehung steht. Der Austausch erfolgt diskontinuierlich und ohne vereinheitlichte wertmäßige Aufrechnung. Gaben stehen dabei als Symbol für Werte wie Solidarität, Loyalität und Fürsorge, weshalb Claude Levy-Strauss gerade darin den symbolischen Ursprung des Sozialen sieht (WALTZ 2006: 81). Gabe und Gegengabe konstituieren ein soziales Gefüge, das Bestand hat, solange es ausgewogen bleibt und nicht mit Preisen versehen wird (KLAMER 2003).

Klamers Modell der Four Logics setzt bei Polányi und Mauss an. Das dreipolige Feld – bei ihm „market", „governance" und „social sphere" – hat er noch um eine vierte Sphäre, diejenige der familiär-persönlichen Beziehungen ergänzt. Er bezeichnet sie nach der Bezeichnung für die traditionelle Hauswirtschaft mit Oikos und sieht sie als Keimzelle der sozialen Sphäre (KLAMER 2012: 6). Originär bei Klamer ist die Zuspitzung auf die den Sphären inhärenten Eigenlogiken, die sich in den Transfermechanismen und jeweils typischen Gütern – Individualgütern, öffentliche Güter und ‚Sozialgüter' – manifestieren. Diese Zuordnung sorgt dabei für den Anschluss an verbreitete volkswirtschaftliche Ansätze, insbesondere aus der Wohlfahrtsökonomie.

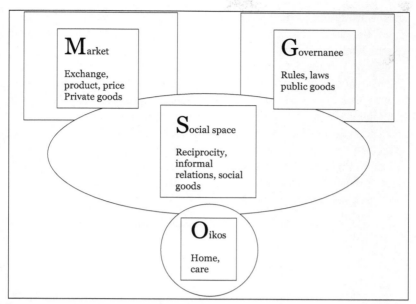

Abb. 2: *Four Logics* (KLAMER 1999).

Der Markt ist durch den symmetrischen Austausch geprägt, durch das quid pro quo. Es werden Produkte gehandelt, deren Preise durch den Mechanismus von Angebot und Nachfrage entstehen. Diese werden immer von zwei Parteien verhandelt – oftmals anonym, weil es prinzipiell keiner persönlichen Bindungen bedarf. Output dieser Sphäre sind private Güter, für die das Prinzip der Ausschließbarkeit gilt. Der Marktaustausch kann einmalig bleiben, weil mit dem Austausch alle gegenseitigen Ansprüche ausgeglichen sind. Dennoch wird in der herrschenden Wirtschaftspraxis versucht, mit kommunikativen Mitteln – sprich: transportierten Bedeutungen! – den einmaligen Austauschprozess zu einem wiederholten zu machen. Hier setzen Methoden des modernen Marketing und Vertriebs wie etwa das Customer-Relationship-Management an.

Der Bereich des Staates – bei Klamer (1999, 2012) „governance" – ist durch einseitige Beziehungen geprägt, die durch Regeln und Gesetze konstituiert werden. Der Staat agiert durch einseitige Rechtsakte, also Gesetze, Erlässe, Verordnungen und Bescheide, ist aber durch die verfassungsmäßige Selbstbeschränkung in seinem Handeln berechenbar. Gleiche Sachverhalte sollten zu immer gleichen Rechtsfolgen führen – das Prinzip der Rechtsstaatlichkeit. Output staatlichen Handelns sind öffentliche Güter, das heißt gesellschaftlich erwünschte Güter, für die kein Marktgleichgewicht zustande kommt. Diese sind durch die egalitären Eigenschaften der Nicht-Ausschließbarkeit und Nicht-Rivalität gekennzeichnet.

Der Modus der Sozialen Sphäre ist das ‚gift‘, also die Gabe im Sinne von Marcel Mauss. Isoliert betrachtet ist jede Gabe einseitig. Langfristig geht es aber um eine Reziprozität des Gebens und Nehmens, welche die Beziehung festigt. Die Beziehungen sind informell, also weder durch Gesetze noch durch Preismechanismen festgelegt. Die dritte Sphäre schafft soziale Güter, wie etwa gesellschaftlichen Zusammenhalt oder Freundschaften. Eigentümerschaft erwirbt man, indem man zu ihnen beiträgt. Diese Art der Eigentümerschaft ist immer kollektiv, weil soziale Güter nur durch gegenseitige Beziehungen existieren (KLAMER 2012: 5).

	Markt	Staat ‚governance‘	Dritte Sphäre ‚social space‘
Transfer	*Quid pro quo* geschlossen	regelgeleitet wiederholt	reziprok offen
Organisation	privat	öffentlich	freiwillig (nonprofit)
Beziehung	objektbezogen und individualisiert individuell anonym	objektbezogen und individualisiert anonym	persönlich involviert
Vorteile/Nachteile	einfache Interaktion mit Fremden Autonomie Eigennutz	allgemeine Anwendbarkeit Solidarität/ Gleichbehandlung? Distanz	entgegenkommend persönliche Bindung Abhängigkeit, Unterdrückung
Schlüsselwerte	Umsicht Freiheit individuelle Wahl	Gemeinwohl Gerechtigkeit	Verantwortung Liebe Bindung

Tab. 1: *Four Logics* (KLAMER 2012).

Mitentscheidend ist für Klamer die rhetorische Komponente: Man kann in der jeweiligen Sphäre nur dann erfolgreich agieren, wenn man die den Handlungslogiken entsprechende Sprache spricht.

8. Die Finanzierungen des Kultursektors im sozioökonomischen Dreieck

Der Kultursektor wird von einem breiten Bündel an Finanzierungsquellen getragen. Sie alle verfügen über eigene Werte, Regeln und Logiken

und transportieren dadurch Bedeutungen überlagernd in den Kulturbereich hinein: Ticketerlöse oder Sponsorengelder, institutionelle Zuschüsse, Projektförderungen, Stiftungsgelder oder die Quasifinanzierung durch ehrenamtliches Engagement. Projekte, die vollständig über
institutionelle Zuschüsse bestritten werden, unterscheiden sich nicht
nur strukturell, sondern auch künstlerisch-inhaltlich von solchen, die
über öffentliche Projektzuschüsse getragen werden. Diese differieren
wiederum von jenen mit einem hohen Sponsoringanteil oder einer Stif-
tungsfinanzierung. Im Folgenden sollen die einzelnen Ausprägungen
von Finanzierungen im Zusammenhang mit den oben skizzierten gesellschaftlichen Sphären – Markt, Staat, Zivilgesellschaft – analysiert
werden.

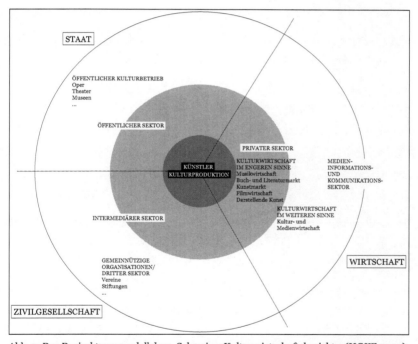

Abb. 3: *Das Dreisektorenmodell des 1. Schweizer Kulturwirtschaftsberichtes* (HGKZ 2003).

Insbesondere die Diskussion um die Creative Industries bot Gelegenheit, den Sektor der Kultur- und Kreativunternehmen, welche sich überwiegend erwerbswirtschaftlich mit der Schaffung, Produktion und Verbreitung von Kulturgütern und kulturellen Dienstleistungen befassen
(DEUTSCHER BUNDESTAG 2007: 340-355), von den anderen Teil-
sektoren des Kulturbereichs abzugrenzen. Oft zitierte Referenz ist das

Modell des *Ersten Schweizer Kulturwirtschaftsberichts*, der das gesellschaftliche Teilsystem der Kunst- und Kulturproduktion in die drei Radialsektoren öffentlicher Sektor, intermediärer Sektor und privater Sektor unterteilt. Diese sind den gesamtgesellschaftlichen Sphären Staat, Zivilgesellschaft und Wirtschaft zugeordnet (HGKZ 2003). Wie auch bei vielen ähnlich gelagerten Studien (KMU 2010; SENAT 2013), die in Gefolge des *Creative Industries Mapping Document* des britischen *Department for Culture Media & Sports* (DCMS 1998, 2001) erschienen, ging es auch im Schweizer Bericht instrumentell darum, die Bedeutung des marktgetriebenen Bereichs, also des privaten Teilsektors der Kulturproduktion herauszustreichen. Die Enquete-Kommission des Bundestages zur *Kultur in Deutschland* weist aber bereits darauf hin, dass die Sektoren nicht trennscharf voneinander abzugrenzen sind (DEUTSCHER BUNDESTAG 2007: 344). Scheytt (2008: 58) fordert daher für die Kulturpolitik eine Gesamtsicht aller drei Sektoren, welche die Allianzfähigkeit in den Mittelpunkt rücken muss.

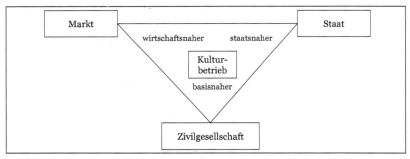

Abb. 4: *Kulturbetriebe im sozioökonomischen Dreieck* (nach ZAUNER 2007).

Für die vorliegende Untersuchung soll statt der Radialsektoren in Anlehnung an Zauner (2007) ein Dreiecksmodell im Sinn eines gegenseitig interagierenden Spannungsfeldes gewählt werden. Das Dreiecksfeld zwischen den Polen Staat, Markt und Zivilgesellschaft ist als Kontinuum zu sehen, in dem man Organisationen in ihrer funktionalen und finanziellen Nähe zu ihren Anknüpfungspunkten verorten kann. Veränderungen und Entwicklungsprozesse lassen sich durch Bewegungen in diesem Feld darstellen. So sind auch formal als Nonprofit-Organisationen organisierte Kulturbetriebe nicht ausschließlich im zivilgesellschaftlichen Sektor anzusiedeln, da sie ebenso mit Staat und Markt interagieren. Ausgegliederte Kulturbetriebe wie öffentliche Theater und Museen sind daher strukturell noch als staatsnah zu bezeichnen. Während basisnahe Kulturbetriebe danach streben, die informellen Strukturen des Dritten

Sektors zu verstetigen und zu institutionalisieren, geht es bei ausgegliederten Organisationen darum, den rigiden Fesseln der öffentlichen Verwaltung zu entkommen, die bei der Erstellung gemeinwirtschaftlicher Leistungen oft höchst kontraproduktiv sind (ZAUNER 2007: 147f.).

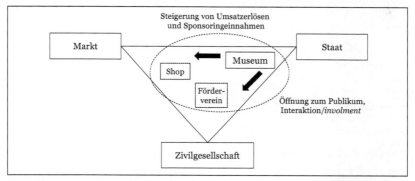

Abb. 5: *Veränderungen des Museumsverständnisses als Verortung im sozioökonomischen Dreieck* (eigene Darstellung nach ZAUNER 2007).

Im Dreieck nach Zauner lässt sich nicht nur eine statische Verortung, sondern auch die dynamische Entwicklung von Kulturorganisationen anschaulich darstellen: Ein ehemals in die staatliche Verwaltung integriertes Museum, das sich als selbständiger Akteur für seine unterschiedlichsten Interessengruppen öffnet und sich um die Einbindung der Besucher bemüht, wandert allmählich vom staatlichen in den zivilgesellschaftlichen Sektor. Wenn sich das gleiche Museum auch die Steigerung von Ticket-, Merchandise- und Sponsoringerlösen zum Ziel gesetzt hat, so lässt sich das als Bewegung in Richtung Wirtschaft/Markt abbilden. Oft werden einzelne Funktionen mit unterschiedlichen Handlungslogiken oder rechtlichen Inkompatibilitäten in eigene Rechtsträger abgespalten, so etwa der Förderverein als Vertreter des zivilgesellschaftlichen Engagements oder der Shop, der die Rechtsform einer Service-GmbH annehmen kann. Während bedeutende europäische Museen durch ihren höfischen Ursprung aus der staatlichen Ecke kommen, haben in den Vereinigten Staaten auch die größten Museen zumeist einen bürgerschaftlichen Ursprung. Als ,Charity' entspringen sie idealtypisch der Zivilgesellschaft. Sie müssen sich aber auch am Markt behaupten und sind auch durch öffentliche Mittel – direkt oder mittels Steuervorteilen indirekt – kofinanziert.

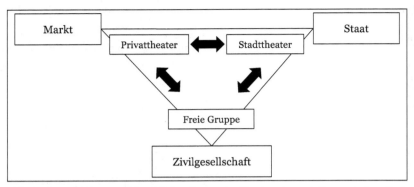

Abb. 6: *Organisations- und Produktionsformen des Theaters im sozioökonomischen Drei-eck* (eigene Darstellung nach ZAUNER 2007).

Theater lassen sich in allen drei Feldern des Rahmenwerks positionie-ren. Das klassische Staats- oder Stadttheater kommt aus dem öffentli-chen Bereich und bewegt sich in Richtung Zivilgesellschaft und Markt. Aus dem Marktfeld kommen die Privattheater, die ihre Erlöse großteils am Markt erwirtschaften, jedoch auch in begrenztem Ausmaß staatlich gefördert werden. Eine freie Theatergruppe entsteht als soziale Bewe-gung und bleibt eine solche, solange es sich um ein rein privates und ehrenamtliches Vorhaben handelt. Dies ändert sich in dem Augenblick, in dem fremdes Geld ins Spiel kommt. Sobald Eintritt verlangt wird, ist dies Markthandeln, wenn öffentliche Förderungen beantragt werden, so unterwirft man sich bereits einem staatlichen Regime. Mit jedem Euro öffentlichen Geldes wandert man schon einen Schritt in den staatlichen Bereich.

An den genannten Beispielen geht Folgendes sehr anschaulich her-vor: Was die Institutionen im Spannungsfeld von Markt, Staat und Zivil-gesellschaft bewegt, sind die Quellen ihrer Finanzierung. Als Hypothese lässt sich formulieren, dass die Finanzierungsarten wie Magnete an den Polen des Dreiecks positioniert sind.

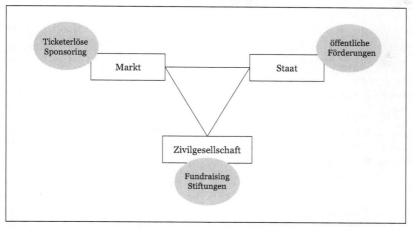

Abb. 7: *Das sozioökonomische Dreieck und seine Finanzierungsdimensionen* (eigene Darstellung nach ZAUNER 2007).

Dem Pol Markt ist das erwirtschaftete Einkommen – ‚earned income' – zuzuordnen, also das, was durch Eintrittserlöse und den Verkauf von Nebenleistungen verdient wird (GERLACH-MARCH 2010: 97-121). Dazu kommt das klassische Sponsoring, das auf dem Austausch definierter Leistungen und zumeist finanzieller Gegenleistungen beruht. Dem Staat sind Förderungen und Zuwendungen auf den verschiedenen Verwaltungsebenen zuzurechnen. In den Sektor Gemeinschaft/Zivilgesellschaft fallen schließlich private Spenden, Stiftungszuwendungen sowie die Quasifinanzierung durch ehrenamtliches Engagement. Je weiter man als Organisation mit einem der Sektoren verbunden ist, desto mehr muss man zur erfolgreichen Finanzierung den Handlungslogiken folgen, die diese Sphären bestimmen. Für Klamer (2012: 1) ist dabei die rhetorische Komponente mitentscheidend: Man kann in der jeweiligen Sphäre nur erfolgreich agieren, wenn man die den Handlungslogiken entsprechende Sprache spricht. Im Spannungsfeld der drei Pole muss man aber oft verschiedene Sprachen gleichzeitig sprechen. Bezogen auf die Praxis der Kulturfinanzierung bedeutet das: In Bezug auf ein und dasselbe Projekt, das aus verschiedenen Quellen finanziert werden soll, muss die Sprache und Terminologie mehrfach gewechselt werden. Die verschiedenen Formen der Kulturfinanzierung folgen somit den spezifischen Handlungslogiken ihrer jeweiligen gesellschaftlichen Herkunftssphäre: Markt, Staat und Zivilgesellschaft. In ihnen drücken sich die Bedeutungen in der jeweils spezifischen Rhetorik aus.

Worin nehmen die Bedeutungen jedoch ihren Ausgang? Wir haben es hier mit einem ganzen Bündel von Bedeutungsquellen zu tun. Darunter fallen die Präferenzen des Publikums, die Unternehmenskulturen der Sponsoren, kulturpolitische Positionen unterschiedlicher ideologischer und regionaler Ausprägung, Stiftungszwecke, die das persönliche Weltbild von Stiftern transportieren, oder die Interessen privater Spender. Diese Kategorien ließen sich in einem erweiterten Stakeholdermodell abbilden, bei dem zusätzlich zur Benennung der Interessensgruppen, diese weiter differenziert werden. Statt Kommunalpolitik als allgemein ' benannter Stakeholder wären etwa die einzelnen politischen Parteien in Gewichtung ihrer Stimmverhältnisse bzw. Regierungsbeteiligung anzuführen. In den Parteiprogrammen finden sich zwar Aussagen zu Kulturpolitik, mitunter auch als zukunftsorientierte Kulturprogramme, sie stellen aber nur eine vereinbarte nachträgliche Zusammenfassung eines vorangegangenen Diskurses dar, der für die Bedeutungsanalyse umfänglich zu analysieren wäre. Oft sind es auch Wechselwirkungen zu kulturfernen politischen Feldern, die Bedeutungen formen. Politisches Handeln ist dabei umfassend als ‚Text' zu lesen.

Neben institutionell kanalisierten Bedeutungen, die als vereinbarte Interessen von Personengruppen zu lesen sind, kommen unterschwellig immer noch persönliche Motive, Intentionen, Vorlieben und Interessen von Politikern, Kulturbeamten, Jurymitgliedern, Managern und Stiftungsvorständen ins Spiel. Dieses Auseinanderdriften der Interessen einer Organisation bzw. ihrer Eigentümer, Mitglieder und Wahlberechtigten auf der einen und persönlichen Motiven auf der anderen Seite wurde in Bezug auf Unternehmen als Principal-Agent-Problem beschrieben (JENSEN/MECKLING 1976), für den öffentlichen Sektor haben Vertreter der Public-Choice-Theorie wie Niskanen (1971) und Buchanan (1975) Beamte und Politiker als von Eigeninteressen geleiteten Individuen vorgestellt. Insbesondere in der öffentlichen Verwaltung und in Unternehmen wird mittlerweile mit größtem Bemühen an der Objektivierung und Abstraktion gearbeitet. Als Compliance hat die Durchsetzung von externen wie internen Regeln und Richtlinien Eingang in die Betriebswirtschaftslehre gefunden (BEHRINGER 2013).

Die persönliche Komponente lässt sich aber trotz aller Mechanismen repräsentativer Demokratie, moderner Unternehmensführung und eines objektivierten Stiftungsmanagements nicht vollständig eliminieren. Es zeigt sich, dass das Element subjektiver Entscheidungen nicht einfach ein zu eliminierendes Restübel, sondern systemimmanent ist. Dafür lassen sich die folgenden Gründe anführen:

- Kunst ist immer subjektiv und verlangt nach einer individuellen Differenzierung.
- Auch die kollektiven Handlungslogiken der organisierten Akteure sind durch individuelle Meinungen und Präferenzen geprägt. Was man nicht selbst entscheiden will oder kann, wird indirekt durch die Zusammensetzung von Jurys oder die Verfassung von Förderungsrichtlinien beeinflusst.
- Im Fall von Spendern und Stiftungen bleiben diese persönlichen Motivationen sogar als einzige übrig. Im Bereich der sozialen Sphäre ist die subjektive Einstellung der entscheidende Punkt.

Bei der differenzierten Betrachtung der Stakeholder ist daher auch eine genaue Betrachtung der handelnden Personen notwendig. Als entscheidend erweist sich dabei ihre kulturelle Sozialisation, aber auch das Ausmaß, in dem sie Kultur im positiven Sinne zulassen oder andererseits auch instrumentalisieren.

Das integrierte Modell der drei Sphären ist anschlussfähig an die vielen Publikationen, die die Bestandteile der Kulturfinanzierung einzeln behandelt (bspw. HEINRICHS 1997; KLEIN 2008: 451-534; GERLACH-MARCH 2010). Es verdeutlicht darüber hinausgehend manifeste wie implizite Handlungslogiken, deren Verständnis ein kritischer Erfolgsfaktor für Kulturbetriebe ist. Eine kreative Kulturfinanzierung liegt nun darin, innerhalb dieses Rahmenwerks geeignete Wege zu finden, um bei der Einwerbung von immer kleinteiligeren finanziellen Beiträgen aus den verschiedenen Sphären zu bestehen.

9. Der Markt

Märkte im kulturellen Sektor weisen Anomalien auf, die sich aus den spezifischen Eigenschaften von Kulturgütern ergeben. Kulturgüter sind symbolische und semiotische Güter: Sie stehen als Zeichen für die kulturellen Werte der Gesellschaft. Kulturgüter sind Vertrauensgüter: Sie haben einen gesellschaftlich vereinbarten und letztlich nur einen angenommen Wert. Als Erfahrungsgüter setzen sie die Vorbildung des Konsumenten voraus. Des Weiteren weisen sie die höchstmögliche Diversität auf, was die Vergleichbarkeit und Marktgängigkeit stark einschränkt (BARRÉRE/SANTAGATA 1999; MAZZANTI 2003). In der Literatur sind noch viele weitere Eigenschaften und Definitionen zu finden. Allen gemeinsam ist aber, dass Kulturgütern neben dem ökonomischen Wert ein je nach Autor unterschiedlich definierter kultureller Wert – als einer von vielen möglichen symbolischen Werten – zugeschrieben wird. Dieser duale Wertdiskurs ist einer der wichtigsten Teilaspekte der kulturökonomischen Forschung (THROSBY 2001: 19ff.; KLAMER 1996). Im Rahmen unserer Betrachtung lässt sich diese Diskussion jedoch dadurch vereinfachen, dass die Wertdimensionen auf die drei Pole des sozioökonomischen Dreiecks verteilt werden. Diese Aufteilung ermöglicht etwas, was unter Kulturschaffenden oft als Sündenfall empfunden wird: Die Abbildung kultureller Werte in Geld. Man kann hierbei auf den amerikanischen Soziologen Charles Cooley (1913) zurückgreifen, für den die monetäre Bewertung einer moralischen Kategorie – wie eben der kulturelle Wert einer zu sein vorgibt – ein legitimer Ausdruck der Wertschätzung ist.

Am Markt werden die marktgängigen Anteile kultureller Werte abgegolten. Es ist dies der kumulierte Wert, um den der monetäre Wert größer ist, als der materielle Wert zuzüglich Gebrauchswert und einem eventuell nicht-kulturellen symbolischen Wert des Kulturangebots. Der Zeitpunkt des Zahlungsstroms ist zwar der einzige Zeitpunkt, zu dem sich genaue quantitative Angaben machen lassen, genau genommen ist er aber noch nicht hinreichend, um den kulturellen Wert und die transportierte Bewertung vollständig zu erfassen. Vielmehr wäre genauer die Zahlungsbereitschaft (,willingness to pay') heranzuziehen, die aber nur mit empirischen Methoden abfragbar ist. Beispiel für die Unterbewertung sind die Zuschlagspreise bei Auktionen bildender Kunst, die eben nicht die tatsächliche Zahlungsbereitschaft des Auktionsgewinners reflektieren, sondern diejenige des Zweitgereihten zuzüglich des nächsten Inkrements. Gleichzeitig ist der Auktionsgewinner aber auch derjenige, der dazu verführt wird, den ,gemeinen Preis' am meisten überzubezahlen, ein Phänomen, das auch ,the winner's curse' (der Fluch des Gewinners) genannt wird. Eine Unterbewertung am Markt ergibt sich daher eher aus der ökonomischen Methodik als durch die Nichtberücksichtigung kultureller Aspekte.

In vielen Bereichen kultureller Produktion reichen jedoch die Markterlöse nicht aus, um die Herstellungskosten zu decken, am prominentesten in weiten Bereichen der darstellenden Künste. Unter anderem wird bei anspruchsvollen Formen des Theaters argumentiert, dass es Werte – sprich Bedeutungen – jenseits der Markttransaktion gibt. Dieser Umstand stellt die Rechtfertigung für den staatlichen Eingriff und den Anlass zur Beteiligung zivilgesellschaftlicher Akteure dar. Die Beurteilung der öffentlichen und zivilgesellschaftlichen Bedeutung obliegt dann aber samt der monetären Bewertung den beiden anderen Sphären, nicht dem Markt.

Der weitaus überwiegende Anteil von Kulturorganisationen tritt mit den Besuchern in eine monetäre Geschäftsbeziehung – insofern der Eintritt nicht wie bei den großen britischen Museen frei ist. In diesem Verkaufsvorgang wird transzendenter künstlerischer Inhalt – ‚Kunst' – in marktgängige Angebote (z. B. Eintrittskarten, Kunstvermittlungsangebote, Publikationen oder Merchandise-Artikel) transformiert. Nur über diesen Prozess der Kommodifizierung, also der Umwandlung von Bedeutungen in Waren, kann die Organisation am Markt operieren und Zahlungsströme generieren. Kulturmanagement und im Besonderen das Kulturmarketing unterstützen Organisationen bei der Suche nach potentiellen Kunden. Sie liefern Methoden der Ansprache und zur Feststellung der Zahlungsbereitschaft. Dazu gibt es Grenzkostenüberlegungen zur Aufwertung des künstlerischen Angebots (KLAMER 2012: 7). An diesem Punkt kommen – nicht zuletzt über das Kulturmanagement vermittelt – Methoden der Betriebswirtschaft zum Einsatz. Sie sind Teil der Marktlogik und tragen ihre eigene Rhetorik, Terminologie, Werkzeuge sowie die Vorstellung von einer primär monetären Steuerung ins kulturelle Feld hinein.

Unter dem Stichwort Ökonomisierung der Kultur wird meist die Gefahr gesehen, dass die eingebrachten Bedeutungen künstlerische Ziele und kulturelle Werte überlagern. Auch Polányi (1978) kritisiert in *Great Transformation* die weitgehende Kommodifizierung als komplette Unterwerfung unter das Marktregime. Im sozioökonomischen Dreieck wäre dies mit einer vollständigen Verortung in den Marktsektor abzubilden, was aber per se keine normative Wertung darstellt. Bestimmte Kulturgüter – so unterschiedliche wie etwa Gemälde von Gerhard Richter oder Hollywood-Blockbuster – sind trotz oder auch wegen ihrer Marktgängigkeit Träger kultureller Bedeutungen.

Im Modell lässt sich auch der dynamische Prozess der Kommerzialisierung von Kulturangeboten, die vom staatlichen oder zivilgesellschaftlichen Sektor zum Markt driften, wertfrei abbilden. Dies kann freiwillig geschehen oder durch den Entzug der Unterstützung aus den anderen Sektoren bedingt sein. Jedenfalls ist die Verschiebung mit einem Bedeutungswandel verbunden, der bis zur Obsoleszenz reichen kann, wenn das Angebot in keinem der drei Sektoren Unterstützung findet.

Eine weitere Quelle marktwirtschaftlicher Zahlungsströme für Kulturinstitutionen ist das Sponsoring seitens privater Unternehmen. Hier ist nicht das kulturelle Angebot selbst Gegenstand des Austausches, sondern das Image der Institution als Produkt kumulierter kultureller Bedeutung. Ohne dies im Rahmen dieser Arbeit valide belegen zu können, zeigt sich empirisch, dass der monetäre Wert für den Sponsor überproportional zum Ansehen der Kulturinstitution steigt. Die größten und stärksten Kulturinstitutionen teilen sich den Großteil des Sponsorkuchens: ‚The winner takes it all!'

Die Kulturinstitution ist ein Medium für die Botschaft des Unternehmens. Massenmedien können die Wirkung verstärken, sodass Bruhn (2010: 16f) beim Sponsoring von einem Beziehungsdreieck von Wirtschaft, Kultur und Medien spricht. Die Kulturinstitution ist die Brücke zu den Massenmedien oder wird selbst zum Medium, indem sie eine Öffentlichkeit für die Botschaft des Unternehmens schafft. Abwicklungsmodus von Sponsoring ist der Austausch von Geld gegen einen Kommunikationskanal, Funktionsweise ist die eines Imagetransfers von der Kulturorganisation auf den Sponsor und die Ansprache seiner Zielgruppe in einem positiv aufgeladenen Umfeld und Zeitpunkt (BRUHN 2010: 48). Bedeutungen und Botschaften des Unternehmens werden über den Kultursektor in eine spezifische Teilöffentlichkeit gesendet.

Durch den indirekten Wirkungsmechanismus des Sponsoring ist die Einordnung in das sozioökonomische Dreieck nicht mehr so unproblematisch: Zu direktes Entgegenkommen gegenüber Sponsoren hat mittelfristig eine negative Wechselwirkung auf die Attraktivität des Gesponserten. Die Herausforderung für die Kulturorganisation besteht somit darin, darauf zu achten, dass ihre eigenen Werte nicht überlagert werden und ihre Glaubwürdigkeit nicht infrage gestellt wird. Der Sponsor hat seinerseits auf die Erhaltung eines Gleichgewichts bedacht zu sein, da die Beschädigung der Institution auch seinen Kommunikationskanal betrifft. Eine positive Rückwirkung auf die Attraktivität für Sponsoren hat daher ebenso auf indirektem Weg zu erfolgen, etwa durch den systematischen Ausbau der eigenen Kulturmarke und Steigerung der Anschlussfähigkeit. Hier ist es hilfreich, wenn auf Seiten der Kultur Verständnis für Werte und Ziele des Sponsors und Kulturkompetenz auf Seiten der Wirtschaft vorhanden sind.

10. Der Staat

Die Rolle des Staates in der Kulturfinanzierung spiegelt Bedeutungen wieder, die einerseits Aussagen über die Haltung des Staates gegenüber der Kunst erlauben, andererseits über die Rolle, die er in der jeweiligen

Teilgesellschaft spielt. Historisch trat der Staat durch seine Repräsentanten direkt als Kulturträger auf. In den modernen Wohlfahrtsstaaten hat sich der Fokus auf Formen einer mittelbaren Auftraggeberschaft – im Wesentlichen die finanzielle Förderung von Kunst und Kultur – verlagert. Neben apodiktischen Argumenten wie die Unterstützung der Kunst und Kultur um ihrer selbst willen und der Behauptung von nationalstaatlicher Identität wird Kulturförderung vor allem wohlfahrtsökonomisch gerechtfertigt: Kulturelle Aktivitäten, die von sich aus nicht marktfähig wären, erbringen einen kollektiven Nutzen jenseits der Marktsphäre. Kulturökonomen zählen in diesem Zusammenhang eine Reihe von positiven externen Effekten auf (BLAUG 2003). Unter anderem werden der Beitrag zur Volksbildung, sozialer Zusammenhalt, nationales Prestige, das Vermächtnis für künftige Generationen und lokale Wirtschaftsförderung genannt (HEILBRUN/GRAY 2007: 226-230). Außen vor bleibt jedoch in der Regel, ‚warum' bestimmte externe Effekte als positiv erachtet werden. Diese Beurteilung fällt in die Deutungshoheit des Staates und wird durch politische Prozesse bestimmt. Die kulturpolitische Bewertung erweist sich damit als das breiteste Einfallstor für fremdbestimmte Bedeutungen.

In Kontinentaleuropa ist der Staat auf zentraler, föderaler und kommunaler Ebene der größte Mitspieler in der Kulturfinanzierung. Dabei ist das Verhältnis von Staat und Kunst nicht unproblematisch. Der Staat agiert auf der Basis eines Rechtssystems, das sich aus der Vergangenheit entwickelt hat. Der Staat ist egalitär: Die Gleichheit vor dem Recht ist ein grundlegender Wert der Rechtsstaatlichkeit. Der Bürger kann sich auf standardisierte Rechtsakte verlassen, die das staatliche Handeln berechenbar machen. Die Kunst hingegen schafft immer Neues: neue Werke, aber auch neue Präsentations- und Organisationsformen, die in staatlichen Regulativen oft erst mit großer Verzögerung Berücksichtigung finden. Schließlich verlangt Kunst nach einer elitären Behandlung und zwar in dem Sinne, dass laufend eine Auswahl zu treffen ist. ‚Kultur für alle' mag eine soziokulturelle Zielsetzung sein, ist aber keine Voraussetzung für künstlerische Spitzenleistungen.

Grundlage staatlichen Handelns sind einschlägige Gesetze und Regelungen. Die Freiheit der Kunst ist zwar in den meisten Staaten im Verfassungsrang (GG Art. 5), sobald Kunst und Staat aber in eine finanzielle oder sonst wie geartete Beziehung zueinander treten, muss eine systemische Anschlussfähigkeit hergestellt werden. Dies bedingt justiziable Definitionen von Kunst, die sich aus oben genannten Gründen oft als problematisch herausstellen. Dass sie von der künstlerischen Entwicklung oft schon längst überholt sind, zeigt das Beispiel des rumänisch-französischen Bildhauers Constantin Brancusi. Dieser prozessierte 1922 mit den amerikanischen Zollbehörden, ob die abstrakte und auf Hochglanz polierte Skulptur *Bird in Space* überhaupt Kunst wäre, war diese Skulptur doch weder von Hand hergestellt, noch hatte sie eine landläufige Ähnlichkeit mit einem Vogel (BARRÉRE/SANTAGATA 1999). Auch heute kann die rechtliche Anerkennung als Künstler noch relevant sein: So beurteilt etwa die Künstlersozialkasse, ob einzelne Kulturschaffende definierte Kriterien erfüllen, und Institutionen werden bei Förderanträgen mit komplexen Richtlinien konfrontiert, die eine Grenze zwischen dem von Amts Wegen als Kunst Zulässigen und Nichtzulässigen ziehen. Bereits durch solche Grenzziehungen werden Bedeutungen transportiert.

Der persönliche und direkte Einfluss staatlicher Repräsentanten früherer Zeiten wurde in repräsentativen Demokratien von einem komplexen mehrstufigen System aus politischer Willensfindung und administrativen Entscheidungsmechanismen abgelöst. Auch wenn konkrete Entscheidungen damit dem direkten Durchgriff einzelner Politiker entzogen sind, werden über die Formulierung von Förderungsrichtlinien, die Besetzung von Jurys oder die Vergabe von Intendantenposten die vom politischen System produzierten Werte der staatlichen Sphäre in den Kultursektor hineingetragen. Sie beeinflussen dadurch unweigerlich die künstlerische Produktion: Entweder weil Künstler versuchen, öffentlichen Erwartungen, Definitionen, Grenzziehungen und Sprachregelungen mehr oder weniger freiwillig gerecht zu werden, oder aber auch, weil sie sich dazu bewusst in Opposition bewegen.

Nicht selten kommt es vor, dass gerade die innovativsten und spannendsten Projekte in kein staatliches Förderschema passen. Zu Recht wird in solchen Fällen von der öffentlichen Hand gefordert, den Möglichkeitsraum auszuweiten und punktuell als Geldgeber für außergewöhnliche Projekte aufzutreten. Die Verwaltung reagiert durch Öffnung neuer Förderschienen mit immer komplexeren und differenzierteren Kriterien. Dies führt oft zu einem aus Sicht der öffentlichen Hand nicht unerwünschten Schwenk von fortgeschriebenen Strukturförderungen hin zu befristeten Projektförderungen. Da solche Sonderprogramme oft anlassbezogen eingeführt werden und sich in ihnen politische Zielsetzungen deutlich abzeichnen, führt die Überregulierung zu einer noch stärkeren Kontrolle durch die Politik (BOLWIN 2013). Die Lenkung äußert sich dabei in Form impliziter Imperative. Der Staat ordnet Innovation, Kooperation, internationalen Austausch und Vermittlungsprogramme an, die Kulturschaffenden passen ihre Projektanträge entsprechend an.

11. Kulturfinanzierung aus der dritten Sphäre

Die Finanzierung aus der dritten Sphäre wird in der Praxis des Kulturbetriebs in der Regel unter dem Begriff Fundraising zusammengefasst. Dabei sind zwei Ausprägungsformen zu unterscheiden: Spenden von Einzelpersonen und Zuwendungen von Stiftungen als institutionalisierte Akteure der Zivilgesellschaft. Bei der Ansprache von Einzelspendern als Fundraising im engeren Sinne liegt es an der Organisation selbst, die Spendengewinnung zu gestalten und die Geldflüsse zu kanalisieren. Beim Umgang mit Stiftungen stößt man auf strukturierte Vergabemechanismen, welche denjenigen der öffentlichen Hand oft nicht unähnlich sind: Bürokratien, Berater und Expertengremien.

Spenden sind Formen der Gabe im Sinne von Mauss (1966). Sie werden ohne direkte Gegengabe gegeben, Voraussetzung ist jedoch die Existenz einer persönlichen Beziehung, also wiederum der Transfer von Bedeutung. Aufbau und Pflege eines vertrauensvollen Verhältnisses zwischen Spender und Organisation bilden den Kern der Fundraising-Arbeit. Spendengewinnung ist somit in erster Linie Kommunikation (URSELMANN 2014: 13). Durch die unermüdliche Vermittlung von Werten und Zielen soll eine möglichst breite gesellschaftliche Basis am Leben der Organisation beteiligt werden (Involvement).

Die Erscheinung einer Organisation wird wesentlich durch das Ausmaß ihrer Spendenfinanzierung geprägt. Je höher die Abhängigkeit von Spenden wird, desto mehr muss die Vermittlung von Transparenz und Glaubwürdigkeit ins Zentrum der Tätigkeiten rücken, sowohl bei der Formulierung von Leitbildern, als auch in Bezug auf die Dokumentation der Mittelverwendung. Spendenmittel sind niemals „freie" Mittel, sondern stets mit einer ganz deutlichen Verpflichtung markiert (HAIBACH 1998: 48, 80ff.). Es führt dies zur strategischen Orientierung der Organisation an aktivierbaren Werten ihrer Spenderzielgruppen. Vorhandene Bedeutungen werden aufgegriffen und von der Institution in Spendenzahlungen kanalisiert.

Mit steigender Spendenhöhe kippt das Verhältnis von der organisationsseitig gestalteten zu einer individuell gestaltenden Philanthropie. Projekte, welche die Organisation ihren Großspendern vorschlägt (URSELMANN 2014: 70ff.), weichen mit zunehmendem Engagement eigenen Vorhaben, welche die Interessen und die kulturelle Sozialisation der Geber widerspiegeln. Sie können damit zunehmend individuelle Werte und Bedeutungen deponieren. Die höchste Stufe privater Philanthropie ist die Einbringung eines Vermögens in eine gemeinnützige Stiftung, wodurch sich das zivilgesellschaftliche Engagement wohlhabender Privater und Unternehmer institutionell verselbständigt.

Die konstitutive Trias einer Stiftung sind der Stiftungszweck, das Stiftungsvermögen und die Stiftungsorganisation (GERLACH-MARCH 2010: 77f.): Stiftungen sind private nicht-gewinnorientierte Organisationen, deren von persönlicher Eigentümerschaft und Verfügungsgewalt losgelöstes Vermögen dauerhaft einem gemeinnützigen Zweck dienen soll (ANHEIER 2003: 51). Stiften ist eine Form des Schenkens, bei der dem Stifterwillen eine strategische und auf Dauer angelegte Ausrichtung gegeben wird (STRACHWITZ 2003: 46). Auf diese Weise transportieren Stiftungen durch ihre Finanzierungsbeiträge nachhaltig Bedeutungen und Werte des Stifters.

Stiftungen folgen einer diffusen Nachfrage unterschiedlicher gemeinwirtschaftlicher Sektoren, wobei sich die Ergänzung staatlicher Maßnahmen und die Förderung von Innovation als ihre wichtigsten Funktionen herausgebildet haben (ANHEIER 2003: 46f.). Die entsprechende Flexibilität des Stifterwillens vorausgesetzt, kann die Stiftung über das Wirken ihrer Organe auch einen eigenen Gestaltungsanspruch entwickeln. Stifter sollten insbesondere ihren Willen nicht unverrückbar über den Tod hinaus festschreiben, da auch die Gesellschaft, in der die Stiftung künftig agiert, Veränderungen unterworfen ist. Ein lebendes Stiftungsorgan muss in der Lage sein, mit einer veränderten Wirklichkeit umzugehen, die der Stifter niemals hätte voraussehen können (PREWITT 2003: 328-334).

Trotz hochgesteckter Ziele sind bisher keine grundlegenden gesellschaftlichen Umwälzungen von Stiftungen ausgegangen – sei es aufgrund ihres beschränkten Volumens, der zu breiten Streuung ihrer Aktivitäten oder einer zu konservativen Stiftungspolitik (SCHMIDT 2003: 89). Da nur die allerwenigsten Stiftungen über Millionenbeträge zur jährlichen Ausschüttung verfügen, bleibt ihr Engagement auch im Kultursektor in der Regel punktuell. Den 9,1 Milliarden Euro staatlicher Kulturausgaben in Deutschland stehen geschätzte 125 Millionen gegenüber, die von Stiftungen vergeben werden (KULTURFINANZBERICHT 2012).

Mit ihren vergleichsweise geringen Mitteln treten Stiftungen aber dennoch als produktive Unruhestifter auf. Beat Wartburg, langjähriger Präsident von *SwissFoundations – Verband Schweizer Förderstiftun-*

gen und Direktor der *Christoph Merian Stiftung* bezeichnet Stiftungen daher als ,Freischärler der Kulturpolitik', die bewusst quer schießen:

> Stiftungen sind oft diskret, unkooperativ, staatsfern, manchmal kaum auffindbar, sie unterstützen punktuell und investieren lieber einmalig, als sich an Betriebskosten zu beteiligen, häufig sind ihre Entscheide nicht nachvollziehbar, und das ganze Stiftungswesen erscheint intransparent. Stiftungen gefällt es, eigene Fördermodelle zu entwickeln, sie verleihen Preise und Stipendien, sie starten Förderprogramme und foutieren sich meist um die staatliche Förderpolitik, aber auch die Bedürfnisse der Kulturbranche. (WARTBURG 2011: 3)

Kulturstiftungen handeln dort, wo der Staat es nicht kann oder nicht will. Ihre Kraft liegt gerade darin, dass sie die Autonomie besitzen, unstaatlich zu handeln, sich also nicht an die rechtsstaatlichen Prinzipien der Egalität und Berechenbarkeit halten zu müssen. Eine dauerhafte und tragfähige Beziehung zu einer Stiftung aufzubauen ist daher schwierig: Zu groß ist die Angst der Stiftungen sich durch langfristige Bindung der Mittel festzulegen bzw. parastaatlich aktiv zu werden (WARTBURG 2011).

12. Interaktionen und Auswirkungen

Die zunehmende Dynamik von Kulturorganisationen innerhalb des sozioökonomischen Dreiecks – bedingt etwa durch die Reduktion öffentlicher Mittel verbunden mit dem Druck zur vermehrten Sponsorenakquise (GEHRLACH-MARCH 2012) – aber auch Veränderungen der Logiken innerhalb einer Sphäre – so z. B. die Verschiebung von institutionellen Förderungen zu Projektförderungen – führen zu einer immer kleinteiligeren Finanzierungsstruktur. Dies schafft eine wachsende Anzahl von ,markierten' Geldern im Sinn Zelizers die laufend neue Bedeutungen in die Kulturinstitutionen hineintragen. Es kommt zu immer komplexeren Überlagerungen mit den originären Inhalten der Institution.

Ein interessantes Phänomen sind dabei die überproportionalen inhaltlichen Auswirkungen, die Lücken- oder Spitzenfinanzierungen haben können. Es handelt sich dabei um Hebelwirkungen, bei denen es kleinen Zuschussgebern gelingt, ihre Anliegen in überproportionalem Maß gegen die originären Interessen weit größerer – gesetzter – Finanzierungspartner durchzusetzen. Sponsoren können auf diese Weise eine durch die öffentliche Hand schon fast ausfinanzierte Institution preiswert als exklusiven Werbeträger besetzen. Stiftungen nutzen diesen Hebel oft ganz bewusst, um ihre Ziele mit dem geringst möglichen Aufwand zu erreichen. Dies geschieht zumeist sogar mit Billigung der öffentlichen

Geldgeber, weil sich diese als neue Bedeutung die Erhöhung privater Mittel auf die Fahnen geschrieben haben.

In den Abteilungen, welche die Schnittstellen zu den verschiedenen drei gesellschaftlichen Sphären bearbeiten, bilden sich laufend differenziertere Strukturen heraus. Zur Verwaltung der öffentlichen Zuwendungen hat die aus dem öffentlichen Haushaltswesen bekannte Funktion der Mittelbewirtschaftung Einzug gehalten. Damit ist die genaue Überwachung der Verwendung verschiedener öffentlicher Finanzierungstitel gemeint, die oftmals sogar einer gesetzlichen Zweckbindung unterworfen sind (LÜDER/BUDÄUS 1976). Die Spendengewinnung wird strategisch systematisiert, wofür immer öfter der im angloamerikanischen Raum geprägte Begriff Development verwendet wird. Zur Steigerung der Eigeneinnahmen wird ein zunehmend quantitativ arbeitendes Marketing eingesetzt. Unterstützt wird es durch Methoden des Customer-Relationship-Management (CRM), bei dem Bedeutungen und Vorlieben von einzelnen Besuchern dokumentiert werden. Somit prägen sich verändernde semantische Geldströme ganz entscheidend Struktur und Entwicklung von Kulturinstitutionen und damit auch den Fortschritt der Disziplin Kulturmanagement.

Durch die wachsende Anzahl von unterschiedlichen Bedeutungen und Ansprüchen, die dabei in die Kulturorganisationen hineingetragen werden, kommt es mit steigender Komplexität zu einer größeren Anzahl von Inkompatibilitäten bzw. dysfunktionalen Interaktionen einzelner Finanzierungsanteile. Man kann nicht mehr alle an die Finanzierungen geknüpften Bedingungen erfüllen, da sie sich zum Teil gegenseitig ausschließen. Hier ist es die Aufgabe des Förderers, diejenigen Widersprüche zu eliminieren, die sich aus der Eigenlogik des Sektors ergeben, nicht jedoch das Ziel des Engagements berühren. Es sind aber auch allzu rigide Zielsetzungen zu vermeiden, die die Allianzfähigkeit der Sektoren im Sinne Scheytts (2004: 58) verhindern. So wie von den Projekten der Kulturschaffenden ein Mindestmaß an Anschlussfähigkeit an die gesellschaftlichen Sphären verlangt wird, müssen Akteure aus Wirtschaft, Staat und Zivilgesellschaft ihr Engagement auch aus dem Blickwinkel der Kunst betrachten lernen.

Im vorliegenden Artikel wurde gezeigt, dass die im Sinne der Freiheit der Kunst beschworene Unabhängigkeit von Inhalten und Finanzierungen nicht haltbar ist. Mit dem Geld, das aus den drei sozioökonomischen Sphären in die Kultur fließt, werden immer auch Bedeutungen transportiert, die innerhalb der Organisation verarbeitet werden müssen, aber auch die Organisation selbst verändern. Kulturschaffende, die sich mit ihrem Finanzierungspartner nur insoweit beschäftigen, wie es für die Erlangung der Zuwendung notwendig ist, laufen Gefahr von differenziert ausgearbeiteten Anforderungen im Nachhinein überrollt zu werden. Aber auch in arbeitsteilig aufgestellten Kulturinstitutionen kann die Auseinandersetzung mit den Leitlinien und impliziten Erwartungen der Geldgeber in ein Kompetenzloch fallen, nämlich genau dann, wenn sich die künstlerische Leitung für die Hintergründe von Finanzierungen nicht interessiert und eine klassische Verwaltung mit den transportierten Bedeutungen inhaltlich überfordert ist. Hier ist ein modernes umfassendes Kulturmanagement gefordert, das Inhalte und Finanzen in Beziehung setzen kann.

Literatur

ANHEIER, Helmut K. ([2]2003): Das Stiftungswesen in Deutschland: Eine Bestandsaufnahme in Zahlen. – In: Handbuch Stiftungen. Ziele – Projekte – Management – Rechtliche Gestaltung. Hrsg. von der Bertelsmann Stiftung. Wiesbaden: Gabler, 43-86.

ARISTOTELES ([2]1911): Nikomachische Ethik. Leipzig: Felix Meiner.

ARNON, Arie (2011): Monetary Theory and Policy from Hume and Smith to Wicksell. Cambridge u. a.: UP.

BARRÉRE, Christian/SANTAGATA, Walter (1999): Defining Art. From the Brancusi Trial to the Economics of Artistic Semiotic Goods. – In: Journal of Arts Management 1/2 (Winter), 8-40.

BADELT, Christoph (2007): Zwischen Marktversagen und Staatsversagen. Nonprofit-Organisationen aus sozioökonomischer Sicht. – In: Ders./Meyer, Michael/Simsa, Ruth (Hg.), Handbuch der Nonprofit-Organisation. Stuttgart: Schäffer-Pöschel, 98-119.

BEHRINGER, Stefan (Hg.) (2013): Compliance kompakt. Best Practice im Compliance-Management. Berlin: Schmidt.

BERTELSMANN STIFTUNG (Hg.) (2003): Handbuch Stiftungen. Ziele – Projekte – Management – Rechtliche Gestaltung. Wiesbaden: Gabler.

BLAUG, Mark (1995): Why Is the Quantity Theory of Money the Oldest Surviving Theory in Economics? – In: Ders. (Hg.), The Quantity Theory of Money. Aldershot. Brookfield/ VT: Elgar, 27-49.

BLAUG, Mark (2003): Welfare Economics. – In: Towse, Ruth (Hg.), A Handbook of Cultural Economics. Cheltenham, Northampton/MA: Elgar, 476-482.

BÖHME, Hartmut (2001): Das Fetischismus-Konzept von Marx und sein Kontext. – In: Gerhardt, Volker (Hg.), Marxismus. Versuch einer Bilanz. Magdeburg: Scriptum, 289-318.

BOLWIN, Rolf (2013): Jahresbericht (Referat bei der Jahrestagung des Deutschen Bühnenvereins). Kiel:DBV.

BRUHN, Manfred ([5]2010): Sponsoring. Systematische Planung und integrativer Einsatz. Wiesbaden: Gabler.

BUCHANAN, James (1975): *The Limits of Liberty. Between Anarchy and Leviathan*. Chicago: UP.

COOLEY, Charles H. (1913): The Sphere of Pecuniary Valuation. – In: *American Journal of Sociology* 19 (September), 188-203.

DCMS (1998): *Creative Industries Mapping Document*. London.

DCMS (²2001): *Creative Industries Mapping Document*. London.

DEUTSCHER BUNDESTAG (Hg.) (2007): *Schlussbericht der Enquete-Kommission ‚Kultur in Deutschland'*. Bundestagsdrucksache 16/7000.

EHRLICHER, Werner (1981): Geldtheorie und Geldpolitik III: Geldtheorie. – In: Albers, Willi (Hg.), *Handwörterbuch der Wirtschaftswissenschaft*. Bd. 3. Stuttgart u. a.: Fischer u. a., 374-390.

EINZIG, Paul (²1966): *Primitive Money: In Its Ethnological, Historical, and Economic Aspects*. Oxford, Braunschweig: Pergamon.

FISHER, Irving. (1911): *The Purchasing Power of Money*. New York: Macmillan.

FISKE, John (2003): *Lesarten des Populären*. Wien: Löcker.

FLOTOW, Paschen v. (³1997): *Geld, Wirtschaft und Gesellschaft. Georg Simmels ‚Philosophie des Geldes'*. Frankfurt/M.: Suhrkamp.

FLOTOW, Paschen v./SCHMIDT, Johannes (2000): Die ‚Doppelrolle des Geldes' bei Simmel. – In: Backhaus, Jürgen G./Stadermann, Hans-Joachim (Hgg.), *Georg Simmels Philosophie des Geldes. Einhundert Jahre danach*. Marburg: Metropolis, 61-94.

FRERICHS, Klaus (1993): Die Dreigliedrigkeit der Repräsentanz. Ein Beitrag Georg Simmels zur Semiotik des Geldes. – In: Kintzelé, Jeff (Hg.), *Georg Simmels Philosophie des Geldes*. Frankfurt/M.: Hain, 264-276.

GANßMANN, Heiner (1995): Geld, Arbeit und Herrschaft. – In: Schelkle, Waltraud (Hg.), *Rätsel Geld. Annäherungen aus ökonomischer, soziologischer und historischer Sicht*. Marburg: Metropolis, 125-144.

GANßMANN, Heiner (2013): *Doing Money. Elementary Monetary Theory from a Sociological Standpoint*. London u. a.: Routledge.

GERLACH-MARCH, Rita (2010): *Kulturfinanzierung*. Wiesbaden: VS.

GERLACH-MARCH, Rita (2012): Sponsoring wird für Kulturinstitutionen immer wichtiger. – In: *Gewandhaus-Magazin* 76 <http://www.gewandhausorchester.de/medien/ gewandhausmagazin/einer-der-vier-titelbeitraege-aus-nr-76/ausgabe-nr-76-a-1534. html> [28.05.2015].

HAIBACH, Marita (1998): *Handbuch Fundraising. Spenden, Sponsoring, Stiftungen in der Praxis*. Frankfurt/M., New York: Campus.

HAYEK, Friedrich v. (1929): *Geldtheorie und Konjunkturtheorie*. Wien: Julius Springer.

HEILBRUN, James/GRAY, Charles M. (²2007): *The Economics of Art and Culture*. Cambridge: UP.

HEINRICHS, Werner (1997): *Kulturpolitik und Kulturfinanzierung. Strategien und Modelle für eine politische Neuorientierung der Kulturfinanzierung*. München: Beck.

HGKZ (Hg.): *Kultur. Wirtschaft. Schweiz. Das Umsatz und Beschäftigungspotential des kulturellen Sektors. Erster Kulturwirtschaftsbericht Schweiz*. Zürich: HGKZ.

HÖLTZ, Joachim (1984): *Kritik der Geldentstehungstheorien. Carl Menger, Wilhelm Gerloff und eine Untersuchung über die Entstehung des Geldes im alten Ägypten und Mesopotamien*. Berlin: Reimer.

HUTTER, Michael (1995): Signum non olet. Zu einer Zeichentheorie des Geldes. – In: Schelkle, Waltraud, *Rätsel Geld. Annäherungen aus ökonomischer, soziologischer und historischer Sicht*. Marburg: Metropolis, 325-352.

ISSING, Otmar. ([12]2001): *Einführung in die Geldtheorie*. München: Vahlen.

JENSEN, Michael/MECKLING, William (1976): Theory of the Firm. Managerial Behavior, Agency Costs, and Ownership Structure. – In: *Journal of Financial Economics* 3/4, 305-360.

KEYNES, John Maynard ([2]1930): *A Treatise on Money*. London: Macmillan.

KEYNES, John Maynard (1936): *The General Theory of Employment, Interest and Money*. London: Macmillan.

KLAMER, Arjo (Hg.) (1996): *The Value of Culture. On the Relationship between Economics and Arts*. Amsterdam: UP.

KLAMER, Arjo (2003): Gift Economy. – In: Towse, Ruth (Hg.), *A Handbook of Cultural Economics*. Cheltenham & Northampton/MA: Edward Elgar, 243-247.

KLAMER, Arjo (2012): *The Mode of Financing Matters. What Is the Right Thing to Do?* <http://www.klamer.nl/docs/mode.pdf> [30.05.2014].

KLAMER, Arjo/DALEN, Harry van (1998): *Het verhaal van geld*. Amsterdam: UP.

KLAMER, Arjo/ZUIDHOF, Peter Wim (1999): The Values of Cultural Heritage: Merging Economic and Cultural appraisals. – In: Getty Conservation Institute (Hg.), *Economics and Heritage Conversation*. Los Angeles: The J. Paul Getty Trust.

KLEIN, Armin (Hg.) (2004): *Kompendium Kulturmanagement. Handbuch für Studium und Praxis*. München: Vahlen.

KMU FORSCHUNG AUSTRIA (Hg.) (2010): *Kreativwirtschaftsbericht Wien*. <http://www.creativwirtschaft.at/document/1__KreativwirtschaftsberichtWien.pdf> [21.10.2014].

KRAUSE, Detlef ([4]2005): *Luhmann-Lexikon. Eine Einführung in das Gesamtwerk von Niklas Luhmann*. Stuttgart: Lucius & Lucius.

KULTURFINANZBERICHT (2012): *Kulturfinanzierung in Deutschland*. Wiesbaden: Statistisches Bundesamt (<http://www.kulturkreis.eu/index.php?option=com_content& task=blogcategory&id=44&Itemid=177> [28.05.2014]).

LÜDER, Klaus, BUDÄUS, Dietrich (1976), *Effizienzorientierte Haushaltsplanung und Mittelbewirtschaftung*, Göttingen: Schwartz.

LUHMANN, Niklas (1997): *Die Gesellschaft der Gesellschaft*. Frankfurt/M.: Suhrkamp.

LUHMANN, Niklas (2001): *Aufsätze und Reden*. Hrsg. von Oliver Jahraus. Stuttgart: Reclam.

LUHMANN, Niklas (2002): *Die Politik der Gesellschaft*. Frankfurt/M.: Suhrkamp.

MARSHALL, Alfred (2003 [1923]): *Money, Credit and Commerce*. Amherst/NY: Prometheus Books [London: Macmillan].

MARX, Karl ([2]1872): *Das Kapital. Kritik der politischen Ökonomie*. Hamburg: Otto Meissner.

MAUSS, Marcel (1966 [1923-1924]): *The Gift. Forms and Functions of Exchange in Archaic Societies*. London: Cohen & West.

MAZZANTI, Massimiliano (2003): Valuing Cultural Heritage in a Multi-attribute Framework. Microeconomic Perspectives and Policy Implications. – In: *Journal of Socio-Economics* 32, 549-569.

McLUHAN, Marshal (1964): *Understanding Media. The Extensions of Man.* New York: McGraw-Hill.

MENGER, Carl (1871): *Grundsätze der Volkswirthschaftslehre.* Wien: Wilhelm Braumüller.

MENGER, Carl (²1970 [1909]): Geld. – In: Ders., *Gesammelte Werke.* Bd. 4: Schriften über Geld und Währungspolitik. Tübingen: Mohr, 1-116 [Erstabdruck in: *Handbuch der Staatswissenschaften.* Jena: Gustav Fischer].

MILL, John Stuart (1848): *The Principles of Political Economy with Some of Their Applications to Social Philosophy.* London: Parker.

MISES, Ludwig v. (1928): *Geldwertstabilität und Konjunkturpolitik.* Jena: Ludwig Fischer.

NISKANEN, William (1971): *Bureaucracy and Representative Government.* Chicago: Aldine Atherton.

PARSONS, Talcott (1980): *Zur Theorie der sozialen Interaktionsmedien.* Opladen: Westdt. Verl.

POLÁNYI, Karl (1968): The Semantics of Money Uses. – In: Dalton, George (Hg.), *Primitive, Archaic and Modern Economies.* Boston: Beacon, 175-206.

POLÁNYI, Karl (1977): *The Livelihood of Man.* New York: Academic.

POLÁNYI, Karl (1978 [1944]): *The Great Transformation. Politische und ökonomische Ursprünge von Gesellschaften und Wirtschaftssystemen.* Frankfurt/M.: Suhrkamp.

POLÁNYI, Karl (1979): *Ökonomie und Gesellschaft.* Frankfurt/M.: Suhrkamp.

PREWITT, Kenneth (2003): Auftrag und Zielsetzung einer Stiftung. Stifterwille, Stiftungspraxis und gesellschaftlicher Wandel. – In: Bertelsmann Stiftung (Hg.), *Handbuch Stiftungen. Ziele – Projekte – Management – Rechtliche Gestaltung.* Wiesbaden: Gabler, 315-350.

ROTH, Steffen (2014): Coining Societies. An Inter-functional Comparative Analysis of the Euro. – In: *Innovation. The European Journal of Social Sciences* 27/2, 99-188.

SENAT VON BERLIN (2013): *Dritter Kreativwirtschaftsbericht.* <http://www.berlin.de/sen/wirtschaft/wirtschaft-und-technologie/branchen/ikt-medien-kreativwirtschaft/3-kreativwirtschaftsbericht/kwb13_small.pdf> [21.10.2014].

SCHELKLE, Waltraud (Hg.) (1995): *Rätsel Geld. Annäherungen aus ökonomischer, soziologischer und historischer Sicht.* Marburg: Metropolis.

SCHEYTT, Oliver (2008): *Kulturstaat Deutschland. Plädoyer für eine aktivierende Kulturpolitik.* Bielefeld: transcript.

SCHMIDT, Wolf (²2003): Stiftungen als Innovationsagenturen und Wohltäter der Gesellschaft. – In: Bertelsmann Stiftung (Hg.), *Handbuch Stiftungen. Ziele – Projekte – Management – Rechtliche Gestaltung.* Wiesbaden: Gabler, 87-126.

SIENHOLZ, Mark (2012): *Parsons Interaktionsmedien im Vergleich mit Luhmanns Erfolgsmedien* München: LMU <http://medkon.userweb.mwn.de/1701_sienholz.html> [21.10.2014].

SIMMEL, Georg (³1920): *Philosophie des Geldes.* München, Leipzig: Duncker & Humblot.

SIMON, Fritz (2012): *Korruption.* <http://www.carl-auer.de/blog/simon/korruption-3/> [21.10.2014].

SPRINGER GABLER VERLAG (Hg.) [2014]: Dritter Sektor. <http://wirtschaftslexikon.gabler.de/Archiv/7488/dritter-sektor-v9.html> [21.10.2014].

STRACHWITZ, Rupert v. (²2003): Strategische Optionen für Stifter – Überlegungen zu einer investiven Philanthropie. – In: Bertelsmann Stiftung (Hg.), *Handbuch Stiftungen. Ziele – Projekte – Management – Rechtliche Gestaltung*. Wiesbaden: Gabler, 629-648.

THALER, Richard (1999): Mental Accounting Matters. – In: *Journal of Behavioural Decision Making* 12, 183-206.

THROSBY, David (2001): *Economics and Culture*. Cambridge: UP.

THROSBY, David (2003): Determining the Value of Cultural Goods: How Much (or How Little) Does Contingent Valuation Tell Us? – In: *Journal of Cultural Economics* 27, 275-285.

TOWSE, Ruth (Hg.) (2003): *An Handbook of Cultural Economics*. Cheltenham, Northampton/MA: Elgar.

URSELMANN, Michael (⁶2014): *Professionelle Mittelbeschaffung für steuerbegünstigte Organisationen*. Wiesbaden: Springer Gabler.

VAGGI, Gianni/GRONEWEGEN, Peter D. (²2014): *A Concise History of Economic Thought. From Mercantilism to Monetarism*. Basingstoke/NY: Palgrave Macmillan.

WALTZ, Matthias (2006): Tauschsysteme als subjektivierende Ordnungen: Mauss, Lévi-Strauss, Lacan. – In: Moebius, Stephan/Papilloud, Christian (Hgg.), *Gift – Marcel Mauss Kulturtheorie der Gabe*. Wiesbaden: VS, 81-106.

WARTBURG, Beat v. (2011): *Freischärler in der Kulturförderung – Stiftungen als Unruhestifter*. Vortrag auf der 5. Jahrestagung des Fachverbands Kulturmanagement, Basel.

WEBER, Max (⁵1976): *Wirtschaft und Gesellschaft. Grundriß der verstehenden Soziologie*. Tübingen: Mohr.

WICKSELL, Knut (1922): *Geld und Kredit*. Jena: Gustav Fischer.

ZAUNER, Alfred (⁴2007): Über Solidarität zu Wissen. Ein systemtheoretischer Zugang zu Nonprofitorganisationen. – In: Badelt, Christoph (Hg.), *Handbuch der Nonprofit-Organisation*. Stuttgart: Schäffer-Pöschel, 141-164.

ZELIZER, Viviana (1994): *The Social Meaning of Money*. New York: Basic Books.

Kulturpolitik in der Demokratie

MONIKA MOKRE
Institut für Kulturwissenschaften und Theatergeschichte,
Österreichische Akademie der Wissenschaften, Wien

Abstract

Der Beitrag fragt, wie sich staatliche Kulturpolitik aus demokratiepolitischer Sicht legitimieren lässt. Diese Frage wird grundsätzlich anhand der bekannten Lincoln-Formel *Regierung des Volkes, für das Volk und durch das Volk* bearbeitet. Demokratische Gleichfreiheit ist nur auf der Grundlage von Solidarität der Bürger/-innen untereinander und mit dem Staat umsetzbar; Kunst und Kultur können zur Schaffung einer solchen Solidarität beitragen, etwa durch die Konstruktion einer nationalen Kultur. In zeitgenössischen Migrationsgesellschaften ist diese spezifische Leistung von Kunst und Kultur allerdings kritisch zu hinterfragen und neu zu definieren. Auch wird Kunst und Kultur eine Bildungsfunktion zugeschrieben, die auch im politischen Bereich wirksam werden kann und damit „Regierung durch das Volk" ermöglicht. Schließlich schaffen Kunst und Kultur Räume, in denen unterschiedliche Konzipierungen des Gemeinwohls aufeinandertreffen können, also Vorstellungen dessen, was „Regierung für das Volk" bedeutet.

Der zweite Teil des Artikels analysiert unterschiedliche Formen der Finanzierung von Kunst und Kultur aus demokratiepolitischer Sicht – Finanzierung durch die öffentliche Hand, Mäzenatentum und Sponsoring, Crowdfunding, Kultur- und Kreativwirtschaft – und konfrontiert auf diese Weise die demokratietheoretischen Überlegungen des ersten Teils mit kulturpolitischer Praxis.

Keywords

Kulturpolitik – Recht – Staat – Zivilgesellschaft – Kulturfinanzierung
cultural politics – law – state – civil society – cultural financing

Corresponding author

Monika Mokre, Institut für Kulturwissenschaften und Theatergeschichte, Österreichische Akademie der Wissenschaften, Postgasse 7/4, A-1010 Wien.
E-Mail: monika.mokre@oeaw.ac.at

– Research Article –

In Fachdiskussionen insbesondere im deutschsprachigen Raum ist es heutzutage durchaus üblich, nach mehr oder anderer Kulturpolitik zu rufen. Der (finanzielle) Rückzug des Staates aus dem Kulturbereich wird beklagt, eine Kulturproduktion ohne öffentliche Unterstützung als unmöglich oder nicht wünschenswert bezeichnet. Selten wird dabei auf demokratiepolitische Argumente zurückgegriffen. In vielen Fällen wird auf differenzierte Begründungen überhaupt verzichtet, da die Bedeutung von Kunst und Kultur als ebenso unumstritten gilt wie die Notwendigkeit staatlichen Engagements. Wenn Gründe für kulturpolitische Eingriffe genannt werden, so beziehen sie sich zumeist auf das kulturelle Erbe (oder eventuell zeitgenössische Kulturproduktion als die Voraussetzung für das kulturelle Erbe von morgen) oder auf kulturelle Identität. Diese Argumente haben allerdings durchaus einen Zusammenhang mit demokratiepolitischen Fragen – auch wenn dieser Zusammenhang nicht eindeutig ist.

1. Regierung des Volkes, für das Volk und durch das Volk

Nach der bekannten Formel von Abraham Lincoln bedeutet Demokratie Regierung des Volkes, für das Volk und durch das Volk. Aus dieser Definition lässt sich die Bedeutung von Kultur und kultureller Produktion für die Demokratie ableiten.

1.1 Was ist das Volk?

Hier ist in einem ersten Schritt die Frage von Bedeutung, was eigentlich das Volk ist. Postoperaistische Theoretiker (HARDT/NEGRI 2004) beziehen sich in ihrer Ablehnung der Idee eines quasi natürlich gegebenen Volkes auf Spinoza, der den Begriff der Multitude einführte (HARDT/NEGRI 2004: 214), bestreiten im Unterschied zu diesem aber die Existenz eines Volkes, also einer relativ geschlossenen Gemeinschaft und verwenden den Begriff der Multitude als Beschreibungsform gegenwärtiger Gesellschaften.

Auf der Grundlage eines solchen Verständnisses lässt sich allerdings das System der repräsentativen Demokratie nicht legitimieren, das auf der Idee einer angemessenen Vertretung einer – oder in seltenen Fällen mehrerer – relativ homogener gesellschaftlicher Gruppen beruht. Es ist daher folgerichtig, dass Hardt/Negri (2004) die repräsentative Demokratie ablehnen. Denn die repräsentative Demokratie kann auf das Konzept des Volks, einer Form der Gemeinschaft, nicht verzichten. Die demokratischen Werte der Freiheit und Gleichheit sind ohne Brüderlichkeit (bzw. Solidarität) nicht durchsetzbar, da die Gleichfreiheit (BALIBAR 2012) der anderen nur aufgrund der Annahme eines einigenden Bandes akzeptiert wird. Dieses einigende Band kann unterschiedlich stark ausgeprägt sein – so verlangt ein stark sozialstaatlich ausgerich-

tetes System, wie etwa in Deutschland oder Österreich, mehr gesellschaftliche Kohäsion als eine Demokratie, die in erster Linie auf der
Verantwortung des/der Einzelnen oder substaatlicher Gemeinschaften
beruht, wie in den USA. Aber selbst in den seltenen Fällen, in denen ein
Staat aus mehreren, nebeneinander lebenden (Volks-)Gruppen besteht,
wie etwa in Belgien, ist ein Mindestmaß an Solidarität zwischen diesen
Gruppen nötig, damit der Staat nicht auseinanderfällt.

Solidarität ist eine Voraussetzung von Demokratie, die Demokratie
selbst nicht schaffen kann (BÖCKENFÖRDE 1976: 60). In Nationalstaaten wird gemeinhin davon ausgegangen, dass Solidarität durch die nationale Kultur gebildet wird. Dabei ist mindestens in wissenschaftlichen
Kreisen mittlerweile weitgehend unbestritten, dass sich Nationalstaaten
nicht quasi naturwüchsig aufgrund einer vorher vorhandenen gemeinsamen nationalen Kultur gebildet haben, sondern die (in erster Linie ökonomische) Notwendigkeit von Flächenstaaten zur Erfindung, Imagination oder Konstruktion nationaler Einheit und nationaler Kultur führten
(GELLNER 1983; ANDERSON 1991). Die Berufung auf ein kulturelles
Erbe und eine gemeinsame kulturelle Identität durch Kulturproduktion
sind also zentrale Komponenten der Konstruktion der Nation, auf der
nationalstaatliche Demokratie beruht. Dies hat bereits Friedrich Schiller
mit großer Emphase in Bezug auf das Theater propagiert:

> Unmöglich kann ich hier den großen Einfluß übergehen, den eine gute stehende
> Bühne auf den Geist der Nation haben würde. Nationalgeist eines Volks nenne ich
> die Aehnlichkeit und Uebereinstimmung seiner Meinungen und Neigungen bei
> Gegenständen, worüber eine andere Nation anders meint und empfindet. Nur der
> Schaubühne ist es möglich, diese Uebereinstimmung in einem hohen Grad zu be-
> wirken, weil sie das ganze Gebiet des menschlichen Wissens durchwandert, alle
> Situationen des Lebens erschöpft und in alle Winkel des Herzens hinunter leuchtet;
> weil sie alle Stände und Klassen in sich vereinigt und den gebahntesten Weg zum
> Verstand und zum Herzen hat. (SCHILLER 1838: 79)

Wenn wir allerdings davon ausgehen, dass die Nation ebenso wie die
nationale Kultur eine Konstruktion ist, dann folgt daraus, dass nationale
Demokratie nicht die einzig denkbare Form der Demokratie ist. Gerade
in zeitgenössischen Migrationsgesellschaften werden die Defizite dieses
Demokratieverständnisses immer deutlicher. Denn Staaten, in denen
mehr und mehr Menschen von politischen Rechten ausgeschlossen sind,
sind zumindest problematische Demokratien. Eine solche Perspektive
stellt die positive Bedeutung von Kulturproduktion und der Bewahrung
des kulturellen Erbes für die Demokratie infrage; andererseits trägt
aber ein Teil der zeitgenössischen Kulturproduktion zur Kritik der Aus-
schlussmechanismen nationalstaatlicher Demokratie bei. In den letzten

Jahrzehnten des vorigen Jahrhunderts wurde in diesem Kontext das Konzept des Multikulturalismus stark gemacht und zugleich auch heftig kritisiert. Diese Kritik beruhte einerseits auf der Ablehnung der Mischung von Kulturen (HUNTINGTON 2002; in jüngster Zeit SARRAZIN 2010); von anderer Seite wurde hingegen festgehalten, dass Unterschiede zwischen Kulturen im Konzept des Multikulturalismus zwar positiv gedeutet, zugleich aber verstärkt werden: Individuen und Gruppen werden auf ihre Ethnizität und angeblichen kulturellen Wurzeln reduziert.

> Das Multikulturalitätsprinzip [...] ist zwar gegenüber konservativen Forderungen nach gesellschaftlicher Homogenität progressiv, in seinem Kulturverständnis aber bleibt es traditionell und droht, regressiven Tendenzen Vorschub zu leisten. (WELSCH 1998: 48)

In jüngerer Zeit wurde dieser Begriff vom Konzept der Interkulturalität abgelöst, das sich um größere Durchlässigkeit kultureller Grenzen bemüht:

> Eine interkulturelle Öffnung ist ein durchaus schmerzhafter, aber auch höchst kreativer Prozess, in dem sich die Institutionen im Sinne eines Mainstreaming befragen müssen, inwiefern sie die Vielfalt in der Gesellschaft, also die unterschiedlichen Hintergründe, Voraussetzungen, Herangehensweisen etc., im normalen Ablauf berücksichtigen. (TERKESSIDIS 2011)

Auch hier wird indes davon ausgegangen, dass (1) Unterschiede zwischen Kulturen klar erkennbar und definierbar sind und dass (2) diese Unterschiede von zentraler gesellschaftlicher Bedeutung sind. Andere gesellschaftliche Differenzen, bzw. Ungleichheiten, insbesondere in Hinblick auf sozioökonomische Situation und Karrierechancen, werden ausgeblendet oder als Konsequenz kultureller Unterschiede verstanden (MOKRE 2011). Es stellt sich hier also die grundlegende Frage, wie weit der Begriff der Kultur überhaupt noch taugt, Solidarität herzustellen und damit Demokratie zu ermöglichen. In diesem Sinne schlägt Jürgen Habermas (1991) vor, die Berufung auf gemeinsame kulturelle Wurzeln durch eine gemeinsame Zukunftsorientierung zu ersetzen, die als „Verfassungspatriotismus" auf die geteilte Anerkennung einer Rechtsordnung beruht. Diese Vorstellung des voluntaristischen Bekenntnisses zu einem Staat aufgrund seiner Rechtsordnung wurde allerdings von verschiedenen Seiten als unrealistisch kritisiert, etwa mit diesem Argument:

> If my loyalty to my country is grounded in its constitution, which guarantees me fundamental rights, why should I not be loyal to another democratic state whose constitution is as good or even better in that respect? (BAUBÖCK 2000: 5)

Einen interessanteren und vielleicht auch realistischeren Zugang zu einer adäquaten Entwicklung zeitgenössischer Demokratien stellt das Konzept der Transkulturalität von Wolfgang Welsch (1998) dar, das die Bedeutung kultureller Differenzen nicht leugnet, wohl aber die Möglichkeit der Zuschreibung solcher Differenzen zu abgegrenzten Gruppen. Welsch spricht sich gegen ein traditionelles Kulturkonzept aus und entwirft ein Konzept der Transkulturalität, das ein Bild von der Verflochtenheit, Durchmischung und Gemeinsamkeit der Kulturen in modernen, hochgradig differenzierten Gesellschaften zeigt. Seine grundlegende Annahme ist, dass „kulturelle Differenzen nicht nur zwischen Gesellschaften, sondern gleichermaßen und zunehmend innerhalb Gesellschaften bestehen" (zit. n. IKUD o. J.). Damit zeigt sich Transkulturalität als ein gesellschaftliches Phänomen, das sich vor allem in den Wahrnehmungen, Denkmustern und im Handeln von Individuen zeigt, da einheitliche Lebensformen nicht mehr existieren (IKUD o. J.).

Aus diesem Konzept lässt sich auch für die Entwicklung zeitgenössischer Demokratien eine konstruktive Rolle der Kulturproduktion wie auch einer kritischen Bearbeitung von Verständnissen des kulturellen Erbes ableiten.

1.2 Regierung durch das Volk

Demokratie bedeutet des Weiteren, dass das Volk sich selbst regiert. Diese ideale und idealistische Vorstellung von Demokratie ist in der Praxis zweifelhaft und auch theoretisch stark umstritten. Schumpeter (1942/1950) etwa vertritt das Modell der Elitendemokratie, in dem das Volk periodisch seine Vertreter wählt, sich aber zwischen den Wahlen möglichst von Politik fernhält.

> So fällt der typische Bürger auf eine tiefere Stufe der gedanklichen Leistung, sobald er das politische Gebiet betritt. Er argumentiert und analysiert auf eine Art und Weise, die er innerhalb der Sphäre seiner wirklichen Interessen bereitwillig als infantil anerkennen würde. Er wird wieder zum Primitiven. (SCHUMPETER 1942/1950: 416)

Anspruchsvollere Vorstellungen von Demokratie, wie etwa das Modell der Polyarchie von Robert Dahl (1989) sehen hingegen eine weitgehende Selbstregierung mindestens als Fernziel der Demokratie an. Um dieses Ziel erreichen zu können, bedarf es der Bildung des Volkes – und auch hier wird Kultur häufig als wichtige Komponente genannt – etwa wiederum bei Friedrich Schiller:

> Die Gerichtsbarkeit der Bühne fängt an, wo das Gebiet der weltlichen Gerichte
> sich endigt. Wenn die Gerechtigkeit für Gold verblindet und im Solde der Laster
> schwelgt, wenn die Frevel der Mächtigen ihrer Ohnmacht spotten und Menschen-
> furcht den Arm der Obrigkeit bindet, übernimmt die Schaubühne Schwert und
> Wage und reißt die Laster vor einen schrecklichen Richterstuhl. [...] So groß und
> vielfach ist das Verdienst der bessern Bühne um die sittliche Bildung; kein gerin-
> geres gebührt ihr um die ganze Aufklärung des Verstandes. Eben hier in dieser
> höhern Sphäre weiß der große Kopf, der feurige Patriot sie erst ganz zu gebrauchen.
> (SCHILLER 1838: 71)

Mit seinen Überlegungen zu Ästhetik und Kunst reagiert Schiller kritisch auf Immanuel Kants Konzept des „interesselosen Wohlgefallens"
an Schönheit (und damit auch an der Kunst), das die Grundlage der
Entwicklung von Gemeinsinn (sensus communis) bildet. Während Kant
diese Form der positiven Zuwendung streng von der moralischen (und
damit eben nicht interesselosen) Beurteilung des Guten trennt, sieht
Schiller hier einen engen Zusammenhang (HÖFFE 2008: 12). Im 20.
Jahrhundert entwickelte Adorno (1997) ein Verständnis autonomer
Kunst, in dem – ähnlich wie bei Kant – ihr emanzipatorischer Charakter
der Zweckfreiheit geschuldet ist. Weder die Kulturindustrie, die sich als
Befriedigung einer (laut Adorno) von ihr selbst geschaffenen Nachfrage versteht, noch auch die ,engagierte' Kunst werden diesem Anspruch
gerecht. Diese und andere Konzepte von Kunst als Form der Bildung
und Entwicklung von Gesellschaften wirken bis heute in Argumentationen für (eine bestimmte Form der) Kulturpolitik nach, ohne dass diese
Bezüge üblicherweise ausgewiesen werden. Besonders deutlich wurde
dies im Konzept der ,Kultur für alle' der 1970er-Jahre, das sich die Aufgabe stellte, bildungsferne Schichten an die Hochkultur heranzuführen
(etwa durch reduzierte Eintrittspreise und Theatertourneen in kleinere
Städte), um ihnen Bildung und soziale Integration zu vermitteln. Dieses
Konzept wird heutzutage mehrheitlich als gescheitert angesehen und
teilweise auch als Beginn einer bedauerlichen Fehlentwicklung der un-
kritischen Kunst- und Kulturfinanzierung verstanden:

> Der Glaube an die Gestaltungskraft der Kultur, an ihr Zusammenhalt und Frieden
> stiftendes Wesen ist inzwischen erlahmt. Die 68er wollten den Umgang mit Kunst
> von der Straße her ändern. Doch Kunst war, ist und bleibt ein Medium der sozialen
> Differenzierung, der Abgrenzung und Ausgrenzung. (HASELBACH et al. 2012: 26)

Die (von den Autoren selbst so bezeichnete) Polemik eines prognosti-
zierten Kulturinfarkts bezieht sich in dieser Passage auf Pierre Bourdieu
(1982). Sein Konzept des kulturellen Kapitals weist darauf hin, dass
Kenntnis von und Verständnis für Kultur einen Distinktionsmecha-
nismus darstellen, der die ungleiche Verteilung finanziellen Kapitals

verstärkt. Die Reduktion von Eintrittspreisen und Anfahrtswegen verändert diese Situation unwesentlich, da Interesse und Freude an Hochkultur in erster Linie durch Erziehung erzeugt werden. Auch aus der Kulturökonomie ist bekannt, dass die Nachfrage nach Hochkultur nur in einem geringen Maß vom Preis beeinflusst wird (HEILBRUN/GRAY 1993: 77-97).

1.3 Regierung für das Volk

Schließlich ist zu fragen, wie demokratisch ‚für' das Volk, also im Sinne des Gemeinwohls, regiert werden kann. Unterschiedliche kulturpolitische Aktivitäten beruhen – explizit oder (zumeist) implizit – auf unterschiedlichen Vorstellungen des Gemeinwohls.

So wird öffentliche Kulturfinanzierung immer noch weitgehend von dem Gedanken getragen, dass ein möglichst breites Kulturangebot dem Gemeinwohl zuträglich und daher Aufgabe der öffentlichen Hand ist. Doch wenn ein Großteil der öffentlichen Mittel in die Hochkultur fließt, dann kann dies demokratiepolitisch durchaus problematisch erscheinen – denn es handelt sich hier eindeutig um eine Umverteilung von Steuergeldern von einkommensschwächeren Nicht-Besucher/-innen dieser Institutionen zur oberen Mittelschicht und dem Bildungsbürgertum. Interessanterweise wird diese statistisch nachweisbare Form der Umverteilung kaum je diskutiert, die dem sozialstaatlichen Prinzip der Unterstützung der Ärmeren durch die Reicheren widerspricht.

Der Ausschluss von Minderheiten- und Migrationskulturen hingegen wird zumindest in einer kritischen Teilöffentlichkeit in stärkerem Ausmaß und zunehmend mehr thematisiert und als Reaktion auf diese Kritik werden spezielle Programme für diese Bevölkerungsgruppen entwickelt. Allerdings stellt sich hier die Frage, ob nicht neue Ausschlüsse und identitäre Festschreibungen produziert werden, wenn Minderheitenkulturen nicht als Teil der nationalen Kultur (wie auch des nationalen kulturellen Erbes) anerkannt, sondern gesondert betrachtet und gefördert werden.

2. Undemokratische Kulturpolitik

Es sollte auch erwähnt werden, dass kulturpolitische Aktivitäten durchaus demokratiefeindliche Absichten und Konsequenzen haben können. Aus diesem Grund wurde etwa das Konzept ‚staatliche Kulturpolitik' im

Vereinigten Königreich nach dem Zweiten Weltkrieg völlig abgelehnt, da es mit der Zensur- und Propagandapolitik des Nationalsozialismus gleichgesetzt wurde. Zensur wird in Demokratien weitgehend zurückgewiesen – auch wenn sich durchaus zeitgenössische Formen von Zensur nachweisen lassen. Internationale Bekanntheit errang z. B. der Versuch des New Yorker Bürgermeisters Rudolph Giuliani, dem Brooklyn Museum aufgrund einer von ihm (und weiten Teilen der Bevölkerung) abgelehnten Ausstellung die Finanzierung zu streichen: Im Jahr 2000 zeigte das Brooklyn Museum eine Ausstellung der Bilder des Sammlers Charles Saatchi, die unter anderem das Bild *The Holy Virgin Mary* des afrikanischen Künstlers Chris Ofili enthielt, auf dem die Brüste der Madonna aus Elefantendung geformt waren. Das Bild wurde von verschiedenen christlichen Communities (gegen die Absicht des Künstlers) als blasphemisch verstanden (CRAMER 2012). Weniger bekannt ist ein jüngeres Beispiel aus Österreich, das zumindest den Verdacht von Zensur aufkommen lässt: Oliver Ressler entwarf im Jahr 2011 für die Stadt Innsbruck eine Plakatkampagne unter dem Titel *Wahlen sind Betrug*. Eine Förderung für diese Kampagne wurde vom Verband *TKI-Tiroler Kulturinitiativen / IG Kultur Tirol* beschlossen, die Förderzusage wurde dann aber von der Kulturabteilung der Tiroler Landesregierung rückgängig gemacht (RESSLER 2012). Auch wenn es rechtlich zulässig (und auch nötig) ist, dass Förderungen von gewählten Politikern beschlossen werden, kann die nachträgliche Einmischung in den Auswahlprozess als problematische Beschränkung der Freiheit der Kunst durch die Tiroler Landesregierung verstanden werden.

3. Demokratiepolitische Probleme der Kulturfinanzierung

3.1 Öffentliche Finanzierung

Diese plakativen Beispiele weisen auf ein grundlegendes Problem öffentlicher Kulturfinanzierung hin: Wenn Kunst- und Kulturproduktion großteils von staatlichen Geldern abhängig ist, dann ist es unvermeidlich, dass Politik Einfluss auf Kunst und Kultur nimmt und somit die Freiheit der Kunst einschränkt. Für dieses Problem werden international verschiedene Lösungen gefunden – im Vereinigten Königreich und in den Niederlanden etwa gilt das ‚arm's length principle' – das Kulturbudget wird an – mehr oder weniger – unabhängige Einrichtungen zur Verteilung an Institutionen und Projekte gegeben. Deutschland entschloss sich nach den Erfahrungen des Nationalsozialismus zu einer radikalen Föderalisierung kultureller Angelegenheiten, um zentralstaatlichen Einfluss zu verunmöglichen.

In Österreich hingegen verblieb die Kulturpolitik weitgehend zentralistisch und im direkten Einfluss der Politik. Zwar ist Kultur laut Verfassung Ländersache, doch die Kulturbudgets machen deutlich, dass die Realverfassung hier von der Formalverfassung stark abweicht. Um den direkten Einfluss der Politiker/-innen- und Beamt/-innenebene zu reduzieren, wurden verschiedene Formen der (Vor-)Entscheidungsfindung entwickelt und probiert – Beiräte, Fachjurys, Kurator/-innen, Intendant/-innen. Doch werden diese Modelle in erster Linie in der Projektförderung eingesetzt, in die deutlich geringere Mittel fließen als in die großen Institutionen. Andererseits ist aber auch festzuhalten, dass der politische Einfluss in Bezug auf die Finanzierung dieser Institutionen eher gering ist, da hier im Wesentlichen Budgets fortgeschrieben bzw. nur leicht erhöht oder reduziert werden.

Unabhängig von den Fördermodellen ist international eine Tendenz zu staatlichem Rückzug aus der Kulturfinanzierung zu beobachten. Diese begründet sich politisch-ideologisch aus einem allgemein zunehmenden Misstrauen gegenüber staatlichen Eingriffen in neoliberal verfassten politischen Systemen und finanziell aus schrumpfenden öffentlichen Budgets. Die hier angestellten demokratiepolitischen Überlegungen spielen in den Argumentationen kaum eine Rolle. Aus der Reduktion staatlicher Mittel ergibt sich die Notwendigkeit, andere Finanzquellen zu erschließen, die ebenfalls auf ihre demokratiepolitische Bedeutung hin zu befragen sind.

3.2 Mäzenatentum und Sponsoring

Im Unterschied zu mittel- und westeuropäischen Modellen der Kulturfinanzierung haben insbesondere in den USA privates Mäzenatentum und Sponsoring von jeher eine wichtige Rolle gespielt. Seit einigen Jahrzehnten wird nun versucht, diese Modelle aus den USA auf Europa zu übertragen. Dass dies bisher und auch in absehbarer Zukunft zu keiner grundlegenden Änderung der Finanzierungsstrukturen führt, ist wohl nur zu einem geringen Teil auf fehlende ökonomische Anreize wie insbesondere Steuervorteile zurückzuführen. Vielmehr scheint hier eine ‚Kultur der Kulturpolitik' eine wichtige Rolle zu spielen, die die Verantwortung für Kulturfinanzierung in erster Linie bei der öffentlichen Hand verortet.

Unabhängig von der Höhe und Bedeutung dieser Einnahmen sollte aber bedacht werden, dass Sponsoring und Mäzenatentum – so sie in irgendeiner Form staatlich gefördert werden – gleichfalls eine Form staatlicher Kulturfinanzierung darstellen, nämlich eine indirekte Finanzierung durch die Reduktion von Steuereinnahmen. Trotzdem werden auf diesem Weg selbstverständlich staatliche Budgets entlastet – zugleich verlieren aber der Staat und damit auch seine gewählten Vertreter/ -innen Steuerungsmöglichkeiten bei der Kulturpolitik, wenn Finanzierungsentscheidungen von Privaten getroffen werden. Dieser Verlust kann zum Teil dadurch kompensiert werden, dass Steuererleichterungen nur bei der Finanzierung bestimmter Institutionen und Projekte gewährt werden – doch je stärker auf diese Art eingegriffen wird, desto mehr reduzieren sich Anreize für Sponsoring und Mäzenatentum und damit auch die involvierten Summen. Wenn Sponsoring und Mäzenatentum eine so prominente Rolle spielen wie in den USA, führt dies zu zusätzlichen demokratiepolitischen Problemen, da auf diese Art eine geringe Anzahl wohlhabender Bürger/-innen und/oder finanzstarker Firmen darüber entscheiden, welche Art von Kunst- und Kulturproduktion finanziert und öffentlich präsentiert wird.

> When museums now organize exhibitions, their plans must generally take into account whether or not they will be attractive to the boards of Philip Morris, or Exxon, United Technologies, or Chase Manhattan. Needless to say, this affects the kinds of exhibitions undertaken and the kinds of art shown, for it is unthinkable that a corporation would be willing to fund a show that does not enhance its image, even if indirectly. (*October Magazine* 1984, zit. n. SCHILLER 1989: 94f.)

3.3 Crowdfunding

Ein neueres privates Finanzierungsinstrument ist Crowdfunding.

> Als Ausprägung des Crowdsourcing verfolgt das Crowdfunding das Ziel, Vorhaben zu finanzieren, bei denen es um die Durchführung von Projekten, die Entwicklung von Produkten oder Dienstleistungen, aber auch die Gründung von Unternehmen gehen kann. Die Initiatoren setzen dabei auf das Prinzip ‚kleine Beträge von vielen Unterstützern‘ und bieten dafür entsprechende Gegenleistungen an, die neben aus dem Vorhaben heraus generierten Produkten auch idealer oder finanzieller Natur sein können. Eine Crowdfunding-Kampagne ist nur dann erfolgreich, wenn sie ihr Finanzierungsziel erreicht (Alles-oder-Nichts-Prinzip) und wird meist auf den im Internet entstandenen Crowdfundingplattformen durchgeführt. (HENNER-FEHR 2012)

Wie Henner-Fehr weiter ausführt, ist das Prinzip des Crowdfunding nicht wirklich neu, da auch in der Vergangenheit Projekte durch Spenden finanziert wurden. Neu ist der direkte Kontakt zwischen Spender/ -in und Projektbetreiber/-in, der zusätzlich zur Finanzierung auch neue Marketingmöglichkeiten und Projektverbesserungen aufgrund von Vorschlägen der Financiers ermöglicht. Demokratiepolitisch erscheint Crowdfunding grundsätzlich unbedenklich. Das Instrument beruht ausschließlich auf Privatinitiative und stellt daher keine indirekte Förderung durch Verlust an Steuereinnahmen dar. Und auch die Gefahr der Beeinflussung der kulturellen Produktion und Repräsentation durch wenige finanzstarke Personen oder Unternehmen entfällt. Trotzdem ist festzuhalten:

> Wenn Kunst und Kultur von allgemeiner gesellschaftlicher Bedeutung sind, so erscheint es mindestens problematisch, wenn die Realisierung von Projekten in diesem Bereich von privaten Präferenzen abhängt – auch dann, wenn es sich nicht um die Präferenzen eines wirtschaftlich starken Akteurs, sondern vieler kleiner Akteur_innen handelt. Im ersten Fall wird diejenige Kunst finanziert, die den Vermögenden gefällt, im zweiten Fall häufig diejenige, die sich am besten vernetzen kann. (HENNER-FEHR 2012)

Daher ist eine Legitimation eines weiteren Rückzugs der öffentlichen Hand aus der Kulturfinanzierung über Crowdfunding jedenfalls abzulehnen.

> Es gibt im Kunst- und Kulturbereich Vorhaben, die eine hohe Relevanz, aber keine große Öffentlichkeitswirksamkeit besitzen. Außerdem gibt es Kunstsparten, die von uns kaum oder nur selten wahrgenommen werden. In so einem Fall auf Crowdfunding zu setzen, macht vermutlich wenig Sinn. (HENNER-FEHR 2012)

Zweitens wird in manchen Modellen Crowdfunding mit öffentlicher Förderung kombiniert, etwa mithilfe von Preisen für die erfolgreichsten Modelle oder nach dem Prinzip der ‚matching funds‘, also etwa der Verdopplung der durch Crowdfunding erzielten Einnahmen aus öffentlichen Mitteln.

> Aus demokratiepolitischer Sicht ist festzuhalten, dass hier Steuergelder nach den Präferenzen einiger Privatpersonen vergeben werden, die zu dieser Machtstellung in keiner Weise demokratisch legitimiert sind. Entscheidungen über öffentliche Finanzierungen werden nicht von der Allgemeinheit der Bürger_innen über die Wahl ihrer Repräsentant_innen getroffen, sondern von einer Minderheit, die sich selbst finanziell beteiligt. Mitbestimmung wird also an Mitfinanzierung gebunden. (MAYERHOFER/MOKRE 2012)

3.4 Kultur- und Kreativwirtschaft

Abschließend sollen hier noch die Kultur- und Kreativwirtschaft (KKW) erwähnt werden, die seit einigen Jahrzehnten ein Lieblingsthema von Politiker/-innen und Studienautor/-innen darstellt. Hier wird grundlegend angenommen, dass Kultur und Kreativität Leistungen erbringen, die über Märkte erfolgreich angeboten werden können. Die Aufgabe der öffentlichen Hand besteht in der Anschubfinanzierung potenziell wirtschaftlich erfolgreicher Projekte.

Hier ist nicht der Platz, über die diversen definitorischen Unschärfen in der Bestimmung der KKW wie auch ihres wirtschaftlichen Erfolgs zu sprechen (s. dazu ältere Artikel, z. B. im *Jahrbuch für Kulturmanagement* 2011). Wenn man von diesen absieht, kann die Förderung der KKW als eine von vielen Wirtschaftsförderungen verstanden werden, die in kapitalistischen Marktwirtschaften durchaus üblich sind, auch wenn sie dem Ideal des freien Marktes widersprechen.

Aus demokratiepolitischer Sicht sind hier zwei Aspekte zu bedenken. Erstens ist es für die Kunst- und Kulturproduktion gefährlich und unproduktiv, wenn sie nach denselben Parametern beurteilt wird wie (potenziell) marktfähige Waren und Dienstleistungen (die durchaus auch kulturelle, bzw. kreative Eigenschaften aufweisen können). Öffentliche Kulturfinanzierung beruht ja auf der empirischen Feststellung, dass zahlreiche Formen der Kulturproduktion und -repräsentation nicht über Märkte finanziert werden können. Da diese aber trotzdem als gesellschaftlich relevant angesehen werden, müssen sie auf anderem Wege ermöglicht werden. Sollte diese Grundannahme nicht mehr korrekt sein, so muss sie widerlegt werden – entweder empirisch in Hinblick auf die Nicht-Marktfähigkeit dieses Sektors oder normativ in Hinblick auf die gesellschaftliche Bedeutung des Sektors. Die Subsummierung von Kunst und Kulturproduktion unter dem Header der KKW stellt hingegen einen Etikettenschwindel dar, der der Kunst- und Kulturproduktion langfristig schadet.

4. Conclusio

Das politische System der Demokratie wird durch den grundlegenden Widerspruch zwischen seinem universellen Anspruch und der notwendigen Begrenztheit demokratischer Gesellschaften geprägt. Gleichfreiheit steht aus demokratischer Sicht jedem Menschen zu, doch die gegensei-

KULTURPOLITIK IN DER DEMOKRATIE   63

tige Anerkennung dieses Rechts wird nur durch Solidarität ermöglicht, die zu Inklusion einiger und Exklusion anderer führt. Demokratien sind somit mit den widersprüchlichen Notwendigkeiten konfrontiert, Solidarität zu schaffen und die Grenzen dieser Solidarität zugleich stets infrage zu stellen. Kunst und Kultur können zu beiden Aspekten dieses Dilemmas beitragen, durch die

- Produktion sozialen Zusammenhalts, also von gemeinsamer Identität;
- Schaffung von Vertrauen in das politische System und die Mitbürger/ -innen;
- Beitrag zum Gemeinwohl, das eine Gesellschaft für sich definiert;
- Diskussion und Streit um bestehende Identitäten und ihre Ausschließungen;
- Diskussion und Streit um Definitionen des Gemeinwohls.

Des Weiteren wird Kunst und Kultur eine wesentliche Bildungsfunktion zugeschrieben, die u. a. dazu dient, die Bürger/-innen zur Selbstregierung zu befähigen. Diese demokratiepolitischen Funktionen von Kunst und Kultur legitimieren ihre öffentliche Finanzierung. Zugleich stellt aber die Abhängigkeit von der öffentlichen Hand eine ständige Gefahr für die Freiheit der Kunst dar, die ihren demokratischen Wert ausmacht. Doch auch alternative Finanzierungsformen bieten keinen Königsweg aus diesem Dilemma, werfen sie doch andere demokratiepolitische Probleme auf.

Literatur

ADORNO, Theodor W. (1997): *Ästhetische Theorie* (= Gesammelte Schriften, 7). Darmstadt: WBG.

ANDERSON, Benedict R. (1991): *Imagined Communities: Reflections on the Origin and Spread of Nationalism*. London: Verso.

BALIBAR, Etienne (2012): *Gleichfreiheit*. Berlin: Suhrkamp.

BAUBÖCK; Rainer (2000): *European Integration and the Politics of Identity*. ICE Working Paper Series No. 8. Vienna: ICE. <http://eif.univie.ac.at/downloads/workingpapers/ IWE-Papers/WP8.pdf> [20.03.2014].

BÖCKENFÖRDE, Ernst-Wolfgang (1976): *Staat, Gesellschaft, Freiheit. Studien zur Staatstheorie und zum Verfassungsrecht*. Frankfurt/M.: Suhrkamp.

BOURDIEU, Pierre (1982): *Die feinen Unterschiede. Kritik der gesellschaftlichen Urteilskraft*. Frankfurt/M.: Suhrkamp.

CRAMER, Peter A. (20129): Recruiting and Nominating Participants for the Brooklyn Museum Controversy: The Contributions of New York City Print Journalists. – In: Howells,

Richard/Deciu Ritivoi, Andrea/Schachter Judith (Hgg.), *Art, Controversy, and Society*. Houndmills, Basingstoke: Palgrave Macmillan, 66-100.

DAHL, Robert (1989): *Democracy and its Critics*. New Haven: Yale UP.

GELLNER, Ernest (1983): *Nations and Nationalism*. Oxford: Blackwell.

HABERMAS, Jürgen (1991): *Staatsbürgerschaft und nationale Identität: Überlegungen zur europäischen Zukunft*. St. Gallen: Erker.

HARDT, Michael/NEGRI, Antonio (2004): *Multitude. Krieg und Demokratie im Empire*. Frankfurt: Campus.

HASELBACH, Dieter/KLEIN, Armin/KNÜSEL, Pius/OPITZ, Stephan (2012): *Der Kulturinfarkt. Von Allem zu viel und überall das Gleiche. Eine Polemik über Kulturpolitik, Kulturstaat, Kultursubvention*. München: Knaus.

HEILBRUN, James/GRAY, Charles M. (1993): *The Economics of Art and Culture. An American Perspective*. Cambridge: Cambridge UP.

HENNER-FEHR, Christian (2012): *Crowdfunding: Fragen und Antworten*. <http://kulturmanagement.wordpress.com/2012/07/09/crowdfunding-fragen-und-antworten/> [20.03.2014].

HÖFFE, Otfried (2008): Einführung in Kants Kritik der Urteilskraft. – In: Ders. (Hg.), *Immanuel Kant: Kritik der Urteilskraft*. Berlin: Akademie, 1-22.

HUNTINGTON, Samuel P. (2002): *Kampf der Kulturen. Die Neugestaltung der Weltpolitik im 21. Jahrhundert*. München: Goldmann.

IKUD [Inter-Kultur und Didaktik] (o.J.): *IKUD-Seminar Transkulturalität*. <http://www.ikud-seminare.de/transkulturalitaet.html> [20.03.2014].

MAYERHOFER, Elisabeth/MOKRE, Monika (2011): Crowdfunding. Oder: Über das schwierige Verhältnis zwischen Kunst und Demokratie. – In: *Kulturrisse* 2011/4, 32-34.

MOKRE, Monika (2011): *On the Culturalization of Inequality in Capitalist Democracies*. <http://eipcp.net/policies/mokre/en> [20.03.2014].

RESSLER, Oliver (2012): *Tiroler Weg am Ende*. <https://igkultur.at/organisation/laendervertretung/tiroler-weg-am-ende> [20.03.2014].

SARRAZIN, Thilo (2010): *Deutschland schafft sich ab. Wie wir unser Land aufs Spiel setzen*. München: DVA.

SCHILLER, Friedrich (1838): Die Schaubühne als eine moralische Anstalt betrachtet. – In: Ders., *Sämmtliche Werke in zwölf Bänden*. Bd. 10. Stuttgart, Tübingen: Cotta, 69-84.

SCHILLER, Herbert I. (1989): *Culture Inc. The Corporate Takeover of Public Expression*. New York, Oxford: Oxford UP.

SCHUMPETER, Joseph A. (1950 [1942]): *Kapitalismus, Sozialismus und Demokratie*. Tübingen: Francke.

TERKESSIDIS, Mark (2011): *Elefant im Giraffenhaus*. <http://www.bpb.de/gesellschaft/kultur/kulturelle-bildung/60114/kulturinstitutionen-und-interkulturalitaet?p=all> [20.03.2014].

WELSCH, Wolfgang (1998): Transkulturalität. Zwischen Globalisierung und Partikularisierung. – In: *Mainzer Universitätsgespräche. Interkulturalität. Grundprobleme der Kulturbegegnung*. Mainz: o. V., 46-48.

Die Thüringer Kommunen und die Bürde der Kultur

TOBIAS J. KNOBLICH
Kulturdirektion, Stadtverwaltung Erfurt

Abstract
Der Kulturbereich ist ein sehr frei gestaltbares und für die Identität der Kommunen wichtiges Feld. Dennoch scheinen die Spielräume eng, regiert ein starker Haushaltsdruck. Der Beitrag zeigt die Ursachen dessen, diskutiert Reformstaus und Handlungsoptionen, die auch die Rolle der Länder und speziell die Thüringer Situation beleuchten. Er plädiert für ein System, bei dem alle Ebenen von Kulturpolitik besser ineinandergreifen, und setzt sich für konzeptbasiertes Arbeiten ein. Schließlich bietet er einige Thesen zum neuen Landeskulturkonzept Thüringens an.

Keywords
Kulturpolitik – Kulturverwaltung – Kulturgeschichte – Kulturfinanzierung
cultural policy – arts administration – cultural history – financing

Corresponding Author
Tobias J. Knoblich, Stadtverwaltung Erfurt, Kulturdirektion,
Benediktsplatz 1, D-99084 Erfurt
E-Mail: tobiasjknoblich@web.de

– Research Article –

Einen Zusammenhang zwischen den Thüringer Kommunen und einer vermeintlichen Bürde der Kultur herzustellen, ist ein auf den ersten Blick naheliegendes Unterfangen: Die Kommunen leiden unter defizitären Haushalten, was immer wieder vorgetragen wird, und Kultur ist eine an Erbschaften reiche, doch ‚freiwillige' Selbstverwaltungsaufgabe, sodass um das Maß der Aufgabenerfüllung bei begrenzten öffentlichen Finanzmitteln beständig gerungen werden muss. Zudem sind die ostdeutschen Kommunen gerade in historisch kulturreichen Regionen besonders gefordert, teils erheblich überfordert. Was kommunale Kulturpolitik genau bedeutet und welche Probleme behoben werden müssen, wird am Beispiel Thüringens erläutert. Zunächst sollen jedoch die Begriffe und die Qualität des Gegenstandes näher geklärt werden.

Zeitschrift für Kulturmanagement, 2/2015, S. 65-84
doi 10.14361/zkmm-2015-0205

1. Von Würde und Bürde in der Kommunalpolitik

1.1 Was kann eine Bürde sein?

Die kommunale Kulturpolitik ist und bleibt die Königsdisziplin. Kultur kann da keine Bürde sein, wenn wir Bürde zunächst umgangssprachlich als schwer zu tragende Last oder Mühsal verstehen wollen; Kultur ist die vornehmste Aufgabe der Kommunen, die hier gestalten, an ihrer Identität und Attraktionalität arbeiten können. Ich wähle diesen Zugang zum Thema aus zwei Gründen: Erstens wird in der kommunalpolitischen Diktion gern und wohl oft unreflektiert von Bürden im Kulturbereich gesprochen, also eine pejorative, Überlastung anzeigende Terminologie gewählt, die zu hinterfragen wäre; zweitens bietet sich Thüringen aufgrund des hohen Kommunalisierungsgrades der Kulturfinanzierung und eines – später noch zu belegenden – Reformstaus exemplarisch an, diesen ‚Mythos des kommunalen Überforderungsalltags' auf seinen politischen Kern hin zu untersuchen und zu differenzieren.

Die Unterschiede zwischen Kommunen oder – genauer – lokalen Siedlungsstrukturen dürften genuin kulturelle sein, die sich über längere Zeiträume herausgebildet haben, ohne dass immer explizit Kulturpolitik am Werke war. Vielmehr gibt es eine dem Siedeln und der Gemeinschaft immanente Gestaltungskraft, die sich mit zunehmender Komplexität von Gesellschaft im zeitlichen Verlauf zu kommunaler Politik auswächst, wenn man es einmal vereinfachend-evolutiv so ausdrücken will. Ein Element der Ausdifferenzierung kommunaler Politik und zugleich Ausdruck gesellschaftlicher Qualität ist das Feld der Kultur, über dessen Einschränkungen und spezielle Konjunkturen man ausführlicher handeln kann (HOFFMANN 1974). In jedem Falle scheint Kulturpolitik dennoch nicht das stärkste Politikfeld zu sein.

Die Kommune ist geronnene Kultur, kann nur als kultureller Prozess und seine permanente Vergegenständlichung aufgefasst werden. Dass es immer wieder in der Geschichte zu Wüstungen kam, also Orte aufgegeben wurden, relativiert diesen Befund der Kohärenz und lokalen Gestaltungskraft keineswegs. Eher kämpfen die Menschen aus kulturellen, mithin Identitätsgründen um jeden Flecken gestalteten Gebiets, wie wir etwa angesichts umstrittener Tagebaue sehen können. Kultur – eine Bürde?

Was genau ist überhaupt eine Bürde? Das eigentlich omnipotente *Wikipedia*, das Bürde als Mühsal gar nicht kennt, gibt interessanterweise die folgende Auskunft:

Unter einer Bürde wird in der elektrischen Messtechnik und Elektronik ein Messwiderstand in Form eines Lastwiderstands verstanden, welcher den Ausgang einer
Stromquelle mit einem definierten Widerstandswert abschließt. An der Bürde fällt
eine zum Strom proportionale Spannung ab. Der Begriff umfasst aber darüber hinaus auch unerwünschte Widerstände wie etwa Übergangs- oder Leitungswiderstände. (<http://de.wikipedia.org/wiki/Bürde> [25.02.15])

Ein Messwiderstand in unserem Falle könnte in der Haushaltspolitik zu
suchen sein. Nur hier erkenne ich eine Last im Sinne knapper Finanzmittel (die maßgebliche Frage wäre: Wie wird Kultur überhaupt gemes-
sen, wie der Einsatz öffentlicher Mittel für sie gewichtet?). Übergangs-
und Leitungswiderstände gibt es freilich im kommunalen Kulturbereich
im übertragenen Sinne auch: zwischen ererbten Institutionen und ihrer
Ausgestaltung im Hier und Jetzt oder schlicht in der Administration.

In der Evolutionstheorie beschreibt Bürde die Abweichung der mittleren Fitness einer Population von der des fittesten Genotyps, also des
Erbbildes eines Organismus. Das würde für unser Thema heißen, dass
die Kultur von dem am besten Tradierbaren in der Kommune abweicht,
also vielleicht tendenziell vom Aussterben bedroht ist. Solch eine Bürde
sehe ich nicht, im Gegenteil: Unsere Städte und Gemeinden sind reich
an Kultur. Nie zuvor in der Geschichte haben wir in Deutschland in solch
einem Wohlstand gelebt, bezogen etwa auf den Grad der Restaurierung
von Gebäuden, historischen Anlagen und der attraktiven Betreibung
von Kulturorten. Eine evolutionäre Bürde kann daher nicht gegeben
sein. Aber es gibt bei der tatsächlichen Nutzung spezieller Kulturformen
durchaus Interessenerosionen (etwa Oper oder Heimatmuseum), wenngleich die grundlegende Akzeptanz der meisten Angebote ungebrochen
scheint. Dennoch klingt hier die ‚evolutionäre Bürde' an, wenn von der
Last des Erbes und der Unzeitgemäßheit bestimmter Formen gesprochen wird. Immer erodieren auch Vorbilder und Institutionen. Es ist
letztlich ein alter Konflikt, der in der *Querelle des anciens et des modernes* auch schon auf spezifische Weise ausgefochten worden ist.

Wikipedia kennt – wie auch andere, wissenschaftlich belastbarere
Lexika – jedoch keine explizite oder sprachlich schon eingeübte Bürde
der Kultur, auch keine Finanzierungsbürde, die hier offenbar intendiert
ist. Sprechen wir daher lieber von den Herausforderungen in der kommunalen Kultur, um die Diskrepanz zwischen Wünschenswertem und
Möglichem zu bezeichnen und den Eindruck abzuwehren, es handle sich
bei Kultur tendenziell um eine Zumutung, einen Widerstandsverursa-
cher oder gar etwas Rückläufiges.

1.2 Kommune und kulturelle Identität

Kulturpolitik beginnt vor Ort, bei der kommunalen Selbstverwaltung, die durch das Grundgesetz (Art. 28) garantiert ist. Vielfalt, spezifische Wege des Tradierens und Erneuerns, Formen der Selbstorganisation, der Wechselwirkungen im Gemeinwesen und letztlich der Bürgerwille, der hier am unmittelbarsten zum Ausdruck kommt, sind die Hauptargumente für eine starke kommunale Politik des Kulturellen. In ihr drückt sich die Freiheit aus, das lokale Umfeld zu gestalten. Prinzipien von Kulturpolitik sind nicht von ungefähr die Subsidiarität, also die Politik der kleinen Lebenskreise, in der Selbstbestimmung und Eigenverantwortung stark gemacht werden, genauso wie Dezentralität oder Partizipation, um einige wichtige zu nennen. Kultur wird nicht dekretiert, sondern im besten Falle und idealiter als ein Faden des intergenerationellen Gestaltens aufgenommen und weitergegeben, bei allen unverrückbaren Aufgaben, die sicher damit verbunden sind. Keine Generation kann schließlich alles Ererbte verwerfen und radikal Neues beginnen. Das wird besonders evident, wenn man vorgeschichtliche Kulturen betrachtet, die Jahrtausende langen Zeiträume der Genese von Siedlungsstrukturen und die Tradierung von Lebens- und Wirtschaftsweisen (PARZINGER 2014).

Kommune ist vom lateinischen communis abgeleitet, das ‚allgemein' oder ‚gemeinschaftlich' bedeutet. Der lokalen Gebietskörperschaft geht, wenn man so will, der gemeinsame Wille zur Gestaltung voraus. In der Kommune drückt sich also eine Kulturgemeinschaft aus – auch wenn wir uns heute oft als Leidenskollektiv fühlen und über die zunehmende Handlungsunfähigkeit klagen und die Kernaufgabe, nämlich eine Gemeinschaft zu sein, in pflichtige Sozialaufgaben und freiwillige Kulturaufgaben zerlegen. Oder über alles die Wirtschaft und das Eigentum setzen und unsere Aufgaben nach dem Fluss der Gewerbesteuer oder den Hebesetzen der Grundsteuer definieren und keine Grundhaltung zum Gemeinwesen mehr einnehmen. Die Kultur hält die Kommune zusammen und prägt ihre Identität. Freilich gehören dazu auch die Aufgaben der Sozialpolitik, die uns über Gebühr haushalterisch belasten, sie stiften allein noch keine Identität, sondern wirken zunächst integrativ, geben der Gemeinschaft kein unverwechselbares Profil. Das leistet die Kultur, die eben nicht als die Summe der Museen und Theater in diesem Land verstanden werden darf, sondern als deren Verwobensein mit allen anderen Elementen der lebendigen Gestaltung lokaler Gemeinschaft, vom Volksfest bis zur Stadtführung, von der ‚Möblierung' öffentlicher Plätze bis zu neuen Bebauungsplänen. Kulturpolitik ist nicht gleich Einrichtungspolitik. Deshalb müssen sich kulturelle Einrichtungen, ihre Unterhaltung, Finanzierung und Trägerschaften den sich wandelnden Lebens- und Identitätsansprüchen der Menschen auch zuneigen, sie sind nicht der Fels in einer feindlichen Brandung. In der Kommune wird die Kultur grundsätzlich von den Menschen her gedacht; richtig ist aber auch, dass wir manche Einrichtung, manches Erbe heute nicht hätten, wenn es nur nach den Bürgern (oder früher Untertanen) gegangen wäre. Kultureller Reichtum lebt nicht zuletzt aus Widersprüchen, Herrschaftsansprüchen, religiösen Traditionen, bestimmten Wertsetzungen der Zeitläufte also, die sich heute etwa im Residenzerbe oder in manchem Diözesanmuseum ausdrücken.

Was in einer Gemeinde, einer Stadt nicht zum Tragen kommt, nicht seinen Ursprung hat oder zumindest keine umfassende Resonanz findet, kann keine andere Ebene der Kulturpolitik durchsetzen. Zumindest nicht in einer freiheitlich-demokratischen Grundordnung. Daher gibt es die bereits genannte kommunale Selbstverwaltung, den Kulturföderalismus und eine zwar richtigerweise wieder erstarkte, aber zurückhaltende Bundeskulturpolitik sowie in der Regel komplementäre Finanzierungswege, bis hin zur EU. Die Kommunen sind, das wissen wir aus der jüngeren Geschichte vor allem der alten Bundesrepublik, die einen Erfahrungsvorsprung hat, der Seismograph unserer Gesellschaft, nicht nur in Kulturfragen. Sie stehen am Anfang und am Ende jeder politischen Kette, in ihnen entscheidet sich, was gute, was erfolgreiche Politik ist und ob sozialer Zusammenhalt wirklich erreicht werden kann. Wer die Bürger/-innen nicht zu mobilisieren oder zumindest mitzunehmen versteht, gerät politisch schnell ins Abseits. Das ist freilich auch ein Grund für Populismus und Provinzialismus auf den Marktplätzen, die Spiegelung des Gemeinwesens in jedem Vorgarten, jedem noch so kleinen Problem, das auf die Ebene von Stadt- oder Gemeinderäten gezerrt wird, um Satisfaktion zu erlangen.

2. Entwicklungen und Fehlentwicklungen auf kommunaler Ebene

2.1 Kommunalpolitik im zeitgeschichtlichen Überblick

Der Erfahrungsvorsprung der alten Länder besteht darin, dass nach dem Zweiten Weltkrieg den westdeutschen Städten viel an Einseitigkeit

zugemutet worden ist, bis sie als Lebens- und Kulturraum an die Grenzen des Erträglichen gelangt waren. Davon künden die wichtigen Ap-
pelle des *Deutschen Städtetages*: *Rettet unsere Städte jetzt!* (1971) und
Wege zur menschlichen Stadt (1973), die Kulturpolitikgeschichte geschrieben haben. Dabei ging es um die einseitige ökonomische Betrachtung des Lebensraumes, die kritisierte konsum- und autogerechte Stadt,
die Rückgewinnung von Urbanität, Kunst und Kultur im öffentlichen
Raum, von Sommerprogrammen bis zu Installationen, neue Kulturor-
te, ein Verständnis für Plätze des Verweilens, die Rolle bürgerschaftlich
fundierten Denkmalschutzes, ganzheitliche Stadtentwicklung oder die
Lösung von der Vorstellung, dass es nur Einzeldenkmale gebe, die freilich eine Vorgeschichte hat und in der Heimatschutzbewegung wurzelt.
Der Lebensraum Stadt wurde gleichsam neu entdeckt; städtische Kultur
korrespondierte in diesem Zusammenhang zudem mit einem neuen Bild
des kulturell engagierten und gebildeten Menschen, der nicht nur die
Selbstentfaltung im Blick hat, sondern Resonanz im Gemeinwesen findet. Ich verweise summarisch auf die Umbrüche um 1968. Dafür stehen
etwa Texte wie *Die Unwirtlichkeit der Städte* von Alexander Mitscherlich (1969), *Kritik der Warenästhetik* von Wolfgang Fritz Haug (2009)
oder die kulturpolitischen Kompendien des Jahres 1974 von Hermann
Glaser (GLASER/STAHL 1974), Hilmar Hoffmann (1974), Olaf Schwencke (1974) und anderen, die mehr Partizipation, kulturelle Demokratie
und soziokulturelle Selbstverwirklichung proklamierten und unser kul-
turpolitisches Grundverständnis bis heute prägen.

Fast war sie also schon einmal verspielt, die kommunale Gestaltungskraft, in der ‚Schönwetterdemokratie‘ der alten Bundesrepublik.
In der DDR war sie so gar nicht angelegt. Abgesehen davon, dass im
sogenannten ‚demokratischen Zentralismus‘ der DDR die kommunale
Ebene kaum Entfaltungsmöglichkeiten hatte, setzten die Verödung der
Innenstädte und das rasche Wachstum von Neubaugebieten auf der grünen Wiese Grenzen kommunaler Attraktivität. Die Folgen, die sich aus
dem Aufbaugesetz sowie den *16 Grundsätzen des Städtebaus* (MATE-
RIALBLATT 1950) in der DDR ergeben hatten und die Stadt zur Bühne
einer neuen ‚Volksdemokratie‘ degradierten, waren verheerend. Der 13.
Grundsatz des Städtebaus hatte zum Beispiel gelautet: „Die vielgeschos-
sige Bauweise ist wirtschaftlicher als die ein- oder zweigeschossige"
(LUDWIG 2000: 111); Wohnungsbau statt Städtebau ist daraus geworden. Freilich verfügten die neuen Wohngebiete auch über Versorgungs-
und Kultureinrichtungen. Richtige Zentren wurden sie nicht, sie blieben
mehrheitlich Schlafstädte. Die alten Zentren der Städte wurden zwar

teilweise restauriert, aber eben auch durch neue Magistralen (etwa in Halle an der Saale) und den Abriss städtebaulich prägender Substanz sowie die Implementierung von Plattenbauten erheblich gestört. Bausünden, die es freilich im Westen auch gibt, wenn man durch Hannover oder Bielefeld läuft. Welchen Anteil der Zweite Weltkrieg daran hatte, müsste freilich der Vollständigkeit halber auch geklärt werden. Vieles aber geschah ohne Not, entweder aus wirtschaftlichen oder ideologischen Erwägungen.

Ab 1990 entstand in Ostdeutschland im Zuge des Systemwandels und einer Verwaltungsreform die kommunale Selbstverwaltung neu, 1991 wurden Kommunalgesetze erlassen.

> Während Mecklenburg-Vorpommern ein einheitliches Kommunalverfassungsgesetz und Thüringen eine einheitliche Kommunalordnung erlassen haben, welche sowohl die Gemeinden als auch die Landkreise erfassen, wurden in den drei übrigen neuen Bundesländern getrennte Gemeinde- und Landkreisordnungen sowie Gesetze über die kommunale Gemeinschaftsarbeit erlassen. In den Gesetzen spiegelt sich sowohl in der Gesetzessystematik und Terminologie als auch in einzelnen Regelungen der Einfluss der jeweiligen westdeutschen Partnerländer und ihrer kommunalrechtlichen Traditionen wider. (KLUTH 2010: 3)

In der fortlaufenden Reformbemühung – die ersten kommunalen Gebietskörperschaften waren als Spiegelbild der DDR-Kreise sehr klein – blieb es eine Aufgabe, ein rechtes Maß für einen leistungsfähigen Verwaltungsaufbau zu finden.

2.2 Reformstau in Thüringen

Die Aufgabe, den richtigen Verwaltungsaufbau, die rechte Territorialgliederung zu finden, wurde in Ostdeutschland unterschiedlich gelöst. Während es etwa in Sachsen, Sachsen-Anhalt oder Mecklenburg-Vorpommern bisher mehr als eine Kreisgebietsreform gegeben hat und auch mutigere Schritte zu regionalen Zusammenschlüssen gegangen worden sind, hält Thüringen an historisch ererbten Strukturen fest und beklagt zum Teil gar nicht mehr lebensfähige Gebietskörperschaften wie beispielsweise eine kreisfreie Ministadt Eisenach (rd. 42.000 Einwohner), die inzwischen kein Landkreis mehr einkreisen möchte. Es ist Konsens, dass Kreis- und Gemeindegebietsreformen nicht der Universalschlüssel für gute Entwicklungen sind, auch werden sie kontrovers diskutiert. Aber das starke Beharrungsvermögen ist unzweifelhaft ein Element, das zu einer problematischen Lage in Thüringen beiträgt; hier besteht neben etwa der Neuordnung des kommunalen Finanzausgleichs dringender Veränderungsbedarf. Bei größeren Verwaltungsstrukturen geht es nicht primär um die Senkung von Verwaltungskosten, sondern um sinnvolle Planungsräume, das optimale Projektieren von Infrastrukturen in zeitgemäßen Nutzungsdimensionen und schlichtweg gute Kommunikation mit geringen Barrieren. Allein die Abstimmung in einer Region mit mehreren Kreis- oder Stadträten ist mühsam und oft kontraproduktiv, weil jedes Gremium in seinen territorialen Grenzen agiert und auch Ressentiments transportiert.

In Thüringen gibt es derzeit 849 politisch selbstständige Städte und Gemeinden, darunter 126 Städte, darunter wiederum 6 kreisfreie Städte, 5 Große kreisangehörige Städte, 78 selbstständige Städte und 37 sonstige Städte (36 davon in Verwaltungsgemeinschaften) sowie 723 Gemeinden. 601 Städte und Gemeinden haben sich zur Erledigung ihrer Verwaltungsgeschäfte in 69 Verwaltungsgemeinschaften zusammengeschlossen. Darüber hinaus gibt es seit 1994 (Kreisgebietsreform) 17 Landkreise. Dies alles bei einer Grundfläche von rd. 16.000 km² und rd. 2,2 Mio. Einwohnern (THÜRINGER LANDESAMT FÜR STATISTIK 2015). Obwohl bereits Lastenteilung und Kooperationen anklingen, belegt dies doch eine enorme Kleinteiligkeit. Im Vergleich dazu verfügt das benachbarte Bundesland Hessen mit rd. 6 Mio. Einwohnern auf etwa 21.000 km² Fläche über 21 Landkreise und nur 5 kreisfreie Städte (HESSISCHES STATISTISCHES LANDESAMT 2015). Der Freistaat Sachsen kann mit rd. 4 Mio. Einwohnern und rd. 18.400 km² Fläche auf bereits zwei Kreisgebietsreformen zurückblicken, verfügt über nurmehr zehn Landkreise und drei kreisfreie Städte (STATISTISCHES LANDESAMT SACHSEN 2015). Den jetzigen Kreisen gingen sogar die Zuschnitte der Kulturräume gemäß Kulturraumgesetz voraus, d. h. die Kulturpolitik antizipierte sinnvolle Kooperationsstrukturen.

In Thüringen leben Duodezstrukturen fort, sind historische Zentren noch immer der persistente Maßstab nicht nur für aktuelle Verwaltungsstrukturen, sondern für die bewusste Zementierung von Identitäts- und politischen ,Beherrschungsräumen'. Darunter leidet nicht zuletzt die noch junge Landeshauptstadt Erfurt, die lange zum Königreich Preußen gehörte und der zunächst in der ersten deutschen Demokratie eine Landeshauptstadt Weimar vorausging. Sie könnte sich dann mehr Nimbus verschaffen, wenn neue Modelle regionaler Kooperation entstünden und ihre Zentralität sich darin widerspiegelte. Das Landeskulturkonzept setzt zwar auf Portalfunktionen (nicht nur für Erfurt), räumt aber der Landeshauptstadt ansonsten keine besondere Position ein (THÜRINGER MINISTERIUM FÜR BILDUNG, WISSENSCHAFT UND KULTUR: 49). Das ist im bundesweiten Vergleich als bemerkenswert herauszustellen und hat auch nichts mit der europäischen, ja internationalen Bedeutung Weimars zu tun, das damit nicht die Funktion einer Landeshauptstadt substituiert. Die große Geschichte von Teilen dieses Landes, die Gunst von Wirkungsperioden überregional, ja international berühmter Köpfe und die schöne Mischung aus Kultur- und Naturlandschaft hat einen Binnenflickenteppich geschaffen, der heutigen Nutzungs-, Verwaltungs- und Finanzierungsanforderungen geradezu Hohn spricht. Die Rückseite des Erbes der Residenzkultur ist eine zentrale Steuerungsschwäche, die dem Sinn eines föderalen Bundesstaates entgegenläuft. Die Behaglichkeit, Überschaubarkeit und vermeintliche Konstanz kleiner regionaler Verwaltungsterritorien korrespondiert mit einer Musealisierung und Modernisierungsskepsis. Verstärkt wird dies durch naturräumliche Schranken, auch wenn es inzwischen gute Straßen und Tunnel durch den Thüringer Wald gibt. Das ist eine These, die freilich nicht alle teilen und die es ausführlich zu erörtern gälte. Die Frage wäre zu klären, ob Herzogtümer oder Fürstentümer die Conditio sine qua non für die adäquate Fortentwicklung kulturellen Erbes sind, ob historische Strukturen und Formen ihrer aktuellen Betreibung identisch sein müssen. Ganz konkret und am heiklen Beispiel: braucht es ein *Deutsches Nationaltheater Weimar* als immer unveränderliche Institution oder reicht auch die Bewahrung der Tradition in ihrer wie auch immer effizienter gedachten Ausgestaltung, etwa im Rahmen einer Meta-Institution, die eine bestimmte Region unter Berücksichtigung heutiger Mobilitätsmöglichkeiten adäquat mit Darstellender Kunst ‚versorgt'? Dies ist nicht nur eine kommunalpolitische Frage, sondern auch eine landespolitische, die bisher historisch beantwortet worden ist, weil die Landespolitik und viele Territorialfürsten streng am Bestehenden festhalten – das Eichsfeld drohte sogar mit dem Wechsel in ein anderes Bundesland, wenn seine Integrität infrage gestellt würde. Bürger bestätigen oft diese Haltung, weil sie Angst vor längeren Behördenwegen, neuen Autokennzeichen oder feindlichen Fußballclubs haben. Freilich lebt in ihnen auch ein Heimatgefühl, das kleine Strukturen gern unveränderlich sieht und Bestehendes als erwiesen sinnvoll erachtet.

3. Einflüsse auf die Kommunen und Rolle des Landes

Die Möglichkeiten von Landes- und Kommunalpolitik klaffen jedoch immer weiter auseinander. Während das Land seinen Kulturhaushalt noch signifikant steigerte, können die Kommunen ohne Hilfe nur noch rückläufige Kulturhaushalte konstatieren. Der Kulturlastenausgleich, den das Land 2012 einführte, den es außerhalb des kommunalen Finanzausgleichs gleichsam als Notlösung durchsetzt, reduziert den Kommunalisierungsgrad in der Kulturfinanzierung weiter. Das ist eine ungesunde Entwicklung, zumal damit nicht mehr Geld für Kultur zur Verfügung steht, sondern lediglich eine Kompensation erfolgt. Was passiert, wenn das Land selbst seinen Haushalt stärker zurückfahren muss, was spätestens ab 2019 mit Auslaufen des Solidarpaktes der Fall sein wird? Genügt dann der Hinweis darauf, dass man mit Kultur keinen Haushalt konsolidieren kann? Wird man die Kultur von Kürzungen aussparen bei geringeren Haushaltsvolumina? Sicher kann man diese Fragen mit Nein beantworten.

11 Kommunen in Thüringen droht die Zwangsvollstreckung, hieß es am 26.10.2013 in der *Thüringer Allgemeinen*. Andererseits meldete der *MDR* am 20.01.2014 *Zahl der schuldenfreien Kommunen in Thüringen leicht gestiegen*. Entwarnung war das sicher nicht, der Befund ordnet sich ein in das Bild notleidender Kommunen in Deutschland, deren Spitzenreiter immer wieder für Schlagzeilen sorgen, ob seinerzeit Wuppertal oder heute Gera, das die Öffnungszeiten für Museen einschränkt und weiter an seinem Haushalt laboriert. Der *Deutsche Städtetag* (2013) titelte: *Viele Städte haben Hilfe dringend nötig*. Die Situation stellt sich zwar in der Praxis differenzierter dar, aber immerhin wurde 2012 mit fast 48 Milliarden Euro der neue Negativrekord an Kassenkrediten erreicht, Krediten also, die Kommunen kurzzeitig aufnehmen mussten, um zahlungsfähig zu bleiben. Dazu gehören inzwischen auch vergleichsweise reiche Thüringer Städte wie Erfurt, die ohne Kassenkredite insbesondere nicht mehr über den Jahreswechsel kommen, weil die Rücklagen aufgebraucht sind. Der *Deutsche Städtetag* verweist auf die Entschuldungs- und Konsolidierungsfonds, die bei den Bundesländern inzwischen aufgelaufen sind, und er appelliert an das Konnexitätsprinzip, also die Notwendigkeit, dass jene, die Aufgabenerfüllungen an die kommunale Ebene weiterreichen, auch die Finanzmittel dafür zur Verfügung stellen – was regelmäßig leider nicht geschieht und die Ausgaben außer Kontrolle geraten lässt. Um bei Erfurt zu bleiben: nie war die Einnahmesituation besser, und doch bekommt die Stadt ihre Ausgaben, die ständig steigen, nicht unter Kontrolle. Der *Deutsche Städtetag* schlussfolgert:

> Wir brauchen keine Schuldenbremse bei den Kommunen, sondern eine Aufgabenbremse für Bund und Länder. Denn die Aufgaben und Ausgaben, die den Kommu-

nen übertragen werden, sind das Problem, das ihnen zu schaffen macht. (DEUT-SCHER STÄDTETAG 2013)

Dem steht die glänzende Bilanz einiger Länder und vor allem des Bundes gegenüber, die steigende Kulturhaushalte anpreisen und sich in neuen Aktivitäten sonnen. Diese Spielräume werden zulasten der Kommunen erkauft. Aber es gibt freilich auch Kommunen, die aus der Misere herausragen und die aus unterschiedlichen Gründen über solide Haushalte verfügen, etwa München oder Dresden, das seine kommunale Wohnungsbaugesellschaft zur Entschuldung veräußerte.

Nun kann man aber die kommunale Ebene nicht isoliert und unabhängig insbesondere von Landespolitik denken. Hier beginnt es, kompliziert zu werden. Und es gibt auch Versäumnisse der Kommunen selbst, deren berühmtes Kirchturmdenken geradezu sprichwörtlich ist. In Thüringen existieren bisher kaum strukturell weitreichende interkommunale Kooperationen. Dazu zählt die *Impulsregion Erfurt-Weimar-Jena-Weimarer Land*, in der die Felder Kultur und Tourismus als vorbildlich hervorzuheben sind. Theater- und Orchesterfusionen allein sind mit Kooperation nicht angesprochen, es geht vielmehr um die systematische Verschränkung von Angeboten und Finanzierungswegen über die Grenzen von Gebietskörperschaften hinweg. Es ist zu begrüßen und als ein Erfolg des Landeskulturkonzepts zu werten, dass inzwischen in zwei Regionen des Landes jeweils zwei Landkreise regionale Entwicklungskonzepte erarbeiten und dafür Landesmittel aufgewendet werden.[1] Ohne einen solchen Anreiz würde das nicht funktionieren. Das wissen wir aus dem weitreichenden und bisher bundesweit singulären Modell der Kulturräume in Sachsen, die auf gesetzlicher Basis bereits 1993 entstanden sind und vom Freistaat mit jährlich mindestens 86,7 Mio. € bezuschusst werden. Einem Kulturraum gehören mindestens zwei Landkreise an, regional bedeutsame Kultur wird dort grundsätzlich gemeinsam finanziert und planerisch weiterentwickelt (KNOBLICH 2011: 78ff.). So hat der *Kulturraum Oberlausitz-Niederschlesien* im Jahr 2011 kulturpolitische Leitlinien erarbeitet und Arbeitsschwerpunkte gesetzt, an denen sich alle kommunalen Gebietskörperschaften gemeinsam ausrichten müssen.[2] Es gibt aber auch in anderen Regionen Deutschlands systema-

1   Die Landkreise Hildburghausen und Sonneberg (<http://www.kulturkonzept-hbn-son.de>) sowie die Landkreise Kyffhäuserkreis und Nordhausen (<http://www.kulturkonzept-kyf-ndh.de>) erarbeiten jeweils ein interkommunales Kulturentwicklungskonzept, extern begleitet und von einem regionalen Koordinator betreut.
2   <http://www.kulturraum-oberlausitz.de/fileadmin/mediakr/Dokumente/Sonstige/PDF/Leitlinien_Zur_Freigabe.pdf> (Zugriff vom 21.08.2014)

tische interkommunale Kooperation im Kulturbereich, etwa in Brandenburg beim regionalen Wachstumskern Perleberg-Wittenberge-Karstädt, in der Metropole Ruhr oder in Form der Museumsregion Ostwestfalen-Lippe (FÖHL/NEISENER 2009). Manchmal sind es die Körperschaften im Ganzen, manchmal einzelne Kultursparten oder Einrichtungstypen, in jedem Fall Modelle der Lastenteilung und Stärkung, während in Thüringen eher das Phänomen vorzuherrschen scheint, dass die Rettung eines Theaters auf Zeit schon eine Vision ist oder das Im-prekären-Zustand-Halten eine Kulturleistung sui generis. Bewahren aber muss immer auch fortentwickeln heißen und Leistungsfähigkeit einschließen. In diesem Zusammenhang sprechen wir heute auch von konzeptbasierter Kulturpolitik (SIEVERS u. a. 2013).

4. Eine berechtigte Polemik: Der ‚Kulturinfarkt'

Es muss zweifelsohne mehr für Modernisierung, Lastenteilung und zeitgemäße Infrastrukturen im Kulturbereich getan werden, insbesondere in Thüringen. Die viel gescholtenen Autoren des *Kulturinfarkts* (HASELBACH u. a. 2012) haben dies angesprochen. Sie wollten die Verzagtheit im Umgang mit dem vermeintlich Unabänderlichen aufbrechen. Sie wollten zeigen, dass wir in einer Traditionalismusfalle sitzen. *Der Kulturinfarkt* ist eine Streitschrift, eine Polemik, die sich mit dem Kulturstaat, der Kulturförderung, überhaupt mit Subventionen und wohlfahrtsstaatlichen Axiomen auseinandersetzt; sie ist natürlich inspiriert von Vorgängerbüchern. Eines davon ist *Der exzellente Kulturbetrieb* von Armin Klein, mit dem dieser schon einmal aufgezeigt hatte, wohin ein Umdenken führen sollte, etwa dass man auch den Betriebscharakter von Kultureinrichtungen stärker verwirklichen sollte, dass man Mitarbeiterführung und Mitarbeiterentwicklung betreiben, also den ‚Wissensmitarbeiter' in den Blick nehmen muss, dass es um die Mehrdimensionalität von Finanzierungsstrategien und um die Kraft von Zukunftsbildern geht, die zu produzieren der öffentliche Kulturbetrieb nicht anderen überlassen darf. Wer entwirft eigentlich die Perspektiven? Worin könnte ein zeitgemäßes Kulturmarketing bestehen? All das und vieles mehr hat Armin Klein dort aufgearbeitet (KLEIN 2007). Ein anderes Buch, dessen Einfluss man spüren kann, ist Hans Abbings *Why Are Artists Poor?*, ein Buch, in dem der Autor versucht, die Grundlagen der besonderen Ökonomie von Kunst und Künstlern darzustellen und zu zeigen, dass für diese der Markt immer etwas ganz schwieriges, etwas ganz schlechtes, vermeintlich verderbliches ist, der die Kunst und das Handeln der Künstler ‚kontaminiert', und dass sie auf der anderen Seite natürlich von der öffentlichen Hand leben können, die eine Kulisse bietet, die es sehr vielen Künstlern – mehr als jemals in der Geschichte zuvor – ermöglicht, sich im System und mehr oder minder gut ihren Status zu halten. Das führt aus seiner Sicht erst dazu, dass es diese breite Debatte um Kunstförderung überhaupt gibt und die Frage danach, wie man Künstlern ‚ihr Leben' sichern, wie der Staat seine Sozialgestaltungsmacht wahrnehmen kann und soll. Und er behauptet, das Problem sei eigentlich die Kulturpolitik, die Kunstförderung selbst, sie erst erzeuge eine Schieflage und strukturelle Armut (ABBING 2002). Diese beiden Bücher sind ganz wesentliche Grundlagen für diesen *Kulturinfarkt*, der natürlich alles zuspitzt und unter anderem die weitreichende These vertritt, dass die Geschichte des Kulturstaats die Geschichte einer permanenten politischen und gesellschaftlichen Kompensation sei, dass das aufklärerische Diktum, den Menschen durch Kultur zu bessern, durch breite Teilhabe eine Wohlfahrt insgesamt zu stimulieren, im Kern autoritär und etatistisch sei, ja dass ‚Kulturhoheit' ein hoheitliches Handeln des Staates bedeute und im Kulturbereich eigentlich gar nichts zu suchen habe.

Aus Sicht der *Infarkt*-Autoren sind dies alles Prozesse, die zur Zementierung eines Status Quo beitragen. Dies solle nunmehr alles aufhören, man solle Kulturgüter und Institutionen verknappen, die Infrastruktur halbieren, neue Finanzierungsmodelle finden, mehr Markt zulassen, weniger Kanon festschreiben und von den Nutzern her denken. Letzteres ist auch ein Aspekt, den Klein sehr zu Recht, wie ich meine, in seinem *Exzellenten Kulturbetrieb* stark gemacht hatte. Alles ist sicher nachdenkenswert, aber vielleicht nicht in dieser Melange. Das Buch, das vor Erscheinen zunächst den Arbeitstitel *Aufräumen* trug, geht auf eine Tagung der *Kulturpolitischen Gesellschaft* zurück, auf der die Autoren zum Teil anwesend waren;[3] aus diesem *Aufräumen* ist dann der *Infarkt* geworden. Dieses *Aufräumen* ist im Kern nicht verkehrt; auch in der kommunalen Kulturverwaltung begegnet uns immer wieder die Notwendigkeit, Strukturen zu verändern, Institutionen in ihrer Programmierung zu korrigieren und Akzente zu setzen, die auf heutige Rezeptionsmuster eingestellt sind. Wir müssen allerdings zu einer Sprache finden, dies adäquat zu problematisieren und Veränderung so zu gestal-

---

3   *Kulturpolitik trotz(t) Krise. Was ist zu tun?.* Öffentliche Diskussionsveranstaltung am Vorabend der 15. Ordentlichen Mitgliederversammlung am 13. November 2009 im Haus der Geschichte der Bundesrepublik Deutschland in Bonn, u. a. mit Pius Knüsel auf dem Podium.

ten, dass aus Umbau nicht Abbau von Kultur, aus konstruktiven Anpassungen nicht gedankenlose oder polemische Infragestellungen werden. *Der Kulturinfarkt* stellt aber im Grunde genommen die gewachsene kulturelle Infrastruktur und das gesamte Setting unseres kulturpolitischen Handelns nachdrücklich in Frage und sagt eigentlich primär, der Nutzer werde es schon richten, der Markt werde es schon richten, und wir müssen diese wettbewerbsbefreiten Zonen, die meritorischen Güter im Kulturbereich, präziser definieren und nach deren Berechtigung fragen. Das Nachdenkenswerte am Buch wird durch die Verkürzung und Überzeichnung für viele ungenießbar. Es bekommt aktuell einen schalen Geschmack, wenn das Menetekel des *Transatlantischen Freihandels- und Investitionsabkommens* (TTIP) über uns schwebt, mit dem die Kulturgestaltung des Staates jenseits des Marktes tendenziell als antiquiert und global abweichend bewertet wird. Hier gehen die Einschätzungen jedoch noch weit auseinander und bleibt der weitere Verhandlungsverlauf zu beobachten (etwa BUNDESMINISTERIUM FÜR WIRTSCHAFT UND ENERGIE 2015 oder DEUTSCHER KULTURRAT 2015, der sogar den Stopp der bisherigen Verhandlungen forderte).

Aber dennoch: Ist es hinreichend, die Oper als unikal und jeden Ensemblestandort in Thüringen als unikal zu betrachten und die Finanzierungs- und Nutzungsprobleme zu relativieren, der Fels in der Brandung bleiben zu wollen? Zwischen 1994 und 2010 sind die Theater-Spielstätten (nicht die Häuser) in Thüringen von 38 auf 58 angewachsen, die Besucher von 834.000 auf 708.000 p. a. zurückgegangen.[4] Sind unsere Antworten darauf, bezogen auf Institutionen, Ensembles, Trägerschaften und vor allem regionale Kooperationen und Lastenteilungen die richtigen, die weitsichtigen? Ist die trotzige Haltung, alles, was man einmal schließe, bekomme man nicht so leicht wieder geöffnet, die visionäre? Ist der seit einigen Jahren oftmals leidenschaftlich – nicht so populistisch wie im *Kulturinfarkt* – vorgetragene Ruf nach Umbau, nicht nach Abbau nicht mindestens ebenso ehrenhaft? Ja, ist er nicht ehrlicher und kann möglicherweise besser vor Verlusten schützen? Wer intelligent umbaut, muss nicht improvisieren, wenn es gar nicht mehr anders geht. Sachsen-Anhalt zeigt dies bezogen auf den dort noch massiveren demographischen Wandel eindringlich: Von einem Kulturkonvent zu einem übereilig verfassten Kulturkonzept war es ein zu harscher Schritt. Natürlich gibt es auch Sonderfälle, Weimar ist ein solcher. Die Stadt ist

---

4   Statistik des Thüringer Landesamtes für Statistik: <http://www.tls.thueringen.de/datenbank/Portrait-Zeitreihe.asp?tabelle=zr001301%7C%7C%D6ffentliche+Theater> [21.08.2014].

seit mehr als 200 Jahren ein *Kulturinfarkt*, wenn damit die Überforde-
rung einer Gebietskörperschaft oder eines für die Finanzierung zuständigen kleinen Territoriums gemeint sein soll, und beherbergt doch die
zweitgrößte Kulturstiftung in Deutschland, deren interne Entwicklung
mit dem *Kosmos Weimar* gerade eine neue Phase eintritt. Aber dieser
Kosmos ist einer der Lastenteilung zwischen Stadt, Land und Bund, die
einen ehrgeizigen Masterplan umsetzen, mit dem bis 2017 alle maßgeb-
lichen Standorte und Bespielmodi von klassischem bis modernem Erbe
eingerichtet sein sollen. Solch intelligente und aufgrund der Bedeutung
Weimars kommunalpolitisch eher inkommensurable Beispiele von Ver-
netzung sind in Thüringen rar.

Betrachten wir die kulturelle Infrastruktur in den Kommunen, so
wird diese immer wieder verkürzt auf die Theater und Museen, mit denen sich deren Rechtsträger mühen. Dahinter verbirgt sich auch ein anti-
quierter Steuerungsansatz; als sei Infrastruktur nur das, was in unserem
Falle die Kommunen als Rechtsträger selbst verantworten, vor allem
eben das Vorhalten spezifischer Institutionen, Häuser. Nicht erst seit
der *Enquete-Kommission ,Kultur in Deutschland'* wissen wir, dass kulturelle Infrastruktur inzwischen weiter gefasst werden muss. Zu ihr zählen auch die Kulturförderung, die kulturelle Bildung, privatwirtschaft-
liche Kulturanbieter oder aber die Rahmenbedingungen für Künstler
und Kreative (DEUTSCHER BUNDESTAG 2008: 114). Der *Deutsche
Städtetag* hat im November 2013 ein Positionspapier *Standortfaktor
Kultur* verabschiedet, in dem er in diesem Sinne etwa die Kulturförderung als strategisches Element der Stadtpolitik und Stadtentwicklung
bezeichnet. Die Profilentwicklung einer Stadt kommt nicht nur von deren eigenen Institutionen, sondern kann auch durch Dritte bereichert
werden, und sei es nur temporär. Wir sprechen daher auch von trisek-
toraler Kulturpolitik (SIEVERS 2001). Es handeln die Kommunen, der
Markt und der Dritte Sektor, also die Bürger- oder Zivilgesellschaft. Die
Rede von der Gewährleistungskommune, die nicht (mehr) alles selbst
vorhalten kann, was zur Daseinsvorsorge beiträgt oder gar Fortentwicklung erlaubt, meint diese Haltung: Gewährleisten, dass andere etwas
leisten können, auch eigene Aufgaben abgeben, wenn möglich in Verbindung mit Ressourcen. Oder Kooperationsmodelle entwickeln, die zur
gemeinsamen, partnerschaftlichen Aufgabenerledigung führen können.
Adrienne Goehler (2006) spricht (u. a. in diesem Zusammenhang) von
Verflüssigungen. Oliver Scheytt (2008) nennt dieses Modell den ,akti-
vierenden Kulturstaat' (der in diesem Fall auch die kommunale Ebene
einschließt) – und wurde dafür kritisiert, weil es auch als Verharmlo-

sung oder Affirmation des schlanken Staates verstanden werden kann, der Aufgaben abwälzt, aber die normative Kraft behalten mag. So hat Max Fuchs (2011) den Kulturstaat gelesen und dabei altlinke Positionen reaktiviert, die längst überwunden schienen (KNOBLICH 2012: 48ff.). Scheytt meint es jedoch im Sinne eines voluntaristischen Verständnisses von Kulturpolitik, für das Selbstorganisation, Interessenartikulation, aktive Beteiligung, von der Lobbyarbeit bis zur eigenen kulturell-künstlerischen Tätigkeit, maßgeblich sind. *Vom Bildungsbürger zum Kulturbürger* heißt folglich auch ein Kapitel seines Buches *Kulturstaat Deutschland*, das ein modernes und insbesondere für die Kommunen interessantes Verständnis von Kulturpolitik formuliert. Wir dürfen nicht verkennen, dass die Disziplin Kulturpolitik eine junge ist und zusammen mit dem noch jüngeren Kulturmanagement am theoretischen Überbau und letztlich auch am Fachvokabular noch arbeitet. Dass Begriffe historische Hypotheken bergen, vergessen wir trotz so wichtiger Ansätze wie der historischen Semantik immer wieder gern, freilich auch, weil in der Kulturpolitik Wissenschaft und Programmatik oft unzulässig verfließen.

5. Thüringer Stichpunkte für eine zu vertiefende Debatte

Vieles gilt natürlich für die Kommunen insgesamt, da bildet Thüringen bis auf den von mir behaupteten Modernisierungsrückstand der Verwaltungsebenen oder aber das ostdeutsche Problem der nicht vorhandenen selbsttragenden Wirtschaft keine Ausnahme. Die Entwicklung der Thüringer Kommunen im Kulturbereich hängt aber massiv von Impulsen auf Landesebene ab. Daher will ich abschließend auf ausgewählte Aspekte des Landeskulturkonzeptes (THÜRINGER MINISTERIUM FÜR BILDUNG, WISSENSCHAFT UND KULTUR 2012) verweisen, die für die Kommunen relevant sind:

• Interkommunale Zusammenarbeit/Kulturelle Vielfalt im ländlichen Raum: Erste Anreize sind mit dem erwähnten Kulturentwicklungsprojekt in zwei Modellregionen gegeben. Es wird darauf ankommen, diese aktivierende Form der Zusammenarbeit auszudehnen. Das Land sollte weitere Anreize setzen und die Kommunen zur gemeinsamen Planung und Steuerung ermutigen.

• Verhältnis Land/Kommunen: Das Land muss sich zu einer Strukturpolitik durchringen, die vom absoluten Bewahrungsgrundsatz zugunsten von Schwerpunktsetzungen und Profilierungen abrückt. Die Rolle der Landeshauptstadt gilt es dabei zu stärken.

• Legislativer Rahmen: Das Landeskulturkonzept resigniert vor der eingestandenermaßen nicht leichten Aufgabe, ein Kulturgesetz für Thüringen zu entwickeln. Es muss kein *Kulturraumgesetz* sein, aber es bedarf einer legislativen Setzung, die sowohl den Kulturlastenausgleich regelt als auch das Zusammenwirken von Land und Kommunen generell besser gestalten hilft. Letztlich kann ein solches Gesetz auch zur Umsetzung der UNESCO-Konvention zur kulturellen Vielfalt beitragen, indem es etwas über die Entwicklung der Kultursparten und -träger aussagt. Die neue Landesregierung hat dieses Thema interessanterweise wieder aufgegriffen und will ein „Gesetz zur Förderung und Entwicklung der Kultur, der Kunst und der kulturellen Bildung im Freistaat" (DIE LINKE u. a. 2014: 59) auf den Weg bringen.

• Evaluation: Ansätze einer Erfolgskontrolle, einer gerichteten und überprüfbaren Kulturpolitik fehlen noch. Es wäre sicher wünschenswert, einen Kulturförderbericht nach dem Vorbild Nordrhein-Westfalens oder Niedersachsens zu haben, der auch die kommunale Ebene einschließt und Entwicklungen sichtbar macht. Darauf können Steuerungsinstrumente aufbauen, die auch den Kommunen helfen.

• Museumsentwicklung: Das System der Museumsförderung stagniert. Seit der politischen Wende sind zudem viele kleinere und prekäre Einrichtungen entstanden, aber auch zahlreiche kommunale Häuser können sich nicht angemessen weiterentwickeln oder sind unattraktiv. Neben den großen, von Stiftungen getragenen Häusern in Weimar und Gotha bedarf es der Profilierung wichtiger Sammlungen und Ausstellungsorte. Die Typologie des Kulturkonzepts und die Förderpolitik des Landes ermöglichen dies kaum, sie frieren den Status ein. Zwar gibt es ein „Museumsentwicklungskonzept 2011-2020" des Museumsverbandes, in dem sich dieser für Leitmuseen einsetzt, „zu deren Aufgaben die fachliche Patenschaft und Beratung für die jeweilige Region gehört. Leitmuseen sind Museen unterschiedlicher Trägerschaft mit überregionalem Profil." (MUSEUMSVERBAND THÜRINGEN 2012: 24f.) Allerdings fehlt der maßgebliche Schritt, eine Profilierung auch nach Sammlungsgebieten bzw. zentral zuzulassen, um das vergleichsweise kleine Bundesland bei bestimmten Museumstypen vielleicht auch durch nur ein einziges gestärktes Haus vertreten zu lassen.

- Kulturverbände/Interessenvertretung: Die Landeskulturverbände in Thüringen sind nicht hinreichend wahrnehmbar. Dies liegt zum einen an ihrer nicht auskömmlichen öffentlichen Förderung, zum anderen an der Schaffung eines kaum wahrnehmbaren und durch die große Staatsnähe nicht unabhängigen *Thüringer Kulturrats*, der als Spitzenverband der Landesverbände fungiert. Es wäre sinnvoller, ein Gremium zu haben, in dem auch nichtverbandliche Akteure mitreden und unabhängige Einzelpersonen Einfluss nehmen; nur so wird es eine kritische Debatte zur Kulturpolitik im Land geben können. Widerspruch und Streit sind fruchtbar.
- Die Theater- und Orchesterstruktur habe ich bereits mit einem Beispiel erwähnt. Sie bindet einen Großteil der Haushaltsmittel der öffentlichen Hand. Die neue Landesregierung „strebt den Erhalt aller Thüringer Theater und Orchester in ihrer bestehenden Form, Struktur und Bandbreite an" und will sogar ein Investitionsprogramm für Theater, Museen und Bibliotheken auflegen (DIE LINKE u. a. 2014: 55). Das scheint mir kulturpolitisch verhängnisvoll, weil es nur zulasten anderer Felder gehen kann, wenn der Haushalt verstetigt werden soll und à la longue der Gesamthaushalt abgesenkt werden wird. Es war schon bisher ein verbreitetes Missverständnis, dass die regelmäßige Rettung eines Theaters auf Zeit bereits Kulturpolitik sei. Die Theaterfrage, als ungeklärte in einem kleinen Flächenland, behindert letztlich auf spezifische Weise die kommunale kulturelle Selbstentfaltung, wenn es nicht gelingt, genügend freie Kulturmittel für andere Aufgaben zu erhalten.
- Auf weitere für die Kommunen ebenfalls wichtige Themen wie Kulturtourismus, Erinnerungskultur oder das System der Kulturförderung kann ich an dieser Stelle nicht im Einzelnen eingehen. In allen Themen verbergen sich wichtige Aktionsfelder, in denen sich Kommunen verwirklichen und voneinander unterscheiden können.

Ein Plädoyer am Ende ist mir aber wichtig und schließt den Bogen zum Einstieg: Es entsteht nur dann eine Bürde, eine Last oder Mühsal mit der Kultur auf kommunaler Ebene, wenn die Gestaltungskräfte im Land nicht gebündelt werden und gemeinsames konzeptionelles Arbeiten nicht gelingt. Dann gehen Kräfte, aber auch Finanzmittel verloren, entstehen wenig planvolle und kaum antizipative Lösungen. Die Kommune ist das Hauptaktionsfeld der Kulturpolitik, auf sie sollte jede andere Ebene klug Bezug nehmen, damit ein System von Kulturpolitik trägt und Kultur stärkt. Hier sollte es keine gestalterische Konkurrenz, nur komplementäres Arbeiten geben.

Literatur

ABBING, Hans (2002): *Why Are Artists Poor? The Exceptional Economy of the Arts.* Amsterdam: UP.

BUNDESMINISTERIUM FÜR WIRTSCHAFT UND ENERGIE (2015): *Häufig gestellte Fragen zur Transatlantischen Handels- und Investitionspartnerschaft (TTIP).* <http://www.bmwi.de/DE/Themen/Aussenwirtschaft/Ttip/faqs.html> [03.02.2015]

DEUTSCHER BUNDESTAG (Hg.) (2008): *Kultur in Deutschland. Schlussbericht der Enquete-Kommission des Deutschen Bundestages.* Regensburg: ConBrio.

DEUTSCHER KULTURRAT (2015): *Stellungnahme des Deutschen Kulturrates zu den TTIP-Verhandlungen vom 25.06.2014.* <http://www.kulturrat.de/detail.php?detail=2865> [03.02.2015].

DEUTSCHER STÄDTETAG (1971): *Rettet unsere Städte jetzt! Vorträge, Aussprachen und Ergebnisse der 16. Hauptversammlung des Deutschen Städtetages vom 25. bis 27. Mai 1971 in München.* Köln: Kohlhammer.

DEUTSCHER STÄDTETAG (1973): *Wege zur menschlichen Stadt. Vorträge, Aussprachen und Ergebnisse der 17. Hauptversammlung des Deutschen Städtetages vom 2. bis 4. Mai 1973 in Dortmund.* Köln: Kohlhammer.

DEUTSCHER STÄDTETAG (2013): *Viele Städte haben Hilfe dringend nötig.* <http://www.staedtetag.de/presse/statements/066869/index.html> [22.04.2014].

DIE LINKE/SPD/BÜNDNIS 90/DIE GRÜNEN (2014): *Koalitionsvertrag zwischen den Parteien DIE LINKE, SPD, BÜNDNIS 90/DIE GRÜNEN für die 6. Wahlperiode des Thüringer Landtags.* <http://www.die-linke-thueringen.de/fileadmin/LV_Thueringen/dokumente/Koa_gesamt_17_final_mit_Logos.pdf> [03.02.2015].

FÖHL, Patrick S./NEISENER, Iken (Hgg.) (2009): *Regionale Kooperationen im Kulturbereich. Theoretische Grundlagen und Praxisbeispiele.* Bielefeld: transcript.

FUCHS, Max (2011): *Leitformeln und Slogans in der Kulturpolitik.* Wiesbaden: VS.

GLASER, Hermann/STAHL, Karl Heinz (1974): *Die Wiedergewinnung des Ästhetischen. Perspektiven und Modelle einer neuen Soziokultur.* München: Juventa.

GOEHLER, Adrienne (2006): *Verflüssigungen. Wege und Umwege vom Sozialstaat zur Kulturgesellschaft.* Frankfurt/M., New York: Campus.

HASELBACH, Dieter/KLEIN, Armin/KNÜSEL, Pius/OPITZ, Stephan (2012): *Der Kulturinfarkt. Von allem zu viel und überall das Gleiche.* München: Knaus.

HAUG, Wolfgang Fritz (2009): *Kritik der Warenästhetik. Warenästhetik im High-Tech-Kapitalismus.* Frankfurt/M.: Suhrkamp.

HESSISCHES STATISTISCHES LANDESAMT (2015): *Landesdaten.* <http://www.statistik-hessen.de/themenauswahl/bevoelkerung-gebiet/index.html> [03.02.2015]

HOFFMANN, Hilmar (1974): *Perspektiven der kommunalen Kulturpolitik, Beschreibungen und Entwürfe.* Frankfurt/M.: Suhrkamp.

KLEIN, Armin (2007): *Der exzellente Kulturbetrieb.* Wiesbaden: VS.

KLUTH, Winfried (2010): *Kommunale Selbstverwaltung in Ostdeutschland.* – In: *Aus Politik und Zeitgeschichte.* Bonn: Bundeszentrale für politische Bildung.

KNOBLICH, Tobias J. (2011): *Regionale Kulturpolitik am Beispiel des Freistaates Sachsen. Das Gesetz über die Kulturräume in Sachsen.* – In: Morr, Markus (Hg.), *Kultur & Politik. Aspekte kulturwissenschaftlicher und kulturpolitischer Spannungsfelder* (= Hessische Blätter für Volks- und Kulturforschung, N.F. 47). Marburg: Jonas, 78-91.

KNOBLICH, Tobias J. (2012): Der Kulturstaat als ‚ideologisches Leitkonzept'? Eine Auseinandersetzung mit der Position von Max Fuchs. – In: *Kulturpolitische Mitteilungen* 136, 48-50.

LUDWIG, Andreas (2000): *Eisenhüttenstadt. Wandel einer industriellen Gründungsstadt in fünfzig Jahren* (= Brandenburgische Historische Hefte, 14). Potsdam: Brandenburgische Landeszentrale für politische Bildung.

MINISTERIALBLATT (1950): Die 16 Grundsätze des Städtebaus vom 27. Juli 1950. – In: *Ministerialblatt der DDR* Nr. 25 (16.09.1950).

MITSCHERLICH, Alexander (⁶1969): *Die Unwirtlichkeit der Städte. Anstiftung zum Unfrieden.* Frankfurt/M.: Suhrkamp.

MUSEUMSVERBAND THÜRINGEN (2012): *Thüringer Museumshefte* 21. Sonderheft. Weimar.

PARZINGER, Hermann (2014): *Die Kinder des Prometheus. Eine Geschichte der Menschheit vor der Erfindung der Schrift.* München: Beck.

SCHEYTT, Oliver (2008): *Kulturstaat Deutschland. Plädoyer für eine aktivierende Kulturpolitik.* Bielefeld: transcript.

SCHWENCKE, Olaf/REVERMANN, Klaus H./SPIELHOFF, Alfons (Hgg.) (1974): *Plädoyers für eine neue Kulturpolitik.* München: Hanser.

SIEVERS, Norbert (2001): ‚Fördern ohne zu fordern'. Begründungen aktivierender Kulturpolitik. – In: *Jahrbuch für Kulturpolitik* 2000, 131-155.

SIEVERS, Norbert/BLUMENREICH, Ulrike/FÖHL, Patrick S. (2013): Einleitung. – In: *Jahrbuch für Kulturpolitik* 2013, 11-18.

STATISTISCHES LANDESAMT SACHSEN (2015): *Gebiet, Bevölkerung.* <http://www.statistik.sachsen.de/html/358.htm> [03.02.2015].

THÜRINGER LANDESAMT FÜR STATISTIK (2015): *Verwaltungsgliederung der Gemeinden nach Kreisen in Thüringen.* <http://www.statistik.thueringen.de/datenbank/TabAnzeige.asp?tabelle=kr000110%7C%/C> [03.02.2015]

THÜRINGER MINISTERIUM FÜR BILDUNG, WISSENSCHAFT UND KULTUR (Hg.) (2012): *Kulturkonzept des Freistaats Thüringen.* Erfurt.

Das ‚hohe Kulturgut deutscher Musik' und das ‚Entartete'
Über die Problematik des Kulturorchester-Begriffs

LUTZ FELBICK
Musikwissenschaftler, Aachen

Abtract

Für die Sicherstellung einer nachhaltigen Musikpflege werden in Deutschland Mittel durch die öffentlichen Haushalte bereitgestellt. Zur Stabilität des Musiklebens tragen weiterhin tarifliche Absicherungen für die Mitglieder von Sinfonieorchestern bei. In größeren Städten werden die kommunalen Mittel für Musikförderung vor allem für diese Klangkörper eingesetzt, die schwerpunktmäßig die großen Orchesterwerke des 19. Jahrhunderts aufführen. Die existenzielle Absicherung von anderen Kulturschaffenden, die sich z. B. der großen Bandbreite früherer Musikepochen oder der musikalischen Vielfalt des 20./21. Jahrhunderts inklusive des Jazz widmen, spielt in der Kulturpolitik eine untergeordnete Rolle. Ein wichtiger historischer Meilenstein für die Entwicklung dieses kulturpolitischen Profils ist in der Etablierung des deutschen ‚Kulturorchestersystems' zu suchen, welches seit 1938 kontinuierlich ausgebaut wurde.

In diesem Beitrag wird die Begriffsgeschichte des ‚Kulturorchesters' skizziert. Dieser Abgrenzungsbegriff wurde während der Amtszeit des Präsidenten der Reichsmusikkammer, Peter Raabe, zum rechtlichen Terminus erhoben. Der Ausdruck impliziert den damaligen Kulturbegriff, insbesondere die musikideologischen Anschauungen Raabes. Angesichts dieses historischen Befundes kommt die Studie zu dem Ergebnis, der Begriff des ‚Kulturorchesters' sei nicht mehr tragbar. Die Analyse führt zwangsläufig auch zu der Fragestellung, warum nach 1945 eine grundsätzliche Kurskorrektur in der Verteilung öffentlicher Mittel zugunsten der Förderung von musikalischer Vielfalt ausblieb.

Keywords

Orchester – Kulturpolitik – Kulturfinanzierung – Kulturgeschichte
orchestra – cultural policy – financing – cultural history

Corresponding Author
Dr. Lutz Felbick
Biberweg 2, D-52062 Aachen
E-Mail: Lutz@Felbick.de

— Research Article —

86   LUTZ FELBICK

1. Vorbemerkung

Zu den in der Kulturpolitik wenig reflektierten Begriffen gehört der Ausdruck Kulturorchester.[1] Die Begriffsbildung erfolgte 1926 und führte 1938 zu dem bis heute geltenden tarifrechtlichen Terminus. Um ein Gesamtbild des Kulturorchester-Phänomens zu zeichnen, müssen die historischen Voraussetzungen erläutert werden, die in diesem Zeitraum zur Begriffsprägung führten.

Verbände, Institutionen und Einzelpersonen haben hierzu ebenso beigetragen wie eine eigentümliche Mischung aus ideologischen und finanziellen Interessen, mit der deutschnationale Kräfte das Ziel einer Abgrenzung gegenüber anderen Klangkörpern und ‚entarteten' Musikstilen verfolgten. Dabei galt es, die besondere Förderungswürdigkeit von ‚Kulturmusikern' und dem ihnen angeblich in besonderer Weise anvertrauten ‚hohen Kulturgut deutscher Musik' zu begründen.[2] Es gelang auf lange Sicht, ein flächendeckendes System einer deutschen Orchesterlandschaft zu entwickeln, das sich heute als ein Kategoriensystem von A-, B-, C-, und D-Orchestern darstellt.[3] Der spezielle Typus der Kulturorchester hat sich seit 1926 mithilfe einer einflussreichen Lobby kontinuierlich eine starke kulturpolitische Machtposition erkämpft und wirkt bis heute richtungsweisend auf das Musikleben der größeren deutschen Städte.

Bei kritischer Betrachtung des Phänomens müssen künstlerische Entwicklungen einer neuen Aufführungspraxis berücksichtigt werden, die dazu führten, dass Werke des 18. Jahrhunderts in den Programmen der Kulturorchester rar geworden sind.[4] Der künstlerische Schwerpunkt

1   Der Begriff ist nicht nur im allgemeinen Musikleben gebräuchlich, sondern hat auch Eingang in die Titelfindung von musikwissenschaftlicher Literatur gefunden (JACOBS-HAGEN 2000). Der Autor stellt erstmals die deutsche ‚Orchesterlandschaft' als Ganzes in ihrem damaligen Status quo dar. Allerdings verzichtet er auf eine kritische Betrachtung des Kulturorchesterbegriffs.

2   Die pleonastische Begriffsbildung ‚Kulturmusiker' erscheint 1926 im Kontext des Kulturorchesterbegriffs in einer Rede von Dr. Claß bei der Darmstädter Vertreterversammlung des *Reichsverbandes Deutscher Orchester und Orchestermusiker e.V.* (N. N. 1926: XLIII). Das zweite Zitat entstammt der *Tarifordnung für die deutschen Kulturorchester* vom 30.03.1938 (*Reichsarbeitsblatt* 1938/VI: 597).

3   Eine Übersicht über alle derzeitigen Kulturorchester findet sich auf der DOV-Homepage <http://www.dov.org> [18.6.2014] bzw. <http://www.dov.org/Orchesterland schaft.html> [18.06.2014]. Hinsichtlich der Typologie stellen sich die deutschen Kulturorchester heute dar als Konzertorchester, Theaterorchester, Rundfunkorchester und Kammerorchester, die jeweils ihre eigenen Betriebsformen und Rechtsträger haben.

4   Einerseits wird bei der Orchesterkonferenz 1972 betont, die unbestreitbare Aufgabe der Kulturorchester sei die „Pflege der großen Werke des Barock, der Klassik und

großer Sinfonieorchester liegt seit vielen Jahrzehnten auf romantischer oder spätromantischer Musik.

Der hier darzustellende Forschungsgegenstand Kulturorchester ist folglich in einen komplexen musikhistorischen, strukturellen, künstlerischen, nicht zuletzt auch biografischen und kulturgeschichtlichen Kontext eingebettet. Gleichwohl muss angemerkt werden, dass eine vollständige Darstellung dieser Zusammenhänge im Rahmen dieses Beitrages nicht geleistet werden kann, daher soll das bislang kaum erforschte Phänomen Kulturorchester vornehmlich aus musikwissenschaftlicher Perspektive dargestellt werden. Weitere historische und kulturpolitische Arbeiten lassen sich daran anschließen.

Nach der Definition des Orchesterbegriffs soll die Chronologie der Ereignisse aufgezeigt werden: die Rheinische Musikgeschichte bis 1914, dann die Entwicklungen in der Weimarer Republik. Insbesondere wird der für die Begriffsbildung Kulturorchester verantwortliche Orchesterverband mit den hier relevanten ideologischen Aspekten zu untersuchen sein. Der Hauptteil ist den Aktivitäten von Peter Raabe (1872-1945) gewidmet. Dieser engagierte sich als Aachener GMD schon ab 1924 für den Orchesterverband und sorgte als Präsident der Reichsmusikkammer für eine Etablierung des Rechtsbegriffs. Dass dieser Terminus nicht nur bis in das heutige Tarifrecht, sondern auch bei der *Versorgungsanstalt der deutschen Kulturorchester* fortwirkt, wird darzustellen sein. Nach einem kurzen Überblick über die Orchesterlandschaft der Nachkriegszeit folgt in einem letzten Abschnitt eine Kritik an der heutigen Beibehaltung des NS-Rechtsbegriffs. Diese Kritik beinhaltet im Wesentlichen auch eine Infragestellung des von Raabe geschaffenen Kulturorchestersystems und der damit zusammenhängenden Schwerpunktsetzung in der deutschen Musikförderung.

Die Definition des Orchesterbegriffs bleibt in der musikwissenschaftlichen Standardliteratur verschwommen. Sowohl das Lexikon *Die Musik in Geschichte und Gegenwart (MGG)* als auch das *Handwörterbuch der musikalischen Terminologie (HmT)* enthalten hierzu spärliche Ausführungen. Im Orchesterartikel der *MGG* heißt es: „Darüber, wie der Begriff Orchester zu definieren ist, herrscht in der Literatur keine einheitliche Meinung." An anderer Stelle: die neuere Bedeutung des Wortes Orches-

der Romantik" (SCHMIDT 1972: 633). Auf der anderen Seite hat die Entwicklung der historisch informierten Aufführungspraxis dazu geführt, dass sowohl die klassischen Kulturorchester als auch Klangkörper, die sich mit älteren oder neueren und kleiner besetzten Kompositionen befassen, inzwischen als Spezialbesetzungen für bestimmte Stilistiken angesehen werden.

ter sei ein „novum des ausgehenden 18. Jahrhunderts" (MAHLING 1997: 813, 829). Das *HmT* stellt fest, es sei „verständlich, dass ein in allen Facetten einheitlicher Begriff nicht existiert." Dennoch könne in neuerer Zeit die chorische (Groß-)Besetzung als Kriterium des Orchesterbegriffs gelten. Ein Begriffsverständnis in diesem Sinne habe sich jedenfalls erst seit dem 19. Jahrhundert vollends durchgesetzt (STAEHELIN 1981: 3, 5). In der Musikpraxis des 20. Jahrhunderts wird der Orchesterbegriff vielfach auch jenseits dieser klassischen Kategorien verwendet, so etwa bei dem Free-Jazz-Ensemble *Globe Unity Orchestra*, dem *Ensemble Modern Orchestra* oder bei teilweise unkonventionellen Begriffsbildungen, die sich in der Populären Musik finden.[5]

2. Die rheinische Orchesterlandschaft bis 1914

Die Idee der besonderen staatlichen Absicherung der deutschen Sinfonieorchester war keinesfalls das Ergebnis eines längeren kulturpolitischen Abstimmungsprozesses. Vielmehr wurde dieses Konzept von GMD Peter Raabe am Ende seiner Aachener Amtszeit in seinem Vortrag *Vom Neubau deutscher musikalischer Kultur* formuliert und bescherte ihm in kürzester Zeit erste politische Erfolge. Die Details dieses kulturpolitischen Manövrierens unter Benutzung des zunächst wenig bekannten Begriffs Kulturorchester werden in diesem Beitrag darzustellen sein.

Angesichts der von Raabe immer wieder exemplarisch hervorgehobenen Bedeutung des Aachener Musiklebens wird es aber zum Verständnis beitragen, zunächst den musikhistorischen Kontext eines äußerst reichhaltigen Orchesterlebens in dem ehemals als Rheinland bezeichneten Gebiet am Mittel- und Niederrhein zu betrachten. Die Konzentration von Kulturorchestern in NRW (noch 1987 war die Zahl der Kulturorchester in Nordrhein-Westfalen mit 24 Klangkörpern besonders hoch)[6] ist zum Teil auf Aktivitäten im Rheinland des 19. Jahrhunderts zurückzuführen. Die Niederrheinischen Musikfeste wirkten als bedeutsame Impulsgeber für das Musikleben.

Aachen schloss sich ab 1825 der Idee mehrerer Städte an, zu Pfingsten regelmäßig ein gemeinsames Musikfest durchzuführen (<https://de. wikipedia.org/wiki/Niederrheinisches_Musikfest> [27.12.2013]). Den

---

5   Udo Lindenberg parodiert z. B. mit seiner Wortschöpfung ‚Panikorchester' den klassischen Orchesterbegriff.
6   Die Zahl der Kulturorchester sank in den Folgejahren. Bereits 2000 zählte NRW nur noch 21 Kulturorchester.

Musikfesten lag der Gedanke zugrunde, gemeinsam einen ‚Musikerpool' zu bilden, um mit dieser Großbesetzung spezielle Werke aufführen zu können, die die Kapazität der Orchester einzelner rheinischer Städte überstieg.[7] Die Niederrheinischen Musikfeste hatten den willkommenen Nebeneffekt, die Orchesterkultur der beteiligten Städte auf ein höheres Niveau zu heben. Die Klangkörper entwickelten durch diese Initiativen zunehmend ihre Eigenständigkeit und vergrößerten ihre Mitgliederzahlen, wobei auch begabte Schüler und Laien zur Verstärkung mit hinzugezogen wurden. In Aachen entstand so ein lebendiges sinfonisches Musikleben und ab 1852 gehörte das dortige Städtische Orchester mit seinen 32 Musikern zu den ersten kommunal geförderten Formationen Deutschlands (FELBICK 1994: 5).

3. Die Krise des Konzerts in der Weimarer Republik

Folgt man der These der amerikanischen Musikwissenschaftlerin Pamela M. Potter lassen derartige Kraftanstrengungen ihren Ursprung in emphatischer Deutschtümelei und dem Gefühl, mit kommunaler Pflege des deutschen Musiklebens eine bedeutende kulturgeschichtliche und vaterländische Mission zu erfüllen, vermuten. Gleichwohl dass Potters Argumentation in Frage gestellt bzw. differenziert wurde (KATER/ RIETHMÖLLER 2003), konnte sie die Kontinuität eines deutschnationalen Musikbegriffs (‚die deutscheste der Künste') von der Weimarer Republik bis zum Ende von ‚Hitlers Reich' aufzeigen (POTTER 1998). Sowohl im allgemeinen Musikleben dieser Zeit als auch in der zeitgenössischen Musikwissenschaft bestand ein Konsens, die Deutschen seien das auserwählte „Volk der Musik". Diese Legende wurde schon im 19. Jahrhundert vielfach vertreten und man betonte dabei die eigene Musiktradition als Ausdruck deutscher Identität und deutschen Charakters (POTTER 1998: 11). Jenseits dieses verbreiteten traditionellen Standpunktes gab es in Deutschland jedoch Neuansätze, die oft als Provokation empfunden wurden. Die sinfonische Musiktradition wurde in den 1920er-Jahren von einzelnen, kritischen Künstlern grundsätzlich hinterfragt. Sie empfanden die Großbesetzungen des 19. Jahrhunderts keineswegs als selbstverständlichen Mittelpunkt des Musiklebens. So heißt

---

7   Der hier benutzte Begriff ‚Musikerpool' wurde in den 1980er-Jahren im Rahmen der lebhaften Diskussion um die Orchester und die Reformvorstellungen von Ernest Fleischmann relevant (ENGELMANN 1988).

es in einem Prospekt einer von Paul Hindemith und Reinhold Merten ins Leben gerufenen *Gemeinschaft für Musik*: „Wir sind überzeugt, daß das Konzert in seiner heutigen Form eine Einrichtung ist, die bekämpft werden muß." Nicht nur Komponisten der Neuen Musik, sondern auch die Jugendmusikbewegung und Freunde der neuen Jazzstilistik stellten die Ästhetik der bürgerlichen Musikkultur in Frage. Mit seiner Komposition *Rag Time* zeigte Hindemith 1921 eine grundsätzliche Offenheit für den Umgang mit dem Jazz (THELEN-FRÖHLICH 2000: 35, Anm. 31; JOHN 1994: 284ff.). Der Komponist Hanns Eisler distanzierte sich auf deutliche Weise von der konservativen Musiktradition und bemühte sich um den Aufbau einer proletarischen Musikkultur. Auch erfuhr die Neue Musik bei fortschrittlich gesinnten Musikliebhabern eine relativ große Akzeptanz. Immerhin gab es in den Jahren der Weimarer Republik 47 Konzertinitiativen zur Förderung der zeitgenössischen Musik (THELEN-FRÖHLICH 2000: 40). Die wesentlich einflussreicheren konservativen Kreise beschworen hingegen die angebliche Bedrohung der deutschen Kultur mit dem Kampfwort des Musik- bzw. Kulturbolschewismus. Eckhard John stellt diese Begriffsverwendung in seiner umfangreichen Untersuchung für den Zeitraum von 1918 bis 1938 dar. Eine klischeehafte Politisierung des deutschen Musiklebens sei ein wesentliches Element des gesellschaftlichen Diskurses gewesen (JOHN 1994). Die „unerwünschte" Musik wurde zum Politikum, die man mit immer gleichen Parolen verunglimpfte (JOHN 1994: 47).

Dies kommt beispielsweise in einer 1920 veröffentlichten Streitschrift von Hans Pfitzner (1920) zum Ausdruck (s. die Gegenschrift SCHERCHEN 1920). Als typisch anti-deutsch wurde die Atonalität, die Internationalität und der Amerikanismus gebrandmarkt, angeblich jüdisches und kommunistisches ‚Machwerk'.[8] Der für deutschnationale Gedanken eintretende Peter Raabe verteidigte den Komponisten in späteren Jahren, denn er sei in einer „Zeit schlimmster Kulturentartung" einer der „streitbarsten Vorkämpfer für das Deutschtum" gewesen, so Raabe am 15.4.1939 an Goebbels (zit. n. OKRASSA 2004: 328). Nach der ‚Kränkung' durch den verlorenen ersten Weltkrieg war mit der These von der ‚Weltgeltung der deutschen Musik' ein Heilmittel der besonderen Art gefunden worden. Mit dem Gefühl einer weltweiten Überlegenheit, die kaum jemand in der ersten Hälfte des 20. Jahrhunderts bestritt, konnte das verletzte nationale Selbstbewusstsein der Deutschen wieder

---

8   Im Gegensatz zu den Nationalsozialisten solidarisierte sich Pfitzner mit den deutschnational gesinnten Juden.

aufgerichtet werden, so die Argumentation. In diesem Geiste wurde der *Kampfbund für deutsche Kultur* gegründet. Mitglied war neben anderen Alfred Heuss, der einflussreiche Schriftleiter der *Zeitschrift für Musik*.[9] Dieser Kampfbund stand in Zusammenhang mit der Gründung der Reichsmusikkammer (RMK), denn der 1932 innerhalb des Kampfbundes/Fachgruppe Musik gegründete und von Friedrich Mahling geleitete Sonderausschuss arbeitete an dem Konzept einer solchen staatlichen Einrichtung. Die Hauptinitiatoren waren der Geiger Gustav Havemann, der Musikwissenschaftler Friedrich Mahling und der Kapellmeister Heinz Ihlert, der spätere Geschäftsführer der RMK. Bis zum Herbst 1933 schlossen sich diesem aus 14.000 Mitgliedern bestehenden Kampfbund zahlreiche Musikverbände an, unter anderem der im Musikleben kaum wahrgenommene *Reichsverband Deutscher Orchester und Orchestermusiker e.V.* (RDO). Die mit ca. 20.000 Mitgliedern stärkste Musikvereinigung *Deutscher Musikerverband* wollte sich nicht eingliedern lassen.

Im Zusammenhang mit dem erbitterten Streit für den Erhalt der deutschen Musikkultur und den als Bedrohungen empfundenen Zeitströmungen wurde der Kampfbegriff des Kulturorchesters im RDO 1926 erstmals benutzt. In einem leidenschaftlichen Artikel vom 15.2.1926, der sich auf beschwörende Weise mit den Sorgen um die existenziellen ‚Grundfesten' der deutschen Orchestermusiker befasste, plädierte der Autor dafür, es müsse eine solide Grundlage geschaffen werden für „die verfahrenen rechtlichen Belange der deutschen Kulturorchestermusikerschaft." (EHRMANN 1926)[10] Der ab dem 01.04.1926 als Schriftleiter der RDO-Verbandszeitschrift *Das Orchester* tätige Robert Hernried griff den Ausdruck Kulturorchester in gleichem Zusammenhang auf und verband ihn in seinem ideologisch gefärbten Aufsatz *Orchestersorgen* mit Schuldzuweisungen an den Kommunismus und an die angebliche Gleichmacherei (HERNRIED 1926a).[11] Der neu gefundene Begriff wurde nun mehrfach in den Schriften und Briefen des RDO verwendet.[12]

---

9   Diese Zeitschrift trug ab November 1923 (Heft 17) den Untertitel *Kampfblatt für deutsche Musik und Musikpflege*.

10 In den ersten Ausgaben der Zeitschrift wird statt des Begriffs Kulturorchester lediglich von „Orchester" gesprochen, z. B. in der ersten Ausgabe *Das Orchester* 1 (1924: 1).

11 Von diesem Aufsatz erschien eine Kurzfassung in der jetzt von Hernried verantworteten RDO-Verbandszeitschrift (HERNRIED 1926b).

12 Ein Monat nach dem Beginn von Hernrieds neuer Tätigkeit im RDO wurde der Begriff Kulturorchester und Kulturmusiker auf der RDO-Jahreshauptversammlung am 3.5.1926 durch den von der RDO als „warmen Freund" willkommen geheißenen Gastredner Dr. Claßen, Vorsitzender des Hessischen Beamtenbundes, benutzt (Mitteilungs-

Hetzkampagnen der deutschnationalen Kulturbewahrer, insbesondere die Hasstiraden gegen den Jazz, wurden zum Programm. Das
„quäckende Saxophon" und das „stereotype Gewinsel des Banjo" sei
„ein unserem Volke wesensfremder Importartikel", die Verzerrung der
Trompete und der Rhythmus der Jazztänze seien „nicht deutsch". Dem
Jazz stellte Hernried die Musik der „Kulturorchester" gegenüber, die in
einer künftig zu gründenden Musikerkammer Sitz und Stimme haben
sollten. Charakteristisch für eine ideologische Begriffsverwendung ist
auch ein weiterer Aufsatz (HERNRIED 1931).[13] Der Autor erwähnt in
diesem Beitrag einen Artikel des *Aachener Volksfreundes*, den er ver-
mutlich von Raabe erhalten hatte. In welchem Umfang sich dieser im
Reichsverband, der in seinem früheren Wirkungsort Weimar ansässig
war, engagierte, lässt sich zwar nicht vollständig rekonstruieren. Raabes
mehrfache Aktivität für den RDO ist aber schon seit Erscheinen der Ver-
bandszeitschrift im Jahre 1924 nachweisbar (RAABE 1924, 1926b).[14]
   Der künstlerische Konflikt erhielt durch die wirtschaftlichen Nöte
nach der Weltwirtschaftskrise nochmals eine andere Dimension und
mobilisierte den RDO in besonderem Maße. In diesem Zusammenhang
gab es viele derartige Kampfbegriffe, die beide Seiten der sich gegen-
überstehenden Fronten benutzten; Begriffe, die im Rahmen polemisch
geführter kulturpolitischer Auseinandersetzungen verwendet wurden
(JOHN 1994: 30). Der konservative RDO warnte 1930 vor einem Abbau
des deutschen Kulturlebens und empfahl die „Unterlassung künstlerischer Experimente" (N. N. 1930).
   Man hatte in der bereits erwähnten *Zeitschrift für Musik* ein Podium
zur Darstellung der vereinseigenen Ziele gefunden. Hier wurde über den
neu gegründeten RDO berichtet. Es habe schon zuvor von 1908-1919 einen *Deutschen Orchesterbund* gegeben, aber aus politischen Gründen

blatt zur Zeitschrift *Das Orchester* 1926: XV, XXVII, XLI-XLIII). Der Begriff Kulturorchester erscheint auch in einem anderen RDO-Text eines nicht genannten Autors in *Die
Musik* 20 (1927: 236).

13 Der Autor stellt die durch die Notverordnung vom 05.06.1931 bedingten Sparpläne, die
auch die Orchester durch Zusammenlegungen betreffen sollten, als „Musik-Kommu-
nismus" dar, der der Ruin der Kunst sei (JOHN 1994).

14 S. OKRASSA (2004: 203, Anm. 203). In dieser Zeitschrift erschien auch ein Hinweis
auf ein Konzert der Ortsgruppe Aachen, welches diese am 31.01.1926 zugunsten des
RDO im Städtischen Konzertsaal Aachen veranstaltet hatte. Der Hauptvorstand kommentiert dazu: „Auf zur Tat, mutig dem Beispiel Aachens folgend!" Offensichtlich war
die Aachener Musikdirektion beim RDO besonders hoch angesehen. Als Adresse des
Reichsverbandes Deutscher Orchester und Orchestermusiker wird die mit Raabe eng
verknüpfte Stadt Weimar (Buchfarter Str. 41) angegeben (MÜLLER-JABUSCH 1931:
603).

sei dieser Orchesterbund zerbrochen und man habe nun den neuen Interessenverband gegründet und als Vorsitzenden den Weimarer Oboisten Leo Bechler gewählt (KULZ 1926). Die RDO-Verbandszeitschrift *Das Orchester* erschien von 1924-1933.[15] Der Verband war offensichtlich in den ersten Jahren seines Bestehens relativ klein, denn man zählte im Jahre 1930 deutschlandweit lediglich 609 Mitglieder. Diese Zahl war im Verhältnis zur Gesamtzahl der deutschen Orchester und Orchestermusiker unbedeutend (STEINWEIS 1993: 11).[16] Im Dezember 1927 wird berichtet:

> Im Beisein von Vertretern des Deutschen Beamtenbundes und des Verbandes der Kommunalbeamten und -angestellten Preußens tagte in Berlin der Hauptvorstand des Reichsverbandes Deutscher Orchester und Orchestermusiker e. V. zwecks Stellungnahme zu dem Entwurf des Beamtenbesoldungsgesetzes. Nach mehrstündiger Beratung wurde eine Resolution gefasst, in der eine bessere Besoldung für die Kulturorchester gefordert wird. (N. N. 1927)

Der Verband war besorgt, dass für die Orchestermusiker große wirtschaftliche Gefahren und Kürzungen der Bezüge drohten. Deshalb setzte er sich mit aller Vehemenz zur Wehr und verlangte durch eine Eingabe an den preußischen Finanzminister und den preußischen Kultusminister mit aller Entschiedenheit,

> daß den Mitgliedern der Kulturorchester derselbe Schutz zuteil werde, der den Dauerangestellten der Landkreise inbezug auf Ruhegehalt usw. durch die Ergänzungsverordnung vom 27. September 1932 eingeräumt worden ist. (N. N. 1933: 266)

Kontinuierlich wurde der Begriff Kulturorchester im Kampf der vermeintlich einzig wahren deutschen Kultur gegen die angeblich minderen Qualitäten oder gar ‚Entartungen' anderer Musikkulturen gegenüber gestellt. Dieser deutsch-nationale Gedanke wurde in vielen Facetten geäußert und zum Teil mit esoterischen, philosophischen und religiösen Themen vermengt. Rudolf Sonner berief sich beispielsweise in seinem Aufsatz über *Aufbau und Kultur seit 1933* auf Adolf Hitler, die Kunst sei eine „heilige Angelegenheit des deutschen Volkes". Dringlich sei nun der Wiederaufbau einer „rassebedingten, arteigenen Kultur". Nachdem er explizit die Kulturorchester erwähnte, fasste er zusammen, durch das Aufbauwerk der vergangenen fünf Jahre (1933-1938) sei im Kunstleben „wieder Sauberkeit und infolgedessen Überzeugungskraft eingekehrt"

15 Bericht über Vertreterversammlung in: *Die Musik* 16 (1924: 794).
16 Nach einer Statistik des Jahres 1939 wurden insgesamt 8300 deutsche Orchestermusiker als Mitglieder RMK gezählt (N. N. 1943/44: 196).

(SONNER 1938: 436, 439, 440).[17] Der 1905 in Aachen geborene und zeit-
gleich mit Raabe mehrere Jahre dort tätige Musikpädagoge Michael Alt
behandelte die Thematik Musik und Religion auf einem philosophisch
anspruchsvollen Niveau. Ein intensiver Austausch zwischen Raabe und
Alt kann als sehr wahrscheinlich gelten. Alt spannte in seiner 1936 erschienenen Schrift *Deutsche Art in der Musik* einen weiten Bogen von
Pythagoras über Plato bis zu Schopenhauer (ALT 1936: 41). In Letzterem
sah er einen „Gegen-Plato", der die „tönende Weltidee" zu Ende gedacht
haben soll. Alt konstatierte ohne die Angabe eines Quellenbelegs, Wagner und Schopenhauer hätten Musik und Religion gleichgesetzt (ALT
1936: 40). Der Autor berief sich in diesem Zusammenhang ebenfalls auf
einen oft zitierten Gedanken von Ludwig Tieck, die Tonkunst sei „das
letzte Geheimnis des Glaubens, die Mystik, die durchaus geoffenbarte
Religion" (NEHRING 2000: 73). Schopenhauer habe „zum erstenmal in
der abendländischen Philosophie ein Weltbild aus urtümlich germani-
schem Empfinden geformt." Dem Germanen sei diese „arteigene Musikanschauung" eingeboren und verleihe der Musik ihren „unerschüttern-
den Ernst" (ALT 1936: 41, 42, 44).[18] Der Begriff der „Ernsten Musik" ist
bekanntlich eng mit dem deutsch-nationalen Selbstbewusstsein und der
„arteigenen Musikanschauung" verknüpft.

4. Peter Raabe und die NS-Zeit

Die Entstehung des deutschen Kulturorchestersystems ist untrennbar
mit dem künstlerischen Werdegang von Peter Raabe verbunden, denn
mit ihm stellte sich eine Persönlichkeit als Präsident der Reichsmusikkammer mit einem Musik- und Politikverständnis zur Verfügung, die
alle Voraussetzungen eines solchen Kampfes für ein gleichgeschaltetes
Orchester-Einheitssystem erfüllte.

Der Dirigent hatte ab 1907 nicht nur die Stellung des Hofkapellmeis-
ters in Weimar inne, sondern fand bald auch als Musikschriftsteller mit
seiner Arbeit über Franz Liszt allgemeine Beachtung.[19] In seiner Weima-

---

17 Ähnliche Töne stimmten HASSE (1934a: 7, 262), IHLERT (1935: 11), PESSENLEHNER
    (1937: 13, 15, 18) und KRIEGER (1937: 9) an.
18 Zweifellos ist der Gedanke einer musikalisch gedachten Weltseele, aus der alles ge-
    schaffen wurde, beeindruckend, aber dieser durch Platos *Timaios* etwas populär gewor-
    dene Gedanke ist in vielen anderen Kulturen ähnlich entwickelt worden (SCHNEIDER
    1964; KHAN 1987; BEBEY 1994; HEYMEL 2006).
19 Es bedürfte einer gesonderten Untersuchung, wie sich Raabes NS-Gedankentum zu sei-
    nem kulturpolitischen Engagement verhielt.

rer Zeit wird Raabe in einem engen Kontakt mit dem dortigen Oboisten Leo Bechler, dem späteren RDO-Vorsitzenden, gestanden haben. 1920 wurde Raabe zum Aachener Generalmusikdirektor berufen und galt als „der erste Sachverständige der Stadt Aachen in allen musikalischen Angelegenheiten".[20] Im Laufe seiner fünfzehn Jahre dauernden Tätigkeit setzte der promovierte Musikprofessor in dem bereits recht respektablen Aachener Musikleben markante Akzente.

Die Aachener Erfahrungen waren für die Konzeption seines weiteren kulturpolitischen Programms richtungsweisend, denn Raabe führte ab 1934 das Musikleben Aachens mehrfach als vorbildliches Beispiel auf. Nach diesem Muster könne er sich den „Neubau deutscher musikalischer Kultur" im gesamten Reich vorstellen (RAABE 1935b: 32, 46; 1936a: 10f.). Dieses als exemplarisch betrachtete Musikleben zeichnete sich im Jahre 1928 vor allem durch das aus 60 Musikern bestehende Orchester aus (RAABE 1936b: 29). Da dieser Klangkörper zu Beginn seiner Amtszeit lediglich aus 48 Musikern bestand, forderte Raabe eine Vergrößerung auf eine ‚Kopfstärke' von 63 Orchestermitgliedern, war aber dann mit der jetzt erreichten Größe von 60 Musikern zufrieden (OKRASSA 2004: 89). Sein Aachener Musikkonzept sah neben zehn städtischen Konzerten und acht Volkssymphoniekonzerten auch Chorkonzerte und Kammermusikabende im Städtischen Konzerthaus vor. Weiterhin führte er die jährlich stattfindenden zwei Jugendkonzerte und zwei Schülerkonzerte ein. In diesen Veranstaltungen sollten die ‚Zöglinge' erfahren, was die ‚deutschen Meister' auf dem Gebiet der Musik Großartiges geleistet hätten.

Das Repertoire der Konzerte bestand aus Komponisten von der Barockzeit bis zur Moderne. Der Schwerpunkt Raabes lag in der Aufführung der großen Werke von Beethoven bis zu den Komponisten der Spätromantik (OKRASSA 2004: 89, 101). Aber in seiner Aachener Wirkungszeit konnte er auch 159 Ur- und Erstaufführungen verbuchen (RÜHLMANN 1942: 476). Anders als viele seiner Zeitgenossen stand Raabe der Neuen Musik generell aufgeschlossen gegenüber und übernahm 1928 sogar die Aufgabe des Vorsitzenden der *Gesellschaft zur Pflege der neuen Musik*.[21] Die Aufführung von Werken umstrittener zeit-

---

20 Dienstanweisung vom 2. August 1921 (Stadtarchiv Aachen, Teilnachlass Peter Raabe, Bl. 12) (OKRASSA 2004: 87).

21 <https://archive.org/stream/Melos07.jg.1928/Melos071928#page/n149/mode/2up> [11.06.2014]. Der Verein konnte sich aufgrund finanzieller Engpässe nicht lange halten und das Projekt wurde bald wieder aufgegeben, aber immerhin war der erste Vereinsabend im Januar 1928 Arnold Schönberg gewidmet (OKRASSA 2004: 101). Spätere

genössischer Komponisten wie Arnold Schönberg oder Alban Berg setzte er gegen manche Widerstände durch.[22]

Diese in der NS-Zeit heikle Thematik sollte Raabe in seiner beruflichen Laufbahn in den Folgejahren noch beschäftigten, denn in Goebbels Tagebuch hieß es am 14.10.1937: „Raabe dirigiert nun schon atonale Musik. Er ist ein alter Querkopf. Aber ich muß ihn doch zur Räson bringen. Er war zu lange ohne Aufsicht." (FRÖHLICH 1998: 359) Offensichtlich gab es dementsprechende Auseinandersetzungen. Raabe äußerte sich auch dann ab 1938 mehrfach widersprüchlich zu seinem früheren Engagement und deutete nun sein Verhältnis zur Zweiten Wiener Schule als äußerst angespannt: „Die Atonalität war eine Zeitkrankheit, der sehr begabte Künstler vorübergehend verfallen sind." (OKRASSA 2004: 101, 308) Er beschrieb ein Jahr später die Kämpfe gegen die Atonalität als übertrieben und ‚lästig'. Immerhin seien „die talentlosen Schmierereien der Atonalen" im Verhältnis zu anderen „Verfallserscheinungen" relativ unbedeutend (RAABE 1939: 153; OKRASSA 2004: 327). Es bleibt ungeklärt, ob es bei Raabe zu einer tatsächlichen Veränderung seines Musikdenkens kam, oder ob er sich den nationalsozialistischen Vorgaben gefügt hatte.

In Raabes Aachener Wirkungszeit hatte sich der GMD zahlreichen Herausforderungen zu stellen. Manche wurden gemeistert, andere führten zu Zerwürfnissen und Krisen, die ihn schwer erschütterten. Auch er war von den Problemen, die sich im Konzertleben der Weimarer Republik auf vielschichtige Weise zeigten, konkret betroffen (THELEN-FRÖHLICH 2000: 24-64). Der verletzte Stolz mag seinen Ehrgeiz angestachelt haben, sich überregional mit aller Vehemenz für die Stärkung des Orchesterlebens einzusetzen. Immerhin wurde sein Gehalt Ende 1931 um 20 % gekürzt, das Orchester wurde von 60 auf 52 Musiker reduziert, der Theateretat ging von 701.000 Mark (1930) auf 414.000 Mark (1932) zurück und der Orchesterzuschuss von 210.000 Mark (1930) auf 126.000 Mark (1932) (OKRASSA 2004: 185). Am 24.11.1933 erbat er beim Ober-

---

Aussagen Raabes könnten ein Hinweis dafür sein, dass man ihn zu dieser Funktion gedrängt hat, denn sein Hauptaugenmerk galt eher der gemäßigten Moderne und er mied „Allermodernstes" und „Problematisches" (RAABE 1936a: 1of.). Dennoch forderte Raabe 1934, man solle die Werke der lebenden Komponisten aufführen (RAABE 1935a: 23).

22 Raabe führte Schönbergs *Fünf Orchesterstücke* op. 16 in der Aachener Wintersaison 1922/23 auf. Es folgte 1924 die Erstaufführung von dessen *Pelleas und Melisande*. Die Erstaufführung von Alban Bergs *Wozzeck* in Anwesenheit des Komponisten im Jahre 1930 fand unter dem Dirigenten Paul Pella statt.

bürgermeister seinen vorzeitigen Ruhestand.[23] Der offenbar völlig de-
motivierte Raabe setzte im Oktober 1933, einen Monat vor seinem Antrag auf Versetzung in den vorzeitigen Ruhestand, größte Hoffnungen in
den NS-Staat, von dem er eine Beendigung dieser Konzertkrise erhoffte
(JERS 2007: 361f., 382):

> Wie liegt die Sache nun hier in Aachen? Die Stadt unterhält mit großen Opfern
> Konzerte, die, so wie es Hitler immer wieder preist, der Stärkung deutschen We-
> sens und deutscher Art dienen, die also nicht ein Luxus sind, sondern eines der
> edelsten Mittel, die Gesundung der Volksseele herbeizuführen. Besonders die
> Volks-Symphoniekonzerte, in denen ein so geringer Eintrittspreis erhoben wird,
> daß ein starker Fehlbetrag gar nicht zu vermeiden ist, dienen der Allgemeinheit in
> so vorbildlicher Weise, dass uns fast alle übrigen Städte darum beneiden. Wenn
> man das früher hervorhob, wurde einem sofort geantwortet: Dann darf eben die
> Stadt nicht so nobel sein; wir können uns so gute Konzerte nicht leisten! Diesen
> Ton läßt aber der Führer Adolf Hitler nicht mehr gelten. Er weiß zu gut und hat
> es oft genug ausgesprochen, daß, was an wertvollem Kulturgut in Deutschland
> vorhanden ist, geschützt und erhalten werden muß. Der Öffentlichkeit ist es kaum
> bekannt, daß um die musikalische Kultur unserer Konzerte ein langer und zäher
> Kampf geführt worden ist, der jetzt freilich sein natürliches Ende gefunden hat.
> Es gab hier in Aachen ein zwar kleines, aber um so rühriges Grüppchen, das die
> Güte der Konzertprogramme beständig kritisierte, und zwar mit der Auflage, daß
> zu wenig Allermodernstes geboten würde, zu wenig ‚Problematisches', wie man das
> gerne nannte, zu wenig Schönberg, Strawinski, Milhaud... (RAABE 1936a: 10f.).

In Vorträgen, die durch Veröffentlichungen in vielfacher Auflage eine
große Verbreitung fanden, äußerte sich Raabe dezidiert zu seinen kulturpolitischen Ideen. In seinem Vortrag *Vom Neubau deutscher musikalischer Kultur,* den er am 16.02.1934 in Berlin bei der ersten Tagung
der Reichsmusikkammer hielt, stellte er programmatisch die Eckpfei-
ler eines künftig anzustrebenden Musiklebens vor (RAABE 1935b).[24]
Dem Vortrag folgte recht bald ein weiterer mit dem Titel *Die Musik im
dritten Reich,* den er am 07.06.1934 in Wiesbaden bei der Tonkünstler-
Versammlung hielt (RAABE 1935a). Raabe äußerte in diesen kulturpolitischen Grundsatzreden unmissverständlich seine Vorstellung von der
symbolischen Bedeutung eines Orchesters:

> Ich weiß nicht, ob es ihnen schon einmal aufgefallen ist, daß kaum eine zweite Ver-
> einigung arbeitender Menschen [...] von jeher so im Sinne nationalsozialistischer
> Prägung gewirkt hat wie ein Orchester. Hier ist in vollster Reinheit das Führer-
> prinzip durchgeführt, der Leiter hat die unbedingte Autorität (RAABE 1935b: 34;
> Erstveröffentlichung 1934a; RAABE 1934b).

---

23 Aachener Stadtarchiv Personalakte Raabe. Raabe meldete sich am 28.12.1933 für 3-4
    Wochen krank.
24 Raabe konzipierte diese Gedanken noch in seinem alten Wirkungsort Aachen.

Zu den genannten Notverordnungen vom 12.09.1931 hieß es in den *Amtlichen Mitteilungen der Reichsmusikkammer* (1931/4):

> Der Präsident der Reichsmusikkammer [Richard Strauss] wendet sich mit Entschiedenheit gegen alle Bestrebungen, durch Personalabbau oder finanzielle Einsparungen die Güte des städtischen Orchesters zu verringern.

Dazu kommentierte Raabe 1934:

> Das ist eine hocherfreuliche Mitteilung, die aber ihren Zweck nur erfüllen wird, wenn die Verwaltungen verpflichtet werden, die Orchester in unverminderter Stärke und bei angemessener Bezahlung zu erhalten. (RAABE 1935b: 35)

Diese Anstrengung sei höchst dringlich um die Gefahr einer „außerordentlichen Schädigung der deutschen Musik" abzuwenden. Voraussetzung zum Neubau der musikalischen Kultur sei eine „schleunige Abhilfe" dieses Problems durch eine für die Verwaltungen rechtsverbindliche Vereinbarung (RAABE 1935b: 36f.). Nach Raabes Vorstellung müssten die Länder und Städte eine rechtliche Selbstverpflichtung eingehen, „einen angemessenen Prozentsatz ihrer Zuschüsse für die Musikpflege zu verwenden" (RAABE 1935b: 33). Der GMD hatte bereits 1928 beklagt, dass die Pflege der Kunst nicht zu den Verpflichtungen der Stadtverwaltungen gehöre – ganz im Gegensatz zur Reichverfassung, die diese Selbstverpflichtung in § 142 zum Ausdruck bringe (RAABE 1936b: 26).[25] Er sprach im gleichen Jahr hinsichtlich der Gestaltung des Musiklebens von der „Neuregelung der Dinge" und deutete damit Gedanken an, die er in seiner späteren Rede *Vom Neubau deutscher musikalischer Kultur* konkretisierte (RAABE 1936b: 37). Der Stand der Orchestermusiker müsse nach Raabes Vorstellungen in Analogie zu den mittleren Berufen der Beamtenschaft eingestuft werden (RAABE 1935b: 52). Innerhalb des Musiklebens müssten vor allem die deutschen Orchester befestigt werden, damit man „zu einer wahren deutschen Kunst" käme. Vor allem müsse es eine neue Generation von künftigen Orchestermusikern als „Trägerin dieser Kultur" geben (RAABE 1935b: 34).

Am 07.06.1934 wiederholte Raabe seine Forderung und verlangte die planmäßige Sicherung, die der deutschen Kultur zukäme, auf der Basis der Gesetzgebung oder der behördlichen Unterstützung anzugehen (RAABE 1935a: 10). „Hier können nur einschneidende gesetzgeberische Maßnahmen helfen. Es wird Zeit, daß etwas geschieht." (RAABE 1935a: 14) Inzwischen schien man sich einig zu sein, Raabe als Nachfolger des amtierenden Präsidenten Richard Strauss zu berufen, denn dieser war

---

25 Diesen Wunsch Raabes, die Verwaltungen müssten verpflichtet werden, wiederholte er mehrfach (RAABE 1935a: 20).

spätestens seit dem Sommer 1934 in seinem Amt umstritten (OKRAS-SA 2004: 255). Kurz vor seinem Amtsantritt stellte Raabe ultimativ seine Bedingungen zu seiner künftigen Tätigkeit als Präsident der RMK. Schon bald nach Bekanntwerden dieser angeblich höchst dringlichen ‚Gefahrenabwehr‘ wurde mit der Umsetzung des Kulturorchesterplans begonnen, denn Raabes Idee einer rechtsverbindlichen Regelung für die Kulturorchester fand erstmals in der NS-Korrespondenz einen Niederschlag. In einem Schreiben des Reichsarbeitsministers an den Reichsminister der Finanzen vom 09.11.1934 wird „Ministerialrat Rüdiger vom Reichsministerium für Volksaufklärung und Propaganda zum Sondertreuhänder für die großen Kulturorchester Deutschlands" bestellt. Gleichzeitig wird der Adressat gebeten, dem Absender „geeignete Führer von Betrieben als Mitarbeiter des Sachverständigenausschusses namhaft zu machen."[26] Die Raabe-Forscherin Nina Okrassa stellt die These auf, Raabe habe bereits im Oktober 1934 von seiner Berufung gewusst, einer Zeit, in der der Geschäftsführer der Reichsmusikkammer, Heinz Ihlert, von seiner ihm von Strauss ausgestellten Vollmacht Gebrauch machen konnte (OKRASSA 2004: 255f.).

Okrassas These passt nicht nur zu dem Datum des oben genannten Schreiben, sondern auch zu entsprechenden Initiativen und Vorarbeiten der Reichsmusikkammer, von denen im Folgejahr berichtet wird, denn die „Reichstarifordnung für sämtliche Kulturorchester Deutschlands" läge nach eingehenden Vorarbeiten nun zur Entscheidung bei dem Sondertreuhänder vor (IHLERT 1935: 23, 26).[27] Dieser zwischen den Musikfunktionären abzustimmende Verwaltungs- und Rechtsvorgang wird einige Zeit beansprucht haben. Es wäre gut vorstellbar, dass der Tarifentwurf Raabe endgültig überzeugen konnte, das Amt des Präsidenten anzunehmen, denn sein ultimatives Drängen um eine „schleunige Abhilfe" und der dringenden Abwehr einer angeblich außerordentlichen Schädigung der deutschen Musik und die Chronologie der Ereignisse sprächen dafür.[28] Ihlert erwähnte 1935 den Begriff Kulturorchester und kritisierte die Notverordnungen, die den Orchestermusikern Anstellungsbedingungen gebracht hätten „wie sie unsozialer nicht sein konnten" (IHLERT 1935: 8). In diesem Jahr gewährte die Reichsmusikkammer bereits neu gegründeten Kulturorchestern, die sich aus erwerbslosen Be-

26 Schreiben des Reichsarbeitsministers an den Reichsminister der Finanzen vom 09.11.1934 (Bundesarchiv, Nr. III b 16343/34).
27 Das Rechtsamt der RMK war für Tariffragen zuständig.
28 Ihlert veröffentlichte seine Schrift im Spätsommer oder Herbst 1935 (OKRASSA 2004: 268).

rufsmusikern zusammensetzten, Unterstützungen (IHLERT 1935: 19).[29] Ihlert sah einen großen Arbeitsbereich der Reichsmusikkammer darin, für ihre Mitglieder die „Regelung ihrer wirtschaftlichen Verhältnisse und sozialen Angelegenheiten" zu erreichen (IHLERT 1938: 15). Er stellt in seiner Schrift zu den Zielen der Reichsmusikkammer zusammenfassend fest, die „deutschen Kulturorchester" bedürften dringend größerer Zuschussmittel (IHLERT 1935: 24). Okrassa weist darauf hin, in diesem Text sei bereits deutlich die Handschrift Raabes zu erkennen (OKRASSA 2004: 269).

Die Begriffsverwendung Kulturorchester steht im Zusammenhang mit dem Entwurf dieser Tarifordnung, der mit dem Namen Raabe verbunden ist. Da Raabe dem *Reichsverband Deutscher Orchester und Orchestermusiker* sehr nahe stand, erhielt er offensichtlich von dort die Anregung, diesen Begriff bei seinen Plänen für einen flächendeckenden Orchestertarif zu verwenden.[30] In einer Chronik zum ersten Arbeitsjahrzehnt der Reichsmusikkammer wird für das Jahr 1938 die Schaffung einer allgemeinen Tarifordnung und Altersversorgung für Kulturorchester hervorgehoben (N. N. 1943/44: 196). Der Kampf Raabes für die primäre Förderung der Orchesterlandschaft und die Realisierung seines besonderen Kulturbegriffs war damit gewonnen.[31] Die in der Weimarer Republik erfolgte Öffnung zu anderen musikästhetischen Positionen war hinsichtlich der kommunalen Förderung gescheitert.

Die bereits erwähnten Polarisierungen zwischen den Kulturorchestern auf der einen und dem Jazz auf der anderen Seite nahmen bei Raabe emphatische Züge an. Die im Titel dieses Beitrages angedeuteten Schwarz-Weiß-Zeichnungen wurden auf diese Weise zu einer paradoxen, wörtlich zu verstehenden Realität. Raabe klagte bereits in einem 1926 veröffentlichten Aufsatz, weit schlimmer als die Vorliebe deutscher Frauen für ausländische Kleidung und Frisuren sei es, nach „Gassenhauern von Niggermusikkapellen" zu tanzen. Besser sei es, Konzerte und das Theater zu besuchen (RAABE 1926a: 737f.; OKRASSA 2004: 106). Zwei Jahre später schrieb er, der „Feind, dem alle ernsten Konzertunternehmungen ganz machtlos gegenüber stehen" sei der Tanz zur „erbärm-

---

29 OKRASSA (2004: 198) erwähnt das von Gustav Havemann geleitete und aus arbeitslosen Musikern bestehende Orchester des Kampfbundes für Deutsche Kultur (KfdK).

30 Jenseits des RDO ist der Begriff vor 1934 nicht nachweisbar.

31 Von Vorzügen dieser arbeitsrechtlichen Verbesserung muss mit einer nicht unwesentlichen Einschränkung gesprochen werden, denn diese Vergünstigungen galten selbstverständlich nicht für jüdische und andere Musiker und Orchesterleiter, die als Mitglieder der RMK unerwünscht waren und ihren Beruf nicht mehr ausüben konnten.

lichen Jazzmusikbrühe" (RAABE 1936b: 38). Der GMD hatte Gelegenheit, in Aachen eine Musikkultur in Gaststätten, Tanzlokalen, Varietés u. ä. zu erleben, die ihn in dieser Hinsicht geprägt hatte.[32] In dem Lokal *Bunte Bühne* spielte beispielsweise im Jahre 1925 jeden Abend *Bobby Norman's Jazz-Band*.[33] Eine elementare Kenntnis der amerikanischen Jazzkultur ist bei Raabe hingegen nicht nachzuweisen.[34] Er führte seinen Kampf gegen das von ihm in Aachen wahrgenommene Phänomen der – mehr oder weniger gelungenen – Jazzimitation auf der Basis geringer Sachkenntnis und eines verengten Blickwinkels.

Raabe, dem die Werktreue gegenüber den Schöpfungen der ‚großen Meister' ein zentrales Anliegen war, bezeichnete den in keiner Weise am Werkgedanken orientierten Jazz als „ein häßliches und den Geschmack des Volkes verseuchendes Gift" (RÜHLMANN 1942: 477).[35] Die Raabe-Expertin Okrassa schreibt dazu: „Das Prinzip der Improvisation symbolisierte die Freiheit des Individuums und stand dem Ideal von ‚Führer' und ‚Volksgemeinschaft' diametral entgegen." (OKRASSA 2004: 333) Raabe begrüßte außerordentlich das Verbot des „Nigger-Jazz" im deutschen Rundfunk vom Oktober 1935.[36] Vor allem störte ihn bei den im Jazz gebräuchlichen Dirty tones der „schäbige Klang der Jazzmusik und die bockenden Synkopen der amerikanischen Tänze, die unsere guten deutschen verdrängt haben." (RAABE 1936c: 1458) Werktreue war für ihn hingegen „ein wichtiges Kriterium für ein ‚sauberes' Musikleben." (OKRASSA 2004: 353) Die deutsche Unterhaltungsmusik habe „die Pflicht abzurücken von allem Entarteten, Krankhaften, von allem Ungesunden und Angefaulten" (RAABE 1942: 241f.). Raabe hatte sich von der Düsseldorfer Ausstellung *Entartete Musik* distanziert. Zu dieser Veranstaltung wurde mit einem Plakat eingeladen, auf dem ein schwarzer Jazzsaxophonist mit einem Davidstern abgebildet war. Offensichtlich

---

32 *Kur-Verkehrs- und Theaterzeitung – Bad Aachen* 1931 (Stadtarchiv Aachen CZ 100).

33 *Politisches Tageblatt,* Aachen (09.05.1925). Unter der Direktion von Georg Auerbach fanden in der Bunten Bühne bereits Anfang 1919 Veranstaltungen in der „vornehmsten Kleinkunstbühne Westdeutschlands" in der Wallstr. 67/71 mit einem „weltstädtischen" Spielplan statt (*Politisches Tageblatt,* Aachen, 01.02.1919).

34 Andere Persönlichkeiten des öffentlichen Musiklebens wie Bernhard Sekles, Direktor des Hoch'schen Konservatoriums in Frankfurt, befassten sich ernsthaft mit dem Phänomen des Jazz. Seine 1928 gegründete Jazzklasse war eine Pioniertat (HOLL 1928; ZIEMER 2008: 306).

35 Weiterhin bezeugt RÜHLMANN(1942: 477): „Was da schwarz auf weiß steht, ist für ihn das Evangelium des Höheren, des Schöpfers."

36 Peter Raabes Schreiben vom 16. Oktober 1935, veröffentlicht in der Zeitschrift *Funk und Bewegung* 5/11 (November 1935: 5); Raabe beklagte im Sommer 1943, dieses Verbot sei nicht konsequent durchgesetzt worden (OKRASSA 2004: 333, 338).

störte aber Raabe nicht die Zuordnung des Jazz zur ‚Entarteten Musik‘, sondern lediglich die Angriffe auf einige Vertreter der Neuen Musik.[37] Das weiße und reine „hohe Kulturgut deutscher Musik"[38] ist sein Gegenbegriff zur schwarzen und „dreckigen" „Niggermusik" und dem dortigen improvisatorischen Prinzip. Sie stand seinem Ideal des am großen sinfonischen Werk orientierten „Kulturorchesters" diametral entgegen. Raabes Kampf nahm in seiner Diktion immer wieder harsche Töne an:

> Wenn die Musik im Dritten Reich allmählich [...] an das Volk herankommen und ihm Freude bringen soll, die es zur Arbeit und zum Lebenskampfe stählt, so muß vorher mit eisernem Besen ausgekehrt werden, was diesem Volke den Sinn mit Unkunst vernebelt. (RAABE 1935a: 14f.)

Raabes attackierte martialisch alles „Kulturfeindliche" und wollte die Wurzeln des Übels „finden und ausreißen" (RAABE 1935a: 12). Die Reichsmusikkammer müsse sich nach Raabes Vorstellungen darum kümmern, „Kitsch und Schund" durch eine „Reinigung" des Musiklebens auszumerzen. Vor allem müsse man denen die Gastfreundschaft kündigen, die „undeutsches und [den] Geschmack verseuchendes Zeug" verbreiteten und sich damit überall einschlichen. Die RMK könne der deutschen Kultur einen großen Dienst erweisen, „um dem deutschen Wesen Gesundheit und Kraft zu erhalten." (RAABE 1937: 93f.) Okrassa kommt in ihrer umfangreichen Raabe-Forschung zu dem Ergebnis, dessen Einstellung hinsichtlich der „Säuberung" des Musiklebens von Unterhaltungsmusik und Jazz sei rigoroser gewesen als die von Goebbels (OKRASSA 2004: 332).

Sowohl bei der Ausstellung zur *Entarteten Musik*[39] als auch in der NS-Literatur war es üblich, dem Jazz seinen angeblichen jüdischen Einfluss anzudichten.[40] Zwar war Raabe in seinen Schriften hinsichtlich einer antisemitischen Begrifflichkeit zunächst zurückhaltender als andere Autoren. Sein Verhältnis zu seinen jüdischen Musikerkollegen blieb in

---

37 Das wird bekräftigt durch die Erklärung über die *Entartung im Tanzwesen* vom 1. Juli 1939, die Raabe unterzeichnete (OKRASSA 2004: 334).

38 Zitat aus der *Tarifordnung* 1938.

39 Raabe hatte hinsichtlich dieser Düsseldorfer Ausstellung Bedenken, da sein alter Gegenspieler Hans Severus Ziegler in seiner Ausstellung auch manche Kompositionen zeitgenössischer Musik denunzierte, die Raabe dem „Kulturgut deutscher Musik" zurechnete. Den Begriff ‚Entartete Musik‘ benutzte Raabe ausschließlich im Zusammenhang mit dem Jazz.

40 Ein anonymer Autor konstatiert in der Zeitschrift *Musik im Kriege*, diese angebliche „Musik" widerstrebe dem deutschen Kulturempfinden. „Diesem echten Kulturgut und Volksbesitz gegenüber bedeutet es eine Beleidigung und Schande für unser Volk, die Afterkultur der verjudelten und verniggerten Jazzmusik überhaupt anhören zu müssen." (N. N. 1943/44; GERIGK 1944; 1938: 686)

seiner Aachener Zeit vorerst ungeklärt.[41] Umso deutlicher offenbarte er 1940 seine Einstellung und schrieb über die „bodenlose Verflachung des gesellschaftlichen Lebens":

> Der entscheidende Einfluß bei allem, worauf es hier ankommt, lag bei den Juden. Jüdisch waren sehr viele Unterhaltungsmusiker, waren sehr viele Kapellmeister, waren fast alle Vermittler von Kapellen, fast alle Unternehmer von Unterhaltungsmusikveranstaltungen und vor allem die weitaus meisten Komponisten der Musikstücke, die da gespielt wurden. (RAABE 1940: 309)

Okrassa fasst zusammen, Raabes Diktion verweise „deutlich auf antisemitische Denkmuster" (OKRASSA 2004: 392).

Raabe ließ also keine Zweifel, welche kulturpolitischen Ziele er verfolgte und welche Gesinnung er vertrat. Offensichtlich hatten die nationalsozialistischen Machthaber Gefallen an den Anschauungen des Aachener GMD und waren beeindruckt von seinem Musikkonzept und den in Aachen umgesetzten Zielen und beriefen ihn im Juli 1935 zum Präsident der RMK.

Raabe konnte nun sein deutschnationales Musikkonzept im ganzen Land durchsetzen. Friedrich Mahling sah die auf Breitenförderung zu setzende Aufgabe der Reichsmusikkammer darin, dass sie eine „umfassende Kulturpolitik betreibt, die der Ganzheit unseres Musiklebens, die dem Wollen des ganzen deutschen Volkes entspricht." (MAHLING 1934: 52) Raabe setzte hingegen Schwerpunkte, die seinem elitäreren Verständnis entsprachen. Er verdeutlichte 1937 in einem kurzen Beitrag zu Wesen und Aufgabe der RMK, diese müsse sich insbesondere den arbeitsrechtlichen Verhältnissen der Musiker annehmen (RAABE 1937: 93). Innerhalb der RMK war Raabe insbesondere zuständig für die Reichsmusikerschaft, in der die Fachschaft der Orchestermusiker als erste aufgeführt war (IHLERT 1935: 28). Es wundert kaum, dass Raabe in der Beseitigung der Probleme der deutschen Orchester die oberste Priorität sah. Bei der Betrachtung seines Lebenswerkes klingt es durchaus glaubhaft, seine Hauptmotivation bei der Annahme des Präsidentenamtes in der Schaffung dieser Kulturorchester-Tarifordnung zu sehen.[42] Derartige Tarifordnungen wurden auf der Grundlage des Gesetzes zur Ordnung der nationalen Arbeit vom Reichstreuhänder der Arbeit er-

---

41   Raabe äußerte sich erst später zu seinem jüdischen Aachener Kollegen Paul Pella, denn dieser sei ein „rücksichtslos sich vordrängelnder Judenbengel" gewesen (Okrassa 2004: 392).

42   Okrassa stellt zwar fest, Raabes kulturpolitische Ziele seien unter anderem 1938 mit dieser *Tarifordnung* umgesetzt worden (OKRASSA 2004: 323). Es muss aber kritisch angemerkt werden, dass sie sich nicht weiter mit dieser zentralen kulturpolitischen Zielsetzung Raabes befasst.

lassen und hatten im Gegensatz zu einem unter zwei Partnern auszuhan-
delnden Tarifvertrag den Charakter einer Rechtsverordnung.[43] Gemäß
dieser Vorschrift musste der Orchesterträger festlegen, in welche der
sechs verschiedenen Klassen das Orchester eingruppiert werden sollte, die im höchsten Falle zu einem monatlichen Einkommen von 7.000
Reichsmark zuzüglich Wohnungsgeldzuschuss und Leistungszulagen
bis zu 700 Reichsmark führten. In der Präambel dieser *Tarifordnung
für die deutschen Kulturorchester* vom 30.03.1938 (TO.K) heißt es:[44]

> (1) Die deutschen Kulturorchester haben in besonderem Maße die Aufgabe, das
> hohe Kulturgut deutscher Musik im Volke lebendig zu erhalten.
> (2) Die Erfüllung dieser Aufgabe bedingt bei Führung und Gefolgschaft eine
> Dienstauffassung im Sinne nationalsozialistischer Weltanschauung.
> [...]
> §1 Geltungsbereich
> [...]
> Kulturorchester sind diejenigen Orchesterunternehmen, die regelmäßig Opern-
> dienst versehen, oder Konzerte mit ernst zu wertender Musik spielen.

Die in der Tarifordnung vorgenommene Betonung, die öffentlich geförderten Kulturorchester führten „Konzerte mit ernst zu wertender Musik"
auf, spielt – als Rechtfertigung der besonderen Förderungswürdigkeit –
auf diese „geheiligten Bezirke des Schöpferischen", auf die Verbindung
zwischen Musik und Religion, an (RÜHLMANN 1942: 474). Raabe
spricht von „Sinfonien und anderen ernsten Werken" (RAABE 1935b:
56). Er begründet sein radikal durchgesetztes Musikdenken damit, das
deutsche Volk sei der „Träger der höchsten musikalischen Kultur dieser
Erde" (RAABE 1935a: 20; POTTER 1998: 11). Diese Auffassung fand in
der oben genannten Präambel ihren Niederschlag in der Formulierung
vom hohen Kulturgut deutscher Musik.

Mit der *Versorgungsanstalt der deutschen Kulturorchester* (VddKO)
wurde 1938 eine auf diese Tarifordnung Bezug nehmende Versorgungs-
einrichtung gegründet, die heute der Bayerischen Versorgungskammer
zugeordnet ist und deren Satzung bis heute (sic!) Bezug nimmt auf die
TO.K von 1938.[45]

---

43 AOG vom 20.1.1934, *Reichsgesetzblatt*, I, S. 45.
44 *Reichsarbeitsblatt* 1938, VI, S. 597, Tarifregister-Nr. 2329/1.
45 Satzung der Versorgungsanstalt der deutschen Kulturorchester vom 30. April 1938 mit
    den einschlägigen weiteren Vorschriften und Regelungen. 2013 feierte diese Anstalt
    ihr 75-jähriges Jubiläum und gab aus diesem Anlass die Festschrift *75 Jahre Orches-
    terversorgung 1938-2013* heraus. Rolf Bolwin, der Vorsitzende des Deutschen Büh-
    nenvereins, äußert sich im Grußwort dieser Festschrift (S. 6) zu dieser Problematik:
    Die VddKo „hätte es spätestens zum Hundertsten verdient, auf neue gesetzliche Füße
    gestellt zu werden." In einem Schreiben der VddKO an den Verfasser dieses Beitrages

5. Das Kulturorchestersystem nach 1945

Es gehört zur Paradoxie der deutschen Geschichte, dass es ab 1945 zwar Entnazifizierungsverfahren, aber keinen radikalen Neuanfang gab. Das lässt sich eindrücklich am offiziellen Musikleben aufzeigen. Wer beispielsweise in den 1950er-Jahren in den deutschen Musikhochschulen nach einem Ausbildungsbereich „Jazz/Afroamerikanische Musik' suchte, tat dies vergeblich. Wer in dieser Zeit im Musikleben deutscher Städte nach finanziell großzügig ausgestatteten Jazz-Referaten suchte, fand diese ebenfalls nicht vor. Die existenziellen Bedingungen für Oboisten und Jazzsaxophonisten waren keinesfalls gleich, denn Förderung wurde primär Musikern zuteil, die klassische Instrumente spielten. In puncto Existenzabsicherung wäre ein Jazzsaxophonist nach 1945 besser beraten gewesen, ein Orchesterinstrument zu lernen, zumal Jazz in den 1950er-Jahren immer noch als ,Negermusik' beschimpft wurde.

Die Kulturorchester befanden sich in der Nachkriegszeit nicht mehr unter der direkten Obhut der Träger, eines Landes oder einer Stadt, denn sie kamen nun in den Zuständigkeitsbereich des zentralen Arbeitgeberverbandes *Deutscher Bühnenverein* (VOSS 1970: 561). Das konnte den Orchestern insofern sehr recht sein, weil man offensichtlich nicht auf die in der NS-Zeit geschaffenen zentralistischen Strukturen verzichten wollte, gewährleisteten die doch eine große kulturpolitische Machtstellung.

Die Orchester sahen sich dann nicht ausreichend vom *Deutschen Bühnenverein* vertreten. So wurde 1952 die Orchestergewerkschaft *Deutsche Orchestervereinigung* (DOV) auf der Basis der alten *Tarifordnung für die deutschen Kulturorchester* (TO.K) gegründet (MERTENS 2001: 17). Wichtige Entscheidungen zu den Kulturorchestern wurden im Folgenden zwischen diesen beiden Verbänden ausgehandelt.[46] Hermann Voss beschrieb die tarifliche Situation des Jahres 1957 und führte die TO.K im Wortlaut auf, die für „die im Deutschen Reich beschäftigten Orchestermusiker" gelte. In den Erläuterungen blieb diese eklatante politisch-rechtliche und kulturpolitische Problematik unkommentiert (VOSS 1970: 7, 67). Am 01.04.1964 wurde für die nach wie vor geltende TO.K eine Änderung rechtskräftig, es erfolgte die Einordnung der Or-

---

wird konzediert: „Allein es bleibt der Makel, weiterhin eine Rechtsgrundlage aus dem ,Dritten Reich' zu haben" (MELZER/VddKO an Felbick, 12.12.2013, AZ C - a 44).

46 Die Konstellation dieser zwei Verhandlungspartner galt ab 1981, denn bis zu diesem Zeitpunkt stand die Gewerkschaft *Öffentliche Dienste, Transport und Verkehr* (OTV) der DOV auf der Arbeitnehmerseite zur Seite. Seit 1981 wird dieser Tarifvertrag nur noch vom *Deutschen Bühnenverein* (DBV) und der DOV unterzeichnet.

chester in Vergütungsgruppen, die allein von der Besetzungsgröße abhängig waren (MERTENS 2001: 18). Nach diesem Modell, das für das
Verständnis des heutigen Systems grundlegend ist, sollten verschiedene
Mitgliederzahlen der Orchester auch deren Leistungsstärke definieren:
die A-Orchester mit einer Kopfstärke von 99 Musikern, die B-Orchester
mit einer Kopfstärke von 66 Musikern, die C-Orchester mit einer Kopfstärke von 56 Musikern und die D-Orchester mit einer Kopfstärke von
49 Musikern (LUDWIG 1979).

Erst 1971/72 wurde die alte *Tarifordnung* durch den neuen *Tarifvertrag für die Musiker in Kulturorchestern* (TVK) ersetzt. Die in § 1
der TO.K geäußerte Definition des NS-Rechtsbegriffs Kulturorchester
hat bis heute in der gleichlautenden Formulierung des § 1 des TVK noch
Gültigkeit.[47]

Die in der Nachkriegszeit erfolgte Kritik am Kulturorchestersystem
wurde zum Teil in der DOV-Gewerkschaftszeitschrift veröffentlicht. So
schrieb Siegfried Borris im Jahre 1972: „Denn das bloße Verharren im
konservativem Anspruch, das Pochen auf den schönen Glanz kulturellen Erbes, enthält unter den möglichen Alternativen die geringsten Zu-
kunftschancen für den Fortbestand der Orchester der Bundesrepublik."
Immerhin sei nach 1945 ein neuer Kulturbegriff entstanden. Das „heutige Standardorchester genügt dem Repertoire relevanter Komponisten
im Jahr 1972 nicht mehr." Deshalb sei es sinnvoll, „das Orchester der
Zukunft als Inbegriff variabler Instrumenten-Ensembles zu konstituieren." (BORRIS 1972: 634, 635, 637). Allerdings sah die DOV keinen ge-
nerellen Reformbedarf. Die kulturpolitisch einflussreichen Vertreter der
Kulturorchester setzten sich auch gegenüber der Kulturpolitik durch, die
eine Reform der Institution Sinfonieorchester gefordert hatte (GRUBE
1998: 16, 17). Ebenso folgenlos blieb die vom Präsidenten der Hochschule für Musik Hamburg, Hermann Rauhe, geäußerte Forderung, im
Zusammenhang mit dem Phänomen des beklagten „Niedergangs der
klassischen Musik", sei nun eine „seriöse und umfassende Ursachenfor-
schung [...] vonnöten." (RAUHE 1997: 6)

In jüngsten Veröffentlichungen der DOV werden die deutschen Kulturorchester als eine Gruppe von Musikern und Musikerinnen begriffen,
die sich für den Erhalt der „weltweit einzigartigen deutschen Orchesterkultur" einsetzen. Gegenüber der Öffentlichkeit wird erklärt, dass „unser
weltweit einmaliges Kulturerbe" bei den als unzureichend empfundenen

---

47 Viele weitere Formulierungen der beiden Verträge stimmen noch bis heute überein
    (MERTENS 2001: 17).

Lohnabschlüssen gefährdet sei.[48] Der Unterschied zur Weimarer Republik besteht darin, dass die Orchestervertreter im 21. Jahrhundert nicht mehr von einem common sense der deutschen Öffentlichkeit ausgehen können, die in der Musik die ‚deutscheste der Künste' sehen. Nicht wenige musikinteressierte Bürger blicken inzwischen kritisch auf die „weltweit einzigartige deutsche Orchesterkultur".[49]

Zum 30-jährigen Jubiläum des TVK widmete Gerald Mertens der nationalsozialistischen Vorgeschichte des Vertrages wenige Zeilen, sprach aber die Problematik dieser NS-Historie nicht an, sondern ging stattdessen ausführlich auf die Historie des TVK ein, dessen „inhaltliche Keimzelle" er in der nationalsozialistischen Tarifordnung sah (MERTENS 2001: 17). Der Autor zitierte in einem anderen Beitrag den prominenten Orchesterkritiker Ernest Fleischmann, der einen Reformbedarf bei der Strukturierung der Orchesterlandschaft kritisch angemerkt hatte: „Es ist unsere Aufgabe, diesen Wandel zu gestalten und zu lenken, um zu verhindern, daß aus dem Wandel ein Aussterben wird." (MERTENS 1999: 5; MATEJCEK 1992: 1314-1316)

6. Diskussion und Ausblick

Dem NS-Rechtsbegriff Kulturorchester haftet seine unrühmliche Begriffsgeschichte an. Einen vergleichbaren Ausdruck gibt es für andere Klangkörper nicht, denn niemand käme auf die Idee, von Kultur-Chö-

---

48 <http://www.fr-online.de/frankfurt1/staedtische-buehnen~oper---schauspiel-Opern orchester-im-warnstreik,1472798.24507944.html> [15.01.2014]; s. die Pressemitteilung der DOV: <http://www.dov.org/pressereader/items/heute-aktions-und-warn-streiktag-der-deutschen-kulturorchester.html> [15.01.2014].

49 JACOBSHAGEN (2000: 17) nennt Beispiele von andersartigen Orchesterfinanzierungen wie sie in den USA und Großbritannien üblich sind. So sei der Etat des Londoner Royal Philharmonic Orchestra lediglich zu 6 % durch die öffentliche Hand gedeckt. In Deutschland sind etwa 85 % der Gesamtausgaben der „Kulturorchester" durch die öffentliche Hand gedeckt. Eine besondere Situation ergab sich nach der Wende durch die besonders große Konzentration der Orchesterdichte in der ehemaligen DDR (JACOBSHAGEN 2000: 19; MÜLLER-HEUSER 1992: 132). Die Orchesterdichte und die Anzahl der beschäftigten Musiker in West- und Ostdeutschland aus den Jahren 1940 und 1966 wurde miteinander verglichen: Im Gebiet der damaligen BRD habe man demzufolge 1966 gegenüber 1940 eine Zunahme von 15,8 % an Orchestern und 39,4 % an Orchestermusikern zu verzeichnen. Im Gebiet der ehemaligen DDR sei dieser Zuwachs um ein Vielfaches höher, denn hier sei eine Zunahme von 68,7 % an Orchestern und 116,1 % an Orchestermusikern festzustellen (VOSS 1970: 563). Inwiefern hier eine politisch ideologische Rahmung, die zu diesem Zuwachs führte, vorliegt, wäre noch zu untersuchen.

ren, Kultur-Streichquartetten oder gar von Kultur-Jazzbands zu sprechen. Eine besondere Hervorhebung eines Kultur-Klangkörpers vor
allen anderen Klangkörpern bleibt abstrus und weckt Erinnerungen an
düstere Zeiten deutscher Geschichte. Nicht nur der Begriff selbst, sondern auch die Absurdität der im Tarifrecht verankerten Definition ist
offensichtlich. Mit dem Begriff Kulturorchester seien nicht nur solche
mit regelmäßigem ‚Operndienst' gemeint, sondern auch jene, die ‚Konzerte mit ernst zu wertender Musik' spielen. Wer sollte diese in der NS-
Zeit vorgenommene Definition heute noch nachvollziehen können, der
klassisch-sinfonischen Musik hafte eine besondere ‚Ernsthaftigkeit' an?
Die meisten Kulturschaffenden und Kulturpolitiker haben sich von der-
artigen Wertungen verabschiedet (FINGER 1970). Das obskure Kriterium der musikwissenschaftlich nicht zu fassenden „Ernsthaftigkeit" ist
als vormalige Rechtfertigung eines exklusiven Förderanspruchs bei Kulturorchestern aber immer noch existent. Man wird bei der einstufenden
Bewertung dieses E-Musiklebens, an dem auch die GEMA festhält, mit
Verwunderung feststellen können, dass die Musik des abendländischen
Kulturraums von Musikfunktionären eher als E-Musik eingestuft wird
als die Musik anderer Kulturkreise.[50] Es ist ein skandalöses Phänomen
der deutschen Kulturgeschichte, dass die Mitglieder der Kulturorchester
als Profiteure der NS-Kulturpolitik nicht auf diese E/U-Trennung verzichten möchten und als Gewerkschaftsmitglieder keine Änderungsan-
träge zu den entsprechenden Formulierungen im Tarifvertrag stellen.[51]

Andererseits wiederum werden nicht automatisch alle deutschen
Orchester, die ‚Konzerte mit ernst zu wertender Musik' aufführen, in
die Liste der Kulturorchester aufgenommen. International anerkannte
Gruppierungen wie das *Freiburger Barockorchester* oder das *Ensemble
Modern Orchestra* werden beispielsweise hier nicht erwähnt.

Die problematischen Konsequenzen der Geschichte der Kulturorchester sollen in Form eines kritischen Ausblicks konkretisiert werden,
denn die in der NS-Zeit besonders gefestigten und ab 1945 weiter aus-
gebauten, gewachsenen Strukturen führten zu nicht nachvollziehbaren
kulturpolitischen Schwerpunktsetzungen. Nicht selten veranschlagen
die Städte für die Förderung der kulturellen Vielfalt jenseits der traditionellen sinfonischen Musikkultur nur einen verschwindend kleinen Teil
des Musiketats. Die Stadt Aachen, überregional als positiver Musterfall

---

50 Die Einstufung der Jazzkomposition *Strange Fruit* als Unterhaltungsmusik ist bei-
    spielsweise absurd.
51 Jazzsaxophonisten, die man nicht als Profiteure der NS-Kulturpolitik bezeichnen kann,
    haben mit der Reform dieser E/U-Kategorien weniger Probleme.

für besonderes bürgerschaftliches Engagement in Fragen der musikalischen Vielfalt gerühmt, kann hier wieder als Beispiel dienen.[52] In der Spielzeit 2012/13 wurde für die sinfonische Musikkultur gemäß einer Aufstellung des Theaters Aachen vom 18.09.2013 ein Grundbetrag in Höhe von 7.912,3 TEuro ausgegeben. Hinzuzurechnen ist ein prozentualer und nicht genau zu bestimmender Anteil an Gemeinkosten, die für Musik und Schauspiel mit insgesamt 21.151,6 TEuro angegeben wurde. Bei sehr vorsichtiger Schätzung könnte man einen Anteil von mehr als 30 % von diesen Gemeinkosten für die Sparte Musik annehmen. So kann man für das sinfonisch besetzte städtische Musikleben von Gesamtkosten in Höhe von mehr als 14-16 Millionen Euro ausgehen. Für die Förderung der sonstigen Musikkulturen standen im Vergleichszeitraum knapp 71 TEuro zur Verfügung.[53] In der studentisch geprägten Kaiserstadt, der ehemaligen Wirkungsstätte Peter Raabes, wird also etwa 0,5 % des Städtischen Musiketats für die Förderung des nicht-sinfonischen Musiklebens veranschlagt.

Für das Spektrum der großen musikalischen Vielfalt vom Beginn der Musikgeschichte bis zum Farbenreichtum aktueller andersartiger Musikkulturen können und wollen sich die Kulturorchester nicht zuständig fühlen. Angesichts dieser Proportionen kommunalpolitischer Musikförderung klingt die Analyse zur vermeintlichen kulturellen Vielfalt von Christian Höppner, Generalsekretär des *Deutschen Musikrates*, absurd: „Die Aufnahme der deutschen Theater- und Orchesterlandschaft in das bundesweite Verzeichnis des immateriellen Kulturerbes ist ein großer Erfolg für die kulturelle Vielfalt in unserem Land."[54]

Die Verantwortung für diesen Missstand liegt nur bedingt bei den Mitgliedern der Kulturorchester, zumal diesen die Begriffsgeschichte bislang weitgehend unbekannt zu sein scheint. Ein Antrag der Gewerkschaftsmitglieder zur kritischen Auseinandersetzung mit der eigenen

---

52   Aachen wird zwar als eine von neun NRW-Städten dargestellt, die sich der zeitgenössischen Musik und dem Jazz gegenüber besonders aufgeschlossen zeigt (ZAHN: 42-52). Aber man vermisst eine adäquate Sichtbarwerdung dieser gerühmten musikalischen Vielfalt im Städtischen Haushalt.

53   Die Förderung der nicht-sinfonischen Musik ist den online zur Verfügung gestellten Angaben des Aachener Haushaltes zur „Kulturarbeit außerhalb der Städtischen Einrichtungen" (kleine und große KaStE) zu entnehmen [27.06.2013]. Der hier angegebene Förderbetrag in Höhe von 71 TEuro bezieht sich auf das Haushaltsjahr 2012, der für zwölf ‚freie‘ Konzertinitiativen (Neue Kammermusik, Jazz, etc.) zur Verfügung gestellt wurde. Ein erheblicher Teil dieser Fördersumme floss als Raummiete, die für die Nutzung städtischer Räume erhoben wurde, an die Stadt zurück.

54   <http://www.musikrat.de/globals/neuigkeiten-detailseite/article/deutsche-theater-und-orchesterlandschaft-ist-immaterielles-kulturerbe.html> [14.04.2015].

Historie ist derzeit nicht zu erkennen. Auch grundsätzliche Veränderungen seitens der kommunalen Kulturpolitik sind unwahrscheinlich, denn die in Ratsgremien ehrenamtlich tätigen Kulturpolitiker fühlen sich gegenüber den deutschlandweit agierenden Verbänden in der Regel überfordert. Die dort hauptamtlich tätigen und optimal im Musikleben, in der überregionalen Kulturpolitik und in den Medien vernetzten Profis sind Kommunalpolitikern an Sachkompetenz in Sachen Orchesterpolitik um ein Vielfaches überlegen. Auch durch Doppelfunktionen in den Spitzenpositionen des DOV und des *Deutschen Musikrats* wurden Einflussnahmen geschaffen, die von den verantwortlichen Kulturpolitikern kaum zu durchbrechen sind. So können sich einflussreiche Lobbyisten weiterhin dafür stark machen, dass die Förderung einer primär sinfonischen Musik noch bis ins 21. Jahrhundert wirksam bleibt. Nach unserer Einschätzung wissen die Lobbyisten zumeist nicht, in welcher Tradition sie agieren – und sie wollen es nachweislich auch nicht wissen.[55] Anstelle einer kritischen Auseinandersetzung mit der NS-Geschichte versucht die Orchestergewerkschaft, den Begriff Kulturorchester als Fachbegriff für eine weltweit existierende Orchesterkultur zu etablieren und behauptet, Kulturorchester existierten auch im Ausland. So heißt es in einer Pressemitteilung der DOV: „Weltweit werden rund 560 professionelle Kulturorchester gezählt."[56] Angesichts der Begriffsgeschichte zeugt es von historischer Naivität und Ignoranz, den Eindruck zu erwecken, man könne die so grundverschiedenen Orchestertraditionen außerhalb Deutschlands unter dem NS-Rechtsbegriff Kulturorchester subsummieren.[57]

Ab 1945 entwickelte sich ein neuer Kulturbegriff. Komponisten interessierten sich kaum noch für diese von den Nazis so geschätzte musikalische Monumentalarchitektur, etliche Künstler wurden zu markanten Kritikern des starren Kulturorchestersystems.[58] Ein gesellschaftlicher Konsens über die angeblich große kulturelle Bedeutung der deutschen

---

55 Die Versuche des Autors, die Thematik innerhalb der DOV zur Sprache zu bringen, blieben entweder ohne Reaktion oder wurden mit zynischem und unmissverständlichem Desinteresse kommentiert.

56 *Deutsche Orchesterlandschaft als UNESCO-Weltkulturerbe? DOV-Delegiertenversammlung beschließt einstimmig Resolution* (Pressemeldung der DOV vom 14.05.2009).

57 Auch gelegentlich vernommene Verharmlosungen, Hitler habe schließlich auch Autobahnen gebaut, wird der kulturgeschichtlichen Problematik nicht gerecht.

58 „Die Orchestermusiker haben die Komponisten verraten, im Stich gelassen (seit 50 Jahren immer mehr). Das ist nicht wieder zu reparieren." (Karlheinz Stockhausen an Lutz Felbick, 21.05.1997).

Sinfonik wird zwar öfters behauptet, kann aber nach unserer Einschätzung bei kulturinteressierten Hörern nicht mehrheitlich vorausgesetzt werden.

Die Rezeption und Akzeptanz von anspruchsvollen Radioprogrammen macht deutlich, dass sich eher die Wertschätzung der verschiedensten Weltmusiken gesellschaftlich durchgesetzt hat. Der vormalige Nationalstolz auf deutsche Orchester und die hier gepflegte Sinfonik sind kaum noch relevant – bei allem Respekt gegenüber den damals sehr einflussreichen Freunden von Wagneropern oder Mahler-Sinfonien. Eine kritische Betrachtung des mit deutsch-nationalem ‚Geschmäckle‘ behafteten Begriffs Kulturorchester und der damit in historischer Hinsicht verbundenen kulturpolitischen Akzentuierung auf das Kulturorchestersystem ist mehr als überfällig.

Literatur

ALT, Michael (1936a): *Deutsche Art in der Musik*. Leipzig: Eichblatt.

ALT, Michael (1936b): Richard Wagner nationalsozialistisch gesehen. – In: *Die Musik* 28, 844f.

BEBEY, Francis (1994): *Africa Sanza oder wie Gott sich einmal die Langeweile vertrieb*. Wuppertal: Hammer.

BOETTICHER, Wolfgang (1938): Deutsch sein heißt unklar scheinen. – In: *Die Musik* 30, 399-404.

BORRIS, Siegfried (1972): Orchester in der kulturpolitischen Planung. – In: *Das Orchester* 20, 634-638.

ENGELMANN, Günther (1988): Zündet die Symphonieorchester an! – In: *Das Orchester* 36, 490ff.

EHRMANN, F. (1926): Merkt auf, deutsche Orchestermusiker, die Grundfesten Eurer Existenz beben! – In: *Das Orchester* 4, Mitteilungsblatt zur Ausgabe vom 15.02., XIII-XV.

FELBICK, Lutz (²1994): Art. ‚Aachen‘. – In: *Die Musik in Geschichte und Gegenwart 2*. Sachteil Bd. 1. Kassel: Bärenreiter/Metzler, Sp. 1-7.

FINGER, Heinz (1970): Weltgeltung der deutschen Musik- und Orchesterkultur? – In: *Das Orchester* 18, 567ff.

FRITZSCHE, Peter (1996): Did Weimar fail? – In: *Journal of Modern History* 68, 629-656.

FRÖHLICH, Elke (1998): *Die Tagebücher von Joseph Goebbels*. Teil 1: Aufzeichnungen 1923 – 1941. Bd. 4: März - November 1937. München: Saur.

GERIGK, Herbert (1938): Was ist mit der Jazzmusik? – In: *Die Musik* 30, 686.

GERIGK, Herbert (1944): Die Jazzfrage als eine Rassenfrage. – In: *Musik im Kriege* 3, 41-45.

GRUBE, Cornelius (1998): Zehn Jahre nach Fleischmanns provokanten Thesen. – In: *Das Orchester* 46, 16-20.

HASSE, Karl (1934a): *Von deutschen Meistern: zur Neugestaltung unseres Musiklebens im neuen Deutschland: ausgewählte Aufsätze*. Regensburg: Gustav Bosse.

HASSE, Karl (1934b): Nationalsozialistische Grundsätze für die Neugestaltung des Konzert- und Opernbetriebes. – In: Presseamt der Reichsmusikkammer (Hg.), *Kultur, Wirtschaft, Recht- und die Zukunft des deutschen Musiklebens*. Berlin: Parrhysius, 261-276.

HERNRIED, Robert (1926a): Orchestersorgen. – In: Cunz, Rolf (Hg.), *Deutsches Musikjahrbuch 4*, 64-72.

HERNRIED, Robert (1926b): Orchestersorgen. – In: *Das Orchester 3*, 231f.

HERNRIED, Robert (1931): Frontalangriff gegen die Kulturorchester und Theaterplanwirtschaft durch Notverordnung. – In: *Zeitschrift für Musik 98*, 863-866.

HEYMEL, Michael (2006): *Wie man mit Musik für die Seele sorgt*. Ostfildern: Gründewald.

HOLL, Karl (1928): Jazz im Konservatorium. – In: *Melos 7*, 30ff.

IHLERT, Heinz (1935): *Die Reichsmusikkammer. Ziele, Leistungen und Organisation*. Berlin: Junker und Dünnhaupt.

IHLERT, Heinz (1938): Sinn und Aufgaben der Reichsmusikkammer. – In: Ders., *Musik im Aufbruch*. Berlin: Junker und Dünnhaupt, 7-17.

JACOBSHAGEN, Arnold (2000): *Strukturwandel der Orchesterlandschaft: die Kulturorchester im wiedervereinigten Deutschland*. Köln: Dohr.

JERS, Norbert (2012): Das nationalistische Projekt einer deutschen Musik und die Musikforschung im Rheinland. – In: Pietschmann, Klaus/Zahn, Robert v./Ferber, Wolfram/ Ders. (Hgg.), *Musikwissenschaft im Rheinland um 1930: Bericht über die Tagung der Arbeitsgemeinschaft für rheinische Musikgeschichte in Köln, September 2007 (= Beiträge zur rheinischen Musikgeschichte, 171)*. Kassel: Merseburger, 358-396.

JOHN, Eckhard (1994): *Musikbolschewismus. Die Politisierung der Musik in Deutschland 1918-1938*. Stuttgart, Weimar: Metzler.

KATER, Michael H./RIETHMÜLLER, Albrecht (Hgg.) (2003): *Music and Nazism: Art Under Tyranny, 1933 – 1945*. Laaber.

KHAN, Hazrat Inayat Khan (1987): *Musik und kosmische Harmonie aus mystischer Sicht*. Heilbronn: Heilbronn.

KRIEGER, Erhard (1937): *Das innere Reich deutscher Musik*. Köln: Tonger.

KUBISCH (1924): Über die Rechtsgültigkeit des Tarifvertrages. – In: *Das Orchester 1*, 41-51.

KULZ, Werner (1926): Vertretertagung des Reichsverbandes Deutscher Orchester und Orchestermusiker in Darmstadt. – In: *Zeitschrift für Musik 93*, 365f.

LUDWIG, Heinz Ludwig (1979): Die Problematik des Kopfstärkeschemas bei der Einstufung der Kulturorchester. – In: *Das Orchester 27*, 809-817.

MAHLING, Christoph-Hellmut (1997): Art. ,Orchester'. – In: *Die Musik in Geschichte und Gegenwart 2*. Sachteil Bd. 7. Kassel: Bärenreiter, Sp. 811-851.

MAHLING, Friedrich (1934): Kultur, Wirtschaft, Recht- und die Zukunft des deutschen Musiklebens. – In: Dreyer, Ernst Adolf (Hg.), *Deutsche Kultur im Neuen Reich. Wesen, Aufgabe und Ziel der Reichsmusikkammer*. Berlin: Schliffen, 47-54.

MATEJCEK, Jan V. (1992): Die Zukunft eine Herausforderung? Zur Situation kanadischer und nordamerikanischer Orchester. – In: *Das Orchester 40*, 1314ff.

MERTENS, Gerald (1999): Amerikanische Verhältnisse. – In: *Das Orchester 37*, 2-13.

MERTENS, Gerald (2001): 30 Jahre TVK. – In: *Das Orchester 49*, 17-20.

MERTENS, Gerald (Hg.) (2003): *50 Jahre Das Orchester. Beiträge zu 500 Jahren Orchesterkultur.* Mainz: Schott.

MÜLLER-HEUSER, Franz (1992): Tradition und Verpflichtung. Die deutsche Orchesterlandschaft. – In: *Das Orchester* 40, 132ff.

MÜLLER-JABUSCH, Maximilian (1931): *Handbuch des öffentlichen Lebens: Staat, Politik, Wirtschaft, Verkehr, Kirche, Presse.* Hrgs. von Maximilian Müller-Jabusch. Berlin, Leipzig: Köhler.

NEHRING, Wolfgang (Hg.) (2000): *Wilhelm Heinrich Wackenroder/Ludwig Tieck: Phantasien über die Kunst.* Stuttgart: Reclam.

N. N. (1924): Bericht über Vertreterversammlung. – In: *Die Musik* 16, 794.

N. N. (1926): Die Vertreterversammlung des R.D.O. (1.Teil). – In: *Das Orchester* 11, Mitteilungsblatt, XLI-XLIII.

N. N. (1930), Gegen den Orchesterabbau. – In: *Zeitschrift für Musik* 97, 404.

N. N. (1933): Gegen Härten der Sparverordnungen. – In: *Zeitschrift für Musik* 100, 266.

N. N. (1943/1944): Verbot des Jazz und ähnlich entarteter Musik in Sachsen. – In: *Musik im Kriege* 1, 75.

N. N. (1943/44): Ein Arbeitsjahrzehnt der Reichsmusikkammer in Stichworten. – In: *Musik im Kriege* 1, 195f.

OKRASSA, Nina (2004): *Peter Raabe – Dirigent, Musikschriftsteller und Präsident der Reichsmusikkammer (1872-1945).* Köln: Böhlau.

PESSENLEHNER, Robert (1937): *Vom Wesen der deutschen Musik.* Regensburg: Gustav Bosse.

PEUKERT, Detlev J. K. (1989): *Die Weimarer Republik Krisenjahre der klassischen Moderne.* Frankfurt/M.: Suhrkamp.

PFITZNER, Hans (1920): *Die neue Ästhetik der musikalischen Impotenz. Ein Verwesungssymtom?* München: Verl. d. Südd. Monatshefte.

PIETSCHMANN, Klaus/ZAHN, Robert v./FERBER, Wolfram/JERS, Norbert (Hgg.) (2012): *Musikwissenschaft im Rheinland um 1930: Bericht über die Tagung der Arbeitsgemeinschaft für rheinische Musikgeschichte in Köln, September 2007* (= Beiträge zur rheinischen Musikgeschichte, 171). Kassel: Merseburger.

PORSCH, Ronny (2003): Fiedler, Pfeifer, Klangartisten. – In: *Das Orchester* 51, 15ff.

POTTER, Pamela M. (1998): *Most German of the Arts: Musicology and Society from the Weimar Republic to the End of Hitler's Reich.* New Haven [u. a.]: Yale Univ. Press [dt. 2000: *Die deutscheste der Künste: Musikwissenschaft und Gesellschaft von der Weimarer Republik bis zum Ende des Dritten Reichs.* Stuttgart: Klett-Cotta].

RAABE, Peter (1924): Wie denke ich über den deutschen Orchestermusiker? – In: *Das Orchester* 1924, 48f.

RAABE, Peter (1926a): Deutsches Musikwesen und deutsche Art. – In: *Allgemeine Musikzeitung. Wochenschrift für das Musikleben der Gegenwart* 53, 737f.

RAABE, Peter (1926b): Franz Liszt und das Werk von Bayreuth. – In: *Das Orchester* 1926, 158ff.

RAABE, Peter (1934a): Vom Neubau deutscher musikalischer Kultur (Rede vom 16.02.1934). – In: *Zeitschrift für Musik* 101, 256-273.

RAABE, Peter (1934b): Vom Neubau deutscher musikalischer Kultur (Rede vom 16.02.1934).
– In: Presseamt der Reichsmusikkammer (Hg.), *Kultur, Wirtschaft, Recht- und die Zu-kunft des deutschen Musiklebens*. Berlin: Parrhysius, 204-240.

RAABE, Peter (1935a): Die Musik im dritten Reich (Rede vom 07.06.1934). – In: Ders.,
Kulturpolitische Reden und Aufsätze. Bd. 1: Die Musik im dritten Reich. Regensburg:
Gustav Bosse, 9-24.

RAABE, Peter (1935b): Vom Neubau deutscher musikalischer Kultur (Rede vom 16.02.1934).
– In: Ders., *Kulturpolitische Reden und Aufsätze*. Bd. 1: Die Musik im dritten Reich.
Regensburg: Gustav Bosse, 25-67.

RAABE, Peter (1935c): Schreiben vom 16. Oktober 1935. – In: *Funk und Bewegung* 5/11.

RAABE, Peter (1936a): Adolf Hitlers Kulturwille und das Konzertwesen, (Rede vom Ok-tober 1933). – In: Ders., *Kulturpolitische Reden und Aufsätze*. Bd. 2: Kulturwille im
deutschen Musikleben. Regensburg: Gustav Bosse, 9-12.

RAABE, Peter (1936b): Stadtverwaltung und Chorgesang (Rede aus dem Jahr 1928) . – In:
Ders., *Kulturpolitische Reden und Aufsätze*. Bd. 2: Kulturwille im deutschen Musikle-ben. Regensburg: Gustav Bosse, 26-41.

RAABE, Peter (1936c): Rede zur Feier des 50jährigen Bestehens des Hamburger Lehrer-Gesangvereins. – In: *Zeitschrift für Musik* 103, 1457.

RAABE, Peter (1937): Wesen und Aufgabe der Reichsmusikkammer. – In: Hinkel, Hans,
Handbuch der Reichskulturkammer. Berlin: Dt. Verl. f. Politik u. Wirtschaft, 91-94.

RAABE, Peter (1939): Über die Werktreue und ihre Grenzen. Ein Vorwort zu einem noch zu
schreibenden Buch. – In: Hoffmann, Hans/Rühlmann, Franz (Hgg.), *Festschrift Fritz
Stein zum 60. Geburtstag*. Braunschweig: Litolff, 153-160.

RAABE, Peter (1940): Um die Unterhaltungsmusik. – In: *Die Musik-Woche* 8, 309.

RAABE, Peter (1942): Antwort auf die Umfrage: „Wie steht der ernste Musiker zur Unter-haltungsmusik?" – In: *Das Podium der Unterhaltungs-Musik* 1942, 241f.

RANK, Adolf (1950): *Das Kulturorchester und seine Bedeutung*. Regensburg: Bosse.

RAUHE, Hermann (1997): Die Orchesterentwicklung in Deutschland. – In: *Das Orchester*
45/12, 6-11.

RÜHLMANN, Franz (1942): Peter Raabe. Bild seines Wesens und Wirkens. – In: *Zeitschrift
für Musik* 109, 473-478.

SCHERCHEN, Hermann (1920): Antwort auf Hans Pfitzner. – In: *Melos* 1, 20.

SCHMIDT, Rudolf (1972): Orchesterkonferenz 1971. – In: *Das Orchester* 20, 633.

SCHNEIDER, Marius (1964): *Die Natur des Lobgesangs*. Basel: Bärenreiter.

SONNER, Rudolf (1938): Aufbau und Kultur seit 1933. – In: *Die Musik* 30, 434-440.

STAEHELIN, Martin (1981): Art. ‚Orchester'. – In: Riethmüller, Albrecht (Hg.), *Handwör-terbuch der musikalischen Terminologie*. Mainz: Schott.

STEINWEIS, Alan E. (1993): *Art, Ideology, and Economics in Nazi Germany: The Reich
Chambers of Music, Theater, and the Visual Arts*. Chapel Hill: North Carolina UP.

THELEN-FRÖHLICH, Andrea Therese (2000): *Die Institution Konzert zwischen 1919 und
1945 am Beispiel der Stadt Düsseldorf*. Kassel: Merseburger.

VOSS, Hermann, (1957): *Das Tarifrecht der Mitglieder der deutschen Kulturorchester,
Kulturorchestertarifordnung (TO.K) nebst Änderungen unter Berücksichtigung der
Tarifverträge vom 6.10.1956 und 21.9.1957*. Mainz: Das Orchester.

VOSS, Hermann (1970): Zum Förderprogamm für die Kulturorchester und Musiktheater in der Bundesrepublik Deutschland. – In: *Das Orchester* 18, 561-569.

ZAHN, Robert v. (Hg.) (2014): *Neue Musik in Nordrhein-Westfalen: Die neun Gesellschaften für Neue Musik zwischen Aachen und Lippe.* Kassel: Merseburger.

ZIEMER, Hansjakob (2008): *Die Moderne hören: das Konzert als urbanes Forum, 1890-1940.* Frankfurt/M.: Campus.

ARBEITS- UND
TAGUNGSBERICHTE

Die Zukunft beginnt heute!

Strategien für die Kulturszene Schweiz
Tagung des Studienzentrums Kulturmanagement
der Universität Basel

BRIGITTE SCHAFFNER
Studienzentrum Kulturmanagement, Universität Basel

Corresponding Author
Brigitte Schaffner, Universität Basel, SKM Studienzentrum Kulturmanagement
Steinengraben 22
CH-4051 Basel
E-Mail: brigitte.schaffner@unibas.ch

> *Kultur für alle war vorgestern,*
> *Professionalisierung war gestern,*
> *cultural entrepreneurship ist heute*
> *– und was ist morgen?*

Das Studienzentrum Kulturmanagement der Universität Basel, 2002 im Zuge eines Professionalisierungstrends in der Kultur gegründet, lancierte im vergangenen Mai 2014 mit der Tagung *Die Zukunft beginnt heute!* eine Diskussion, die in der Oktoberausgabe des Magazins von *swissfuture* mit dem Titel *Die Zukunft der Kulturszene* fortgesetzt wurde. Ist die Kulturszene der Schweiz vorbereitet auf die Zukunft? Sind die Akteure aufmerksam genug, um neue Trends zu erkennen und aufzugreifen? Wie könnte denn diese Zukunft aussehen und was bedeutet das für unsere heutige Tätigkeit als Kulturmanager/-innen, Kulturschaffende und Kulturförderer?

Benno Schubiger, Direktor der *Sophie und Karl Binding Stiftung*, zeigte zu Beginn der Tagung eindrücklich auf, welch große Dynamik in den letzten fünfzehn Jahren in der Schweizer Kulturszene geherrscht hat: Unzählige neue Museen, Literaturhäuser, Festivals und Kulturpreise entstanden und sowohl aus öffentlichen wie privaten Quellen flossen überdurchschnittlich viele Mittel in den Kulturbereich. Kultur hat als Thema in der Gesellschaft an Relevanz gewonnen, die Akteure haben sich professionalisiert und weitergebildet; Managementkenntnisse sind inzwischen eine Selbstverständlichkeit. Zudem wurden neue Strukturen definiert, nicht zuletzt auch im kulturpolitischen Bereich, indem 1999 Kultur als Politikfeld erstmals in der Schweizer Verfassung verankert

Zeitschrift für Kulturmanagement, 2/2015, S. 119-125
doi 10.14361/zkmm-2015-0207

wurde, gefolgt von der Ausarbeitung des ersten nationalen Kulturförder-
gesetzes, das 2009 in Kraft trat und 2012 in der ersten Kulturbotschaft
für eine Vierjahresperiode konkretisiert wurde. Im Zuge dieser Entwicklungen musste von Seiten der Kulturakteure Lobbyarbeit betrieben werden, Netzwerke wurden gegründet und Verteilkämpfe ausgefochten, ja
auch radikale Ansätze diskutiert, wie in der umstrittenen Publikation
zum drohenden *Kulturinfarkt*. Das große Wachstum der ganzen Kulturszene führt hin zu einem Kampf nicht nur um Ressourcen, sondern
primär um Aufmerksamkeit. Sind die Grenzen nun erreicht? Was steht
uns bevor?

3 x 4 Prognosen[1] bildeten die Basis für die Tagung, um den Blick in
die Zukunft und die Diskussionen möglichst klar zu fokussieren. Lisa
Fuchs und Brigitte Schaffner als Studienleitung des Studienzentrums
Kulturmanagement erarbeiteten sie zusammen mit Absolvent/-innen,
die sich in ihren Diplomarbeiten mit Zukunftsthematiken auseinandergesetzt hatten, Benno Schubiger und Basil Rogger, Dozent im Master-
programm Kulturmanagement und Vorstandsmitglied von *swissfuture*.
Letzterer verdeutlichte in seinem Inputreferat, dass die Beschäftigung
mit der Zukunft eine lange Geschichte hat. Erst seit der neuen Natur-
wissenschaft des 17. Jahrhunderts wird Zukunft jedoch positiv besetzt:
Invention, Innovation und auch künstlerische Kreation werden gesucht
und gefördert. Prognostik ist eine alte Kulturtechnik. Ihre primäre
Funktion ist es, eine Handlungsanleitung für die Gegenwart zu bieten,
um Entscheidungen besser treffen zu können. Im Blick sind immer mehrere mögliche Versionen von Zukunft, die nicht als gegeben, sondern als
gestaltbar verstanden wird. Die konkret für die Tagung erarbeiteten Prognosen wurden auf der Basis des Fachwissens der beteiligten Personen,
Analysen der aktuellen kulturellen Entwicklungen und publizierten Szenarien z. B. zum Wertewandel in der Schweiz 2030 ausformuliert und
mit kurzen und bewusst auch provokanten Titeln versehen. Die Prognosen bezogen sich auf 3 Handlungsfelder: Rahmenbedingungen und
Finanzierungsmodelle für Kultur (Geld und Geist), Programm und Publikum (Brot und Spiele) und Arbeitsmodelle und Organisationsstruk-
turen im Kulturbereich (Milch und Honig). Die Tagung wich von üblichen Formaten ab, indem diese Felder zuerst in drei von Karin Salm,
Kulturredakteurin des Schweizer Radio und Fernsehens, geleiteten Ge-

---

1   Die ausführlichen Prognosen können auf der Website: <https://kulturmanagement.
unibas.ch/> unter ‚Kulturmanagement im Diskurs' eingesehen werden. Sie sind ebenfalls vollständig in *swissfuture. Magazin für Zukunftsmonitoring* 2014/3 abgedruckt.

sprächsrunden besprochen wurden. Im Anschluss diskutierten auch die
Tagungsteilnehmenden die Prognosen.

1. Rahmenbedingungen und Finanzierungsmodelle für Kultur

Philippe Bischof und Thomas Pauli als Vertreter der öffentlichen Kulturförderung, Hedy Graber als Leiterin einer privaten Förderinitiative
und Guy Krneta, kulturpolitisch engagierter Autor, diskutierten über die
Prognosen zur Kulturförderung, die als Kreations- oder in jüngerer Zeit
Vermittlungsförderung zukünftig zu Konsumförderung, Verkaufsförderung oder Wirtschaftsförderung wird. Auch der Einfluss der ‚Crowd' auf
das Verteilen von Mitteln stand im Fokus.

Alle Podiumsteilnehmer betonten zum Einstieg, dass die Frage
nach der Zukunft in ihrem Arbeitsalltag wichtig ist. Gerade in Zeiten
des wachsenden Drucks auf Staatsaufgaben muss man sich im Klaren
sein, was für die Zukunft wichtig ist und was vielleicht nur ein flüchtiger
Trend, so Thomas Pauli und auch Philippe Bischof. Hedy Graber kann
freier agieren und versteht sich als ‚Scout', die frühzeitig Entwicklungen unterstützen kann. Die Verantwortung, die Kulturförderer auch für
langfristige Entscheidungen tragen, wird durchaus auch als belastend
empfunden.

*Prognose: Kulturförderung wird zu Konsumförderung/Verkaufsför-
derung.* Konsum- und Verkaufsförderung lösten unter den Podiums-
teilnehmern wenig Widerspruch aus, da sie als ergänzend zur Produk-
tionsförderung wahrgenommen wurden, und Einigkeit herrschte, dass
Kunst von breiten Bevölkerungskreisen konsumiert werden sollte und
auch Mittel in die Kommunikation oder den Verkauf fließen dürfen.
Guy Krneta erwartet Verkaufsförderung primär für Kunst, die sich nicht
selbst auf einem Markt behaupten kann.

Prognose: Kulturförderung wird zu Wirtschaftsförderung. Dass in Zukunft ökonomisch ausgerichtete Anlässe, beispielsweise im Bereich des
Tourismus, der Stadtentwicklung oder der Kreativwirtschaft aus Kultur-
töpfen gefördert werden, wurde heftig abgelehnt. Im Zentrum der Förderung sollten kulturelle und nicht wirtschaftliche Ziele stehen, dessen
war man sich einig.

Prognose: Kulturförderung beugt sich der Crowd. Über die Rolle der Crowd bzw. des breiten Publikums bei der Auswahl von förderungswürdigen Projekten herrschte eine größere Unsicherheit. Kulturförderung verstehen die Gesprächsteilnehmer weiterhin klar als die Aufgabe von Fachpersonen. Guy Krneta wehrte sich als Schriftsteller vehement dagegen, dass Steuergelder aufgrund von Sympathien und dem Mobilisieren einer Masse verteilt werden. Bei den Förderern war jedoch zu spüren, dass sie ihre Entscheide auch legitimieren wollen und interessiert beobachten, wofür sich Nutzer mittels Crowdfunding entscheiden.

2. Programm und Publikum

Sibylle Lichtensteiger, Leiterin des *Stapferhauses* (Haus der Gegenwart), Boris Nikitin, Theatermacher und Kurator, Martin Zimper, Leiter Audiovisuelles an der Zürcher Hochschule der Künste sprachen über die neue Macht des Publikums und die Vermischung von Produktion und Rezeption; über das Live-Erlebnis in Zeiten der digitalen dauernden Verfügbarkeit und über die Bedeutung von Nischen.

Die Haltung dieser Gesprächsrunde zur Beschäftigung mit der Zukunftsperspektive unterschied sich von der ersten: Der Theatermacher betonte, dass ihn das Einwirken auf die aktuelle Gesellschaft viel mehr interessiere als der Blick in die Zukunft. Sibylle Lichtensteiger wies darauf hin, dass Kulturförderer durchaus wissen sollten, was sie in Zukunft bewirken möchten, Kunstschaffende jedoch nicht zwingend, es müsse auch eine Liebe zum Ungewissen sein dürfen.

Prognose: Zielgruppen diktieren die Programme. Martin Zimper zeigt auf, dass es zukünftig einfacher sein wird, das Publikum über Netzwerke und Communitys einzubeziehen. Die bewusste Ausrichtung des Programms auf ein Zielpublikum wird von den Teilnehmern jedoch als unsinnig wahrgenommen. Den Theatermacher interessiert nicht primär das Publikum, das er schon kennt, er erhebt den Anspruch, alle erreichen zu wollen und die künstlerische Integrität zu wahren. Oft bewirken Förderinstanzen (auch diese sind Zielgruppen) durch ihre Vorgaben dennoch eine bestimmte Ausrichtung von Projekten, gibt Sibylle Lichtensteiger zu bedenken.

Prognose: Das Publikum sucht Halt im Realen/Die Grenzen zwischen Produktion und Rezeption lösen sich auf. Die totale Inklusion des Publikums und die Vermischung von Produktion und Rezeption wie sie in Netzcommunitys oder z. B. auf YouTube schon jetzt zu beobachten ist, wird sich nicht auf Kulturinstitutionen übertragen lassen. Sibylle Lichtensteiger betonte, dass auch in ihren interaktiven Ausstellungsformaten die Autorschaft klar bei der Kulturinstitution liege und sie die Verantwortung für die Inhalte nicht abgebe. Es herrscht eine Diskrepanz zwischen der Lust am eigenen Remixen und Kuratieren von Inhalten im Internet und der doch passiven Haltung als Kulturkonsument/-in. Das mediale gleichzeitige Verarbeiten eines Live-Kulturerlebnisses könnte im Kulturbereich noch stärker unterstützt und eingefordert werden, so Martin Zimper. Für Boris Nikitin reduziert sich dieses Verarbeiten via Facebook, WhatsApp und Twitter jedoch oft auf den menschlichen Herdentrieb und die Sicherheit, dort zu sein, wo auch andere sind.

Prognose: Nur Nischenkultur bleibt überlebensfähig. Der Wunsch nach einer eigenen Nische und einem Austausch mit Gleichgesinnten durch das Bilden von Communitys, wie sie im Internet etabliert sind, kann auch die Kulturszene bereichern. Ökonomisch rechnet sich die Nische jedoch oft nicht, und Boris Nikitin erhebt wiederum den künstlerischen Anspruch, eine ganze Gesellschaft zu erreichen und mehrere Öffentlichkeiten anzusprechen.

3. Arbeitsmodelle und Organisationsstrukturen

Andreas Ryser, Musiker und Labelbesitzer, Andrea Thal, Leiterin des Kunstraums *Les Complices* und Kuratorin und Martin Tröndle, Juniorprofessor für Kunstbetriebslehre und Kunstforschung, widmeten sich den Prognosen zum Untergang des Intendantenmodells und Aufstieg des Amateurs, sprachen über Komplizenschaft und Konkurrenz und darüber, dass Kulturmanager/-innen nicht mehr Produkte, sondern Prozesse managen werden.

Zuerst jedoch durchbrach Martin Tröndle den vorgesehenen Rahmen, indem er ein Plädoyer dafür hielt, sich vorher um zentrale Fragen zu kümmern wie die Definition des Gegenstands der Tagung: Geht es um Kultur oder um Kunst? Wozu soll denn Kunst da sein, außer um die Egos der Kunstschaffenden zu befriedigen? Für welche Gesellschaft soll denn Kunst gemacht werden und auf welche Weise? Ist es gerecht, dass aktuell fast nur die großen Kulturinstitutionen finanziell unterstützt werden und praktisch alle öffentlichen Fördermittel wieder in staatliche Kulturinstitutionen fließen? Die Wichtigkeit dieser Fragen war unbestritten, der Fokus auf dem Podium wurde dennoch darauf gelegt, sich Gedanken zu machen, wie mit zukünftigen Herausforderungen umzugehen sei.

Prognose: Die Zeit des Superintendanten ist abgelaufen/Komplizenschaft und Konkurrenz gehen Hand in Hand. Ob die Zeit der großen Intendanten bald abgelaufen sei, war umstritten. Andrea Thal zeigte auf, dass Strukturen in Kulturbetrieben oft gewachsen sind und somit ein Stadttheater auch eine andere Kultur und ein anderes Publikum hat als eine freie Theatergruppe, was denn auch zu eher hierarchischen oder eben kollektiven Organisationsformen führt. Dass sich neu eine kollektivere Arbeitsform flächendeckend durchsetzen werde, schien eher unsicher, denn zu oft wird gerade für das Marketing eine Identifikationsfigur benötigt. Klar scheint, dass Kulturprojekte aber kaum mehr ohne Netzwerke und wechselnde Kooperationen realisiert werden können. Andreas Ryser, mit seinen Musikprojekten und Vertriebskanälen oft seiner Zeit voraus, sieht durch wechselnde Zusammenarbeit kein Problem hinsichtlich Konkurrenz: solange er etwas Gutes produziere, setze sich das auch durch. Durch die Flut an Kulturproduktionen (im Jahr 2008 z. B. kamen allein in den USA 104.000 neue Musikalben auf den Markt) werde es jedoch immer schwieriger, genügend zu verdienen, um von der Tätigkeit im Kulturbereich leben zu können.

Prognose: Die Amateure erobern die Szene. Viele verdienen bereits heute ihr Geld anderswo und machen ihre Kunstprojekte gewissermaßen als Amateure. Diese Tendenz wird sich wohl verstärken. Dass dies kein neuer Trend sei, wurde von Martin Tröndle aufgezeigt: Schon Richard Wagner habe seine Werke von Amateuren aufführen lassen wollen. Nach Andrea Thals Erfahrung hätten Amateure oft mehr Freiheiten und Möglichkeiten als die schon fast überprofessionalisierten Institutionen, die mehr Energie in Strukturen und Prozesse stecken müssen als in die künstlerischen Inhalte.

Prognose: Der Kulturmanager wird zum Prozessmanager. Und wie verändert sich nun die Rolle der Kulturmanager/-innen, wenn das alte Paradigma der Professionalisierung überholt ist? Sie sollen Teilhabe an Kultur ermöglichen, finden die Podiumsteilnehmenden. Um dieses Ziel zu erreichen, ist es zentral, weniger auf die Produktion von Kultur als auf deren Wahrnehmung einwirken zu können. Wie Kulturmanagementausbildungen auf diese neuen Aufgaben vorbereiten, wird eine Herausforderung der Zukunft sein.

4. Austausch und Fazit

Die fast 170 Teilnehmenden der Tagung diskutierten in deren Schlussteil die Prognosen und Erkenntnisse aus den Podiumsgesprächen selbst in einem World-Café-Setting, wobei kaum neue Themen dazu kamen. Wo es um Förderung ging, stand fest, dass sich Kultur heute legitimieren muss. Der Kultursektor ist als wichtiger Teil der Wirtschaft anerkannt. Die Förderung hingegen muss nach der Erwartung der Tagungsteilnehmenden zukünftig klarer definieren, was mit welcher Begründung als förderungswürdig erachtet wird, und soll Gewicht auf den Zugang zu Kultur legen. Inhaltlich wollen sich die Kulturakteure nicht dreinreden lassen. Partizipation und das Erlebnis der Teilhabe an Kultur sollen v. a. über neue Kommunikationsformen gestärkt werden. Eine Generationenfrage scheint die Zunahme von Amateuren als Akteure der Kulturszene zu sein: Viele aus der älteren und etablierteren Generation von Kulturschaffenden können sich noch nicht von der Forderung lösen, dass ihre Arbeit im Kulturbereich auch monetär etwas wert sein soll, wohingegen die jüngere Generation Freiheiten erkennt, unabhängiger von Auflagen und Richtlinien agieren zu können.

Und was ist morgen? Ein eindeutiger, neuer Trend ließ sich nicht ablesen, dazu blieben die Diskussionen doch zu stark in der bekannten Gegenwart verhaftet. Kommunikation wird zukünftig einen noch größeren Stellenwert erhalten, sei es in den Budgets der Institutionen, um in der Multioptionsgesellschaft genügend Aufmerksamkeit zu erreichen, mit dem Publikum in einen stärkeren Dialog treten zu können, oder sei es auch in der alltäglichen Arbeit in vernetzten Strukturen. Benno Schubiger hielt abschließend fest, dass der Blick in die Zukunft aufgezeigt habe, dass es der Kulturszene in der Schweiz noch gut geht, obwohl die Angst vor dem Verlust an Autonomie der Kunst spürbar ist.

Die Tagung sollte dazu anregen, sich den Luxus zu leisten, über das Tagesgeschäft hinaus in die nahe und fernere Zukunft zu blicken. Auch wenn sich herausstellte, dass es anspruchsvoll ist, wirklich über Zukunftsszenarien zu sprechen, so schaffte sie es, auch durch ihren dialogischen Aufbau, anzuregen und für Themen zu sensibilisieren, denn die Zukunft beginnt schon heute.

„Was alle angeht. Oder: Was ist heute populär?"

Reflexionen zur Jahrestagung der Dramaturgischen
Gesellschaft aus Perspektive des Kulturmanagements

BIRGIT MANDEL

Institut für Kulturpolitik, Universität Hildesheim

Corresponding Author
Prof. Dr. Birgit Mandel, Institut für Kulturpolitik, Universität Hildesheim
Universitätsplatz 1
D-31141 Hildesheim
E-Mail: mandel@uni-hildesheim.de

1. Vorbemerkungen

„Was alle angeht. Oder: Was ist (heute) populär?" Unter dieser bemer-
kenswerten Fragestellung tagten die Dramaturgen der großen Theater-
häuser der deutschsprachigen Länder im Februar in Linz. Explizit fragte
die Tagung danach, wann das Programm eines Theaters relevant wäre
für die Gesellschaft in ihrer Breite, relevant für eine gesamte Stadtbe-
völkerung und nicht nur das zumeist akademische Stammpublikum. Bemerkenswert daran ist, dass damit erstmalig von einer Mitgliederorgani-
sation des *Deutschen Bühnenvereins* die künstlerische Programmpolitik
der Theater hinterfragt wird, die ansonsten dem Bereich der Kunstauto-
nomie zugerechnet wird und nicht an potentiellen Publikumsinteressen
zu orientieren sei.

Ein Credo, das übrigens auch in der deutschsprachigen Literatur
zum Kulturmarketing bislang als unumstößlich galt: So sehr man dort
über mögliche Differenzierungen und Innovationen in den Bereichen
Kommunikations-, Distributions-, Preis- und Servicepolitik reflektierte,
die Produkt- bzw. Programmpolitik wurde nicht als Element der Markt-
bearbeitung thematisiert, zumindest nicht für die öffentlichen Kultureinrichtungen mit dem Auftrag, qualitätsvolle Kunst zu bieten.

Bemerkenswert an dieser Tagung war auch, dass es diesmal nicht
Experten für Marketing- oder Vermittlung/Kulturelle Bildung waren,
die sich Gedanken machen, wie das Theater für eine breitere Bevölke-

Zeitschrift für Kulturmanagement, 2/2015, S. 127-135
doi 10.14361/zkmm-2015-0208

rung attraktiv und zugänglich werden könnte, sondern Dramaturgen, die an den Schaltstellen der künstlerischen Programm-Macht sitzen. „Lassen sich Kunstanspruch und Popularität miteinander verbinden, oder ist der Versuch, populär zu sein der Ausverkauf an den Kommerz?", so lautete dann auch eine der Schlüsselfragen der Veranstalter, die die Brisanz des Themas verdeutlicht. Zwar wird seit einigen Jahren von Theaterschaffenden anerkannt, dass es notwendig ist, sich um eine ansprechende Kommunikation, attraktive Rahmenbedingungen und eine niedrigschwellige Vermittlung zu kümmern, um neues Publikum zu generieren und eine Überalterung des Stammpublikums auszugleichen. Inzwischen gibt es vielfältige erfolgreiche Beispiele für Audience-Development-Maßnahmen, die mit populären Kommunikationsformen und -medien (u. a. Guerillamarketing und Viralem Marketing), mit Outreach-Maßnahmen, Events im öffentlichen Raum, über Kooperationen und kulturelle Bildungsprogramme mit vielfältigen Partnern und Key-Workern ‚Schwellen senken' und neue Zielgruppen an Theater heranführen.

Neben den Kommunikations- und Präsentationsformaten auch die künstlerischen Programme und den damit verbundenen klassischen Kanon auf Attraktivität und Relevanz für neue Publikumsgruppen zu hinterfragen, war bislang nicht Thema.

Dabei deuteten Ergebnisse der Evaluation von Audience-Development-Maßnahmen schon länger darauf hin, dass langfristig neues, anderes Publikum aus bislang nicht kunstaffinen Milieus nur dann erreicht und gebunden werden kann, wenn sich auch die Programme für diese als attraktiv erweisen (KAWASHIMA 2000; MORTON/ARTS COUNCIL UK 2004; MANDEL 2013). Popularität, also eine hohe und breit gestreute Bekanntheit, kann zwar durch populäres Aufmerksamkeitsmanagement geschaffen werden, braucht jedoch auch eine Entsprechung in der Qualität der Artefakte selbst, um nachhaltig zu sein. In einer sich stark v. a. durch Migration, Internationalisierung und Digitalisierung wandelnden Gesellschaft verändern sich kulturelle Interessen, Ansprüche und Kulturverständnisse. Damit gerät das öffentlich geförderte Theater als die finanziell am höchsten geförderte Kulturform in Deutschland unter Veränderungsdruck, wenn sie auch zukünftig noch ein zentraler Kulturort für die Gesellschaft bzw. die jeweilige Stadtöffentlichkeit sein will.

2. Hochkultur versus Populärkultur

Naheliegend ist die Annahme, dass Popularität eng verknüpft ist mit dem Aspekt der Unterhaltung. So steht das Motiv der „guten Unterhaltung" bei den repräsentativen Bevölkerungsbefragungen zu Kulturinteresse und Kulturnutzung immer an erster Stelle (ZENTRUM FÜR KULTURFORSCHUNG 2011; 2012: 46). Eine Chance, populär zu werden, hätte demnach vor allem dasjenige kulturelle Angebot, das von vielen Menschen als unterhaltsam wahrgenommen wird.

> Kunst möchte das Publikum verändern (bilden, erbauen, als moralische Anstalt wirken), Unterhaltung möchte vom Publikum verändert werden (aktiv genutzt, möchte gefallen, antizipiert Publikumswünsche, verändert sich durch diese),

so formuliert es u. a. der Kultursoziologe McKee (2013: 764). Populäre Kultur hat keinen Bildungs- und Belehrungsanspruch. Mit der jeweiligen Kulturform verbunden sind nicht nur unterschiedliche Präferenzen der verschiedenen sozialen Milieus, sondern auch je spezifische Rezeptionsweisen. In Anlehnung an Nietzsche beschreibt der Kulturphilosoph Robert Pfaller, Hochschule Linz, in seinem Vortrag ein apollinisches, distanziertes, reflektiertes bildungsbürgerliches Muster für die Aneignung klassischer Kunst und ein dionysisches exzessives Rezeptionsmuster für die Aneignung des Populären. Der Kultursoziologe Jörn Ahrens, Universität Gießen, prognostizierte in seinem Eröffnungsvortrag die kulturelle Hegemonie der Populärkultur: „Die Unterwerfung an die Hochkultur bröckelt. Populärkultur ist die neue Leitkultur." In der Populärkultur würden die zentralen Symbole für die kulturelle Verfasstheit der Gesellschaft produziert: Heute gelte jemand als kultureller Analphabet, der die populärkulturellen Themen, Stars, Zeichen nicht kennt. Und dennoch sei kulturpolitisch betrachtet die Hochkultur bislang noch immer die legitime Kultur (Bourdieu), die sich gegen Vergnügen in der Kunst wende und die in den klassischen Institutionen vom Staat erhalten wird, damit sie überleben kann. Barbara Hornberger, Kulturwissenschaftlerin an der Universität Hildesheim im Fach Populäre Kultur, bescheinigte dem Theater hohe Beharrungstendenzen. Im Gegensatz zum Fernsehen sei es ein ‚Dinosaurier', der nicht darauf ausgerichtet ist, populär zu sein. Unterhaltung sei das leicht Zugängliche, betone die kommunikative Dimension, sei Schnittstelle zwischen Textuellem und Sozialem, womit unterhaltsame Programme weder besser noch schlechter seien, sondern nur anders. Theaterrezeption stelle hingegen immer noch den Anspruch, anstrengend sein zu müssen. Der Versuch, mit neuen Medien wie Video oder Computerspielen Popularität in das Theater zu bringen, ist aus ihrer Sicht zum Scheitern verurteilt: Das Populäre hänge nicht am Medium, sondern an der Intention der Produzenten: zu unterhalten oder zu belehren.

Möglicherweise befürchten Theater, wenn sie Programme inszenieren, die für alle oder zumindest viele attraktiv sind, den Ansprüchen eines gebildeten bürgerlichen Stammpublikums sowie der Fachöffentlichkeit nicht mehr gerecht zu werden und ihre Distinktionsfunktion für eine bestimmte gesellschaftliche Gruppe zu verlieren, und sie grenzen sich auch deswegen gegen das Populäre ab.

3. Die (typisch) deutsche Trennung zwischen E- und U-Kultur

Sind attraktive und populäre Programme künstlerisch minderwertig? Barrie Kosky, Intendant der Komischen Oper in Berlin und dort höchst erfolgreich in der Publikumsgewinnung mit seiner neuen, als ausgesprochen populär wahrgenommen Programmpolitik, benannte in einem Interview auf einer anderen Tagung als eine Herausforderung für den deutschen Kulturbetrieb, die Trennung zwischen der ernsthaften und der unterhaltenden, der E- und U- Kultur aufzuheben und stellte die These auf: „Die Deutschen empfinden eine Art Schuld, wenn sie Spaß haben." Kosky konstatierte, dass auch populäre, unterhaltungsorientierte Formen von hohem künstlerischen Wert sein können, künstlerische Qualität also nichts mit dem Genre oder dem Thema zu tun habe, sondern mit der Machart. Es gäbe komplexere und weniger komplexe künstlerische Werke, was jedoch nicht per se mit einem Genre zu tun habe. Ein Musical, ein sogenanntes Boulevardstück, eine Kleinkunstinszenierung, ein Popsong, eine Hollywood-Komödie wären damit künstlerisch genauso wertvoll wie eine klassische Symphonie, eine Aufführung sogenannter Neuer Musik, eine Sprechtheater-Produktion eines Avantgarde-Autors. Die wertende Unterscheidung in E und U liegt also weniger in den künstlerischen Produktionen selbst als in den normativen Zuschreibungen. Kosky stellte dazu die Hypothese auf, dass diese typisch deutsche Unterscheidung weder vom Publikum noch von den Künstlern vorgenommen werde, sondern derzeit noch vor allem vom meist konservativen Feuilleton hochgehalten würde:

Ich muss sagen, manchmal ist das Feuilleton in Deutschland ganz hinter den Argumenten und der Diskussion zurück. Dort wird der Begriff Musical oder der Begriff Entertainment als etwas Schlechtes bezeichnet. Da ist dann über das, was ich mache, zu lesen: Fast wie ein Musical! Fast in die Richtung Unterhaltungstheater. Das Wort Entertainment ist im Deutschen negativ besetzt. Entertainment, ‚to delight‘ im Sinne von jemanden vergnügen und entzücken und ‚to intoxicate‘, zu berauschen ist ein großer Teil der Geschichte des Theaters, der DNA des Theaters seit Tag Nummer 1. Seit dem griechischen Theater, seit Shakespeares Theater, Molieres Theater und Tschechows Theater hat es die Aufgabe zu unterhalten und zu berauschen in Tragedy, Comedy, Ritual, Entertainment. Man kann tief berühren und tief komplexe Ideen auf die Bühne bringen und immer noch unterhalten, sprich dafür sorgen, dass Menschen ‚delighted and intoxicated‘ sind. Zwei Worte, die ich jeden Abend im Theater haben möchte, egal wie schwer die Themen sind. (zit. n. MANDEL/RENZ 2014: 12-14)

Auch die deutsch-amerikanische Entertainerin Gayle Tufts bezeichnet den Widerspruch zwischen ernster, also wertvoller und unterhaltsamer, populärer Kultur als ein typisch deutsches Konstrukt, das eigentlich mit der Beziehung zwischen Kunst und Publikum nichts zu tun habe, bei der es natürlich immer auch darum gehe, zu unterhalten, zu faszinieren, Emotionen auszulösen.

Die deutsche Trennung zwischen E- und U-Kultur, zwischen der klassischen Hochkultur und der populären Kultur ist historisch und kulturell tief verwurzelt: Das sich Ende des 18. Jahrhunderts herausbildende klassische Bildungsbürgertums (versinnbildlicht in den Schriften Schillers und Goethes), das sich gegen Pomp und Spektakel des Adels ebenso wie gegen die einfache Volkskultur durch ein gehobenes Kunstverständnis abgrenzte, ist bis heute die zentrale Anspruchsgruppe öffentlich geförderter Kulturinstitutionen wie der Theater. Das durch die Schriften Adorno/Horkeimers Mitte des 20. Jahrhunderts geprägte Misstrauen gegen eine kulturindustriell produzierte Massenkultur, die das Volk manipuliere und verdumme führt bis heute zu einer Abwertung kultureller Artefakte und Veranstaltungen, die auch am Markt erfolgreich sind. ‚Sich vergnügen heißt einverstanden sein‘, was einem intellektuellen, kritischen Weltverständnis per se widerspricht. Und schließlich beinhaltet die zentrale kulturpolitische Fördermaxime in Deutschland der Kunstfreiheitsgarantie und Autonomie der Künste auch, Kunst vor den Ansprüchen des Marktes und des Publikums zu schützen, was zu einem wesentlichen Kriterium öffentlicher Kulturförderung führte: ‚Fördern, was es schwer hat‘ – nicht das, was populär ist.

4. Kanon und Diversifizierung – Spielplangestaltung im Theater

Welche Art von Theaterprogrammen sind besonders populär? Gibt es Programme im Theater, die unabhängig von Alter, sozialer Herkunft, ethnischer Herkunft für alle gleichermaßen interkulturell attraktiv sind?

Dies ist eine entscheidende Frage für die öffentlichen Stadttheater, die den Anspruch zu erfüllen haben für die gesamte Bevölkerung einer Stadt da zu sein.

Die Werkstatistik des *Deutschen Bühnenvereins* 2011/2012 zeigt, dass an den Sprechtheatern immer noch am häufigsten die Klassiker auf dem Spielplan stehen mit Goethes *Faust* an der Spitze, gefolgt von Shakespeares *Sommernachtstraum* und *Michael Kohlhaas* von Kleist. Insgesamt ist die *Zauberflöte* das mit Abstand am meisten gespielte Bühnenwerk in Deutschland.

Die Werkstatistik für das Jahr 2012/2013 hingegen ermittelt die Inszenierung eines aktuellen Jugendromans *Tschick* als das am meisten aufgeführte und auch am stärksten nachgefragte Stück an deutschen Theatern. „Es zeigt sich, dass ein gut erzähltes Stück zum Überraschungserfolg werden kann, was auch erkennen lässt, dass das Publikum an bewegenden Geschichten immer noch ein großes Interesse hat," so wird dazu Rolf Bolwin zitiert in einer Pressemeldung des *Deutschen Bühnenvereins* (Köln, 8.9.2014).

Die höchsten Auslastungszahlen haben insgesamt die Kinder- und Jugendtheater, zum einen sicherlich deswegen, weil sie durch die vielen Schulklassen gut gebucht sind, möglicherweise aber auch aufgrund ihrer Machart, gefolgt vom Musical.

Dramaturg Carl Hegemann bestätigte in seinem Statement auf der Tagung, dass die Spielpläne der Theater überwiegend in Anlehnung an die ‚Hitparade des Deutschen Bühnenvereins' gestaltet würden, wo wenig Raum für Experimente sei und noch weniger für Produktionen, die explizit der Populärkultur zugeschrieben würden. So wurde ihm etwa untersagt, in einem öffentlichen Theater ein Stück von Helge Schneider auf den Spielplan zu setzen. Auch für Hegemann ist das Feuilleton ein wesentlicher Einflussfaktor der konservativen Bewahrung herkömmlicher, bildungsbürgerlicher Theatertraditionen. Gleichzeitig beharrte er darauf: „Grund der Theaterarbeit ist nicht Popularität". Theater müsse sich keineswegs dem Markt anpassen, sondern sei ein Ort der „Forschung und Aufklärung". Und er verwehrte sich im üblichen Tenor von Theatermachern dagegen, mit der Theaterarbeit auch bestimmte Ziele wie etwa die Erweiterung des Publikums strategisch zu verfolgen. Peter Spuhler vom *Badischen Landestheater Karlsruhe* hingegen insistierte darauf, dass Theater ein Ort sein müsse, der allen Bürgerinnen und Bürgern gehört, also auch von den neuen, potentiellen Noch-Nicht-Nutzern her gedacht werden müsse. Hegemann und Spuler stehen damit für zwei unterschiedliche Ansätze, die derzeit parallel im öffentlichen Theaterbetrieb existieren: Inszenieren was einen selbst interessiert als Theatermacher versus Herausfinden, was Menschen anderer sozialer Gruppen am Theater interessieren und welche Schnittstellen es dabei geben könnte.

Da die Strategie der Spezialisierung eines Hauses auf eine bestimmte Art von Programmen und Inszenierungen und damit auch auf eine klar umgrenzte Zielgruppe im Prinzip nur in Metropolen wie Berlin mit einem breiten Theaterangebot möglich ist, dominiert bislang die Strategie eines diversifizierten Spielplans. Darin gibt es das Sprechtheater mit den Klassikerstücken neben gelegentlichen modernen Stoffen und experimentellen Inszenierungen sowie eingänglichere Musiktheaterproduktionen, wobei sich alle Theater aus dem mehr oder weniger gleichen Kanon bedienen. Damit werden die Milieus der gebildeten Bevölkerung bedient, wie diverse Publikumsbefragungen von Theatern sowie Bevölkerungsbefragungen zeigen (FÖHL/GLOGNER 2010). Ein darüber hinausgehendes, breiteres Publikum konnte offensichtlich bislang kaum erreicht werden.

In einer Befragung von Theaterschaffenden aus sechs großen öffentlichen Theatern im Ruhrgebiet zum Thema, mit welchen Programmen ein neues, diverses ‚interkulturelles' Publikum erreicht werden könnte, wurden folgende Kriterien genannt:

- interdisziplinäre Programme;
- Cross-Over-Programme;
- Programme mit Musik (s. a. Operette, Musical);
- Programme mit einer spannenden Story;
- Programme, bei denen man lachen kann;
- Programme in neuen Formaten: Outreach, ungewöhnliche Orte, Open-air;
- Kombination mit Party, Essen und Trinken, sozialer Interaktion;
- Niedrigschwellige Partizipationsmöglichkeit (keine exponierten oder langwierigen Mitmachaktionen);
- Programme, an denen Laien und Profis gemeinsam beteiligt sind (MANDEL 2013).

Gibt es das perfekte Theaterstück?, fragten Annika Scheffel, Philip Schulte und Susanne Zaun in ihrem performativen Impuls auf der Tagung, dem eine Befragung von Menschen aus vielfältigen Bevölkerungsgruppen zugrunde lag. Erwartungsgemäß kamen sie dabei zu dem Fazit, dass es vielfältige und sich widersprechende Ansprüche gibt. Als Minimalkonsens erkannten sie folgende Kriterien: ‚Große Gefühle, spannende Story, identifizierbarer Held und spätestens um 21.45 zu Ende, damit noch Zeit für die Kneipe bleibt.‘ Wie schreibt man populäre Stücke und was kann man dabei von Drehbuchautoren populärer Fernsehserien lernen? Mit dieser Frage beschäftigte sich eine Arbeitsgruppe aus Theater- und Fernsehautoren in einem dreitägigen ‚Writer's Room'. Sie entwickelten erste Kriterien, wobei sie v. a. den Wert kollektiven Schreibens betonten, um vielfältige Perspektiven einzubringen.

Und dennoch: Patentrezepte sind nicht möglich, es gibt kein Schnittmuster für glückende Inszenierungen, die für viele Menschen gleichermaßen relevant und attraktiv sind. Auch die privatwirtschaftlichen Theater, die dem ökonomischen Zwang einer hohen Auslastung unterliegen, kennen den Code nicht, auch hier gibt es hoch erfolgreiche Inszenierungen und solche, die trotz hohem Werbeaufwand nur kurzfristig auf dem Markt bestehen können. Denn künstlerische Kreativität lässt sich nicht standardisieren.

5. Fazit

Deutlich wird: Das Thema „was alle angeht" im Theater ist komplex und beinhaltet derzeit mehr offene Fragen als Antworten. Dass die *Dramaturgische Gesellschaft* mit dieser Tagung offensiv den Dialog darüber eröffnet hat, welche Themen und Inszenierungsweisen für viele Menschen attraktiv, interessant, gewinnbringend sein können und wie Theater mit seinen spezifischen künstlerischen Mitteln populär und relevant für die Bevölkerung einer Stadt werden kann, dürfte ein wichtiger Anstoß für die Reflexion zukünftiger Relevanz öffentlicher Theater sein. Dabei ist zu bedenken, dass eine abstrakte Orientierung am vermeintlichen Geschmack des Massenpublikums weder den künstlerischen Interessen der Theaterschaffenden noch den tatsächlichen Interessen neuer Publikums- und Nutzergruppen entsprechen würde. Gewinnbringender könnte es sein, gemeinsam mit neuen Nutzergruppen, seien es Schülerinnen und Schüler oder Künstler der freien Szene, Programme und Inszenierungen zu entwickeln, in denen alle Seiten ihre Interessen, Themen, ästhetischen Präferenzen einbringen bzw. verhandeln können. Solche Projekte mit neuen Kooperationspartnern erfordern allerdings viel Zeit und Energie und sind bei begrenztem Budget nur möglich, wenn man gleichzeitig die Anzahl der klassischen ‚Kanon'-Inszenierungen verringert. Das Thema der Tagung berührt eine zentrale Frage des Kulturmanagements: das Verhältnis von Markt- und Kunstorientierung. Dass diese sich widersprechen ist eines der selten hinterfragten Paradigmen nicht nur unter Kunstschaffenden, sondern auch im Diskurs des Kulturmanagements. Wenn nun bei der Formulierung des Tagungsthemas nicht von Massenkultur und Trivialkultur als dem Gegensatz zur klassischen Hochkultur die Rede war, sondern von populärer als relevanter Kultur, zeigt dies eine neue Perspektive auf.

Literatur

DEUTSCHER BÜHNENVEREIN (2002): *Auswertung und Analyse der repräsentativen Befragung von Nicht-Besuchern deutscher Theater.* Köln.

FÖHL, Patrick/GLOGNER, Patrick (Hgg.) (2010): *Das Kulturpublikum.* Wiesbaden: VS.

KAWAHIMA, Nobuko (2000): *Beyond the Divisions of Attenders vs. Non-Attenders. A Study into Audience Development in Policy and Practise* (= Centre for Cultural Policy Studies, Research Paper, 6). University of Warwick/UK.

MANDEL, Birgit (2013): *Interkulturelles Audience Development. Zukunftsstrategien für öffentlich geförderte Kulturinstitutionen.* Bielefeld: transcript.

MANDEL, Birgit/RENZ, Thomas (2010): *Barrieren der Nutzung kultureller Einrichtungen. Eine qualitative Annäherung an Nicht-Besucher* <http://www.kulturvermittlung-online.de>.

MANDEL, Birgit/RENZ, Thomas (Hgg.) (2014): *Mind the gap? Zugangsbarrieren zu kulturellen Angeboten und ein kritischer Diskurs über Konzeptionen ‚niedrigschwelliger' Kulturvermittlung* <http://www.kulturvermittlung-online.de>.

McKEE, Alan (2013): The Power of Art, the Power of Entertainment. – In: *Media, Culture and Society* 35/6, 759-770.

MINISTERPRÄSIDENT DES LANDES NRW (Hg) (2010): *Von Kult bis Kultur. Von Lebenswelt bis Lebensart. Ergebnisse der Repräsentativuntersuchung Lebenswelt und Milieus der Menschen mit Migrationshintergrund in Deutschland und NRW.* Düsseldorf.

MORTON, Maddy/ARTS COUNCIL UK (2004): *Not for the Likes of You, Phase two Final Report, How to Reach a Broader Audience.* Edinburgh: Morton Smyth.

SCHULZE, Gerhard (2000): *Erlebnisgesellschaft. Kultursoziologie der Gegenwart.* Frankfurt/M., New York: Campus.

ZENTRUM FÜR KULTURFORSCHUNG (Hg.) (2011): *9. Kulturbarometer.* Bonn: Kulturpolit. Ges.

ZENTRUM FÜR KULTURFORSCHUNG (Hg.) (2012): *2. Jugend-Kulturbarometer.* Köln: ARCult.

Jenseits des standardisierten Fragebogens

Workshop der Arbeitsgemeinschaft ‚Methoden der
empirischen (Kulturnutzer-)Forschung' des
Fachverbands Kulturmanagement am 26.02.2015

THOMAS RENZ
Institut für Kulturpolitik, Universität Hildesheim

VERA ALLMANRITTER
Selbstständige Kulturmanagerin, Berlin / Ext. Doktorandin,
PH Ludwigsburg

Corresponding Author
Thomas Renz, Universität Hildesheim, Institut für Kulturpolitik, Universitätsplatz 1,
31141 Hildesheim
E-Mail: renz@uni-hildesheim.de

Hintergrund des Workshops war die Feststellung, dass der klassische
Fragebogen als Grundlage vieler empirischer Forschungsprojekte im
Kulturmanagement nicht ausgedient hat, der häufige Einsatz des immer
des gleichen Erhebungsinstruments jedoch immer wieder zu ähnlichen
Ergebnissen zu führen scheint. Es stellte sich entsprechend die Frage,
wie neue Formen der Datenerhebung, neue Forschungssettings oder
neue theoretische Rahmen das Erkenntnispotenzial aktueller Kulturmanagementforschung bereichern können. So standen dann auch neue Formate in der empirischen Datenerhebung und kreative Forschungsfragen
im Mittelpunkt der Veranstaltung, zu der sich ca. 30 Interessenten aus
Wissenschaft, Lehre und kulturmanagerialer Praxis in den Räumlichkei-
ten der Macromedia Fachhochschule in Berlin zusammenfanden.

Im ersten Beitrag des Workshops machte Julian Wolf (*stARTistics*, Frankfurt/M.) deutlich, dass bereits eine Professionalisierung der
klassischen Umfrageforschung innerhalb des Kulturmanagements die
Möglichkeiten der Datenerhebung deutlich erweitern kann. In seinem
Beitrag *Big Data in der Kulturbranche* machte er den Besucherfor-
schungsansatz seines Unternehmens deutlich: Jede Befragung wird an
individuelle Bedürfnisse der Kultureinrichtung angepasst, die einzelnen Fragebögen werden allerdings so gestaltet, dass ein Vergleich mit
bisher erhobenen Daten möglich ist. StARTistics entwickelte hierfür ei-
gens eine Datenbank, die automatisch semantisch ähnliche oder gleiche

Zeitschrift für Kulturmanagement, 2/2015, S. 137-140
doi 10.14361/zkmm-2015-0209

Fragen und Antworten miteinander ‚matched'. Diese Standardisierung erlaubt eine Kontextualisierung von Ergebnissen im Sinne von Benchmarking und erweitert somit die Aussagekraft standardisierter Einzelbefragungen.

Wie eine Verknüpfung quantitativer Befragungen mit qualitativen Methoden möglich ist, zeigte Helge Kaul (Züricher Hochschule für angewandte Wissenschaften) in seinem Beitrag *Laddering-Technik in der Besucherforschung*. Das Forschungsprojekt fand am *Swiss Science Center Technorama* in Winterthur stattfand. Für eine tiefergehende Befragung wurde zunächst eine quantitative Strukturierung der Besucherschaft vorgenommen. Anschließend wurden in qualitativen Interviews Vertreter verschiedener Besuchertypen (FALK 2009) tiefergehend zu ihrem Besuchsverhalten befragt. Mittels Laddering-Technik (REYNOLDS/GUTMAN 1988) wurde das Forschungsthema durch Assoziationsketten ergründet, indem bei Interviewpartnern stetig nachgefragt wurde, weshalb sie wie handelten, was ihnen dabei wichtig war und wie sie dies bewerteten. Eine Inhaltsanalyse der verschriftlichten Interviews ermöglichte schließlich die Gestaltung von mehrdimensionalen ‚Assoziations-Bubbles', welche dann Grundlage für Mental-Maps mit verschiedenen Wertsegmenten sind und beispielsweise im Rahmen eines MECCAS-Modell (OLSON/REYNOLDS 1983) zur Entwicklung einer Werbestrategie an Kommunikationsagenturen weitergegeben werden können.

Eine Möglichkeit, wie nicht-sozialwissenschaftliche Verfahren für die empirische Kulturmanagementforschung adaptiert werden können, stellte Dagmar Abfalter (Universität für Musik und darstellende Kunst in Wien) am Beispiel von *Sound Sculpting als performativer Teil im multi-method-framework morphologischer Experience Forschung* vor. Ein interdisziplinäres Forscherteam aus Kulturmanagementforschern und Musikwissenschaftlern untersuchte in diesem Forschungsprojekt in Anlehnung an die Methode des Multisensory Sculptings, die eine multisensorische Darstellung von Markenwissensinhalten von Konsumenten ermöglicht (WALLPACH/KREUZER 2013), die soziale und emotionale Komponente eines Kunsterlebnisses. Da sich nicht-kognitive, auf Gefühlen und Emotionen basierende Komponenten der Rezeption von Musik kaum mit quantitativen oder qualitativen Methoden untersuchen lassen, geht das Sound Sculpting einen anderen Weg: Es bezeichnet ein ganzheitliches körperliches Gestalten von Klang. Probanden konnten in einer experimentellen Situation einen Klang auswählen, um diesen dann in einem Theremin ähnlichen Klangsäule per Hand zu gestalten. Raum und Zeit wurden durch Video- und Tonaufnahme dokumentiert. Diese performative Datenerhebung war eingebettet in eine kurze quantitative und eine längere narrative Befragung der Probanden. Neben einer Evaluation der Methode an sich konnten damit Werthaltungen zum Klang und somit zur Musik ermittelt werden, die beispielsweise für die Entwicklung von Kulturmarketing- und/oder Kulturvermittlungsstrategien relevant sein können.

Malgorzata Cwikla von der Jagiellonen Universität in Krakau machte schließlich in ihrem Beitrag *Die Idee von ‚longue durée' als Ausgangspunkt für Forschung im Kulturmanagement* deutlich, wie bereits durch einen neuen, ungewöhnlichen theoretischen Rahmen alte Pfade der Wissenschaft gewinnbringend verlassen werden können. Ihr Forschungsthema, die Projektarbeit von Theatern, wurde eingebettet in den geschichtswissenschaftlichen Ansatz der Longue durée von Fernand Braudel (1977). Während Kulturmanagementforschung häufig nur ‚die kurze Zeit' zum Gegenstand macht und die Projektarbeit von Theatern in der Regel nur unter kurzfristigen Aspekten untersucht, eröffnet dieser geschichtliche Ansatz der ‚langen Zeit' eine langfristigere Perspektive auf den Forschungsgegenstand. Ein eher auf kurze Zeit angelegtes Projektmanagement oder eine Folge von aneinandergereihten Einzelprojekten im Theaterbereich kann so in Relation zu der langen Geschichte eines Hauses betrachtet werden.

Als übergreifendes Ergebnis kann festgehalten werden, dass einerseits bereits eine geringfügige Abweichung und Weiterentwicklung von bestehenden Forschungsmethoden ein Weg sein kann, zukünftig an andere/neue Besucherforschungsergebnisse zu gelangen. Auch eine Kombination bestehender Methodensettings miteinander oder eine Verknüpfung dieser mit anderen/neuen Theorien kann in dieser Hinsicht gewinnbringend sein. Andererseits kann ein Blick über den Tellerrand und die Zusammenarbeit mit dem Kulturmanagement ‚fremden' Disziplinen sowie die Adaption und Weiterentwicklung von bislang im Kulturmanagement unbekannten Erhebungsmethoden zu völlig neuen Settings und entsprechend ebenfalls zu anderen/neuen Besucherforschungsergebnissen führen. All dies – das hat die Veranstaltung deutlich aufgezeigt – wäre eine spannende Perspektive für zukünftige Kulturmanagementforschung und -praxis.

Das Veranstaltungsprogramm sowie Hintergrundinformationen zur Arbeitsgemeinschaft finden sich auf der Internetseite des Fachverbands (<http://www.fachverband-kulturmanagement.org>). Die Präsentationen der Redner können auf Anfrage zur Verfügung gestellt werden. Eine weitere Veranstaltung der Arbeitsgemeinschaft mit ähnlichem Format und Themenstellung ist für Anfang 2016 geplant.

Literatur

BRAUDEL, Fernand (1977): Geschichte und Sozialwissenschaften: Die longue durée. – In: Honegger, Claudia/Bloch, Marc (Hgg.), *Schrift und Materie der Geschichte. Vorschläge zur systematischen Aneignung historischer Prozesse.* Frankfurt/Main: Suhrkamp, 47-85.

FALK, John H. (2009): *Identity and the Museum Visitor Experience.* Walnut Creek/CA: Left Coast.

OLSON, Jerry C./REYNOLDS, Thomas J. (1983): Understanding Consumers' Cognitive Structures: Implications for Advertising Strategy. – In: Percy, Larry/Woodside, Arch G. (Hgg.), *Advertising and consumer psychology.* Lexington/MA: Lexington Book, 77-90.

REYNOLDS, Thomas J./GUTMAN, Jonathan (1988): Laddering Theory: Method, Analysis, and Interpretation. – In: *Journal of Advertising Research* 28, 11-31.

WALLPACH, Sylvia v./KREUZER, Maria (2013): Multi-sensory Sculpting (MSS): Eliciting Embodied Brand Knowledge Via Multi-sensory Metaphors. – In: *Journal of Business Research* 66/9, 1325-1331.

Visitor Studies Group Conference
Visitor Studies: Embracing Change?
4.-5. März 2015, London

VERA ALLMANRITTER
Selbstständige Kulturmanagerin, Berlin / Ext. Doktorandin PH Ludwigsburg

ANNETTE LÖSEKE
New York University Berlin

Corresponding Author
Annette Löseke
E-Mail: annetteloeseke@gmx.net

Vom 4. bis 5. März 2015 fand in London die Jahreskonferenz der Visitor Studies Group statt. Unter dem Titel *Visitor Studies: Embracing Change?* wurden aktuelle Trends und Herausforderungen der Besucherforschung diskutiert. Die zweitägige Veranstaltung bot etwa 80 Vertreterinnen und Vertretern von Museen, Universitäten, Bibliotheken, Botanischen Gärten und Beratungsagenturen vielfältige Möglichkeiten des intensiven Austausches.

Die diesjährige Konferenz stellte den Wandel der Gesellschaft in den letzten Jahrzehnten insbesondere durch die zunehmende Digitalisierung und Interkulturalität innerhalb des Kulturbereichs in den Themenmittelpunkt. Intensiv diskutiert wurden Veränderungen innerhalb der Zusammensetzung der (potentiellen) Museumsbesucherschaft und deren Art der Auseinandersetzung mit Kulturangeboten sowie die damit verbundenen veränderten Erwartungen von Förderern. Diskutiert wurde ebenfalls, wie sich Kulturinstitutionen diesen neuen Ausgangsbedingungen stellen: Wie können die Auswirkungen der genannten Veränderungen durch Besucherforschung erfasst und bewertet werden? Wie kann angesichts des gesellschaftlichen Wandels Besucherforschung die Arbeit von Kolleginnen und Kollegen, Führungskräften, Förderern und anderen Entscheidungsträgerinnen und -trägern im Kultursektor unterstützen?

Piotr Bienkowski (*Paul Hamlyn Foundation*) sprach in seiner Keynote *Embracing and Managing Change in the Cultural Sector* über die Herausforderung für Kulturinstitutionen, sich für verschiedene gesell-

Zeitschrift für Kulturmanagement, 2/2015, S. 141-143
doi 10.14361/zkmm-2015-0210

schaftliche Gruppen zu öffnen und deren Teilhabe als aktive Partner für jegliche zukünftige Aktivitäten in der Organisationskultur zu verankern. Als Erfolgsfaktor für eine langfristige Veränderung innerhalb der Häuser führte er den „kritischen Freund" ein: eine der Einrichtung nahestehende Person, die deren Veränderungsprozess als Externe/-r begleitet und diesen ehrlich reflektiert, kritisiert und mit einer frischen Perspektive voranbringt. Die Themen Besucherorientierung und Change-Management behandelte auch der Workshop von Andrew McIntyre (*Morris Hargreaves McIntyre*) anhand des Best-Practice-Beispiels des *Western Australian Museum*. Um die Rolle, Werte, Überzeugungen und Zielsetzung des Museums in einer sich verändernden Gesellschaft neu zu bestimmen, wurden Mitarbeiter/-innen, Stakeholder, Besucher/-innen sowie Nicht-Besucher/-innen in einen Change-Management-Prozess einbezogen. Kritisch diskutiert wurden die möglichen Folgen eines solchen, von einer privaten Agentur entwickelten Projekts, das damit eventuell neue Standards festlegt.

Kerstin Mogull, Managing Director der *Tate* schlug in der zweiten Keynote-Rede vor, zwischen ‚audience-inspired' und ‚audience-oriented' zu unterscheiden, um auch weiterhin experimentell zu arbeiten und das Publikum zu überraschen anstatt dessen (vermeintliche) Bedürfnisse in ‚vorauseilendem Gehorsam' zu erfüllen. Annette Löseke (New York University Berlin), bezog sich in ihrem Workshop auf Methoden des (journalistischen) Mediensektors, mit dem digitalen Wandel umzugehen, und forderte die Vertreter/-innen des Besucherforschungssektors auf, mit Kultureinrichtungen über die Datenanalyse hinaus auch im Hinblick auf die Ausstellungs- und Formatentwicklung enger zusammenzuarbeiten. Über die Herausforderungen des digitalen Wandels und den Einfluss digitaler Technologien auf Lernprozesse in Museen referierten auch Jane Rayner (*Science Museum*, London) und Areti Damala (University of Strathclyde), während Martin Bazley (*Digital Heritage Consultant*) vorstellte, wie *Google Analytics* genutzt werden kann, um Verhalten und Erwartungen von Nutzerinnen und Nutzern von Internetseiten von Museen besser zu erforschen. Theano Moussouri, Eleni Vomvyla und David Francis (University College London/*The British Museum*) referierten darüber, wie digitale Technologien Besucherforschungsmethoden (methodologisch, ethisch und praktisch) herausfordern und verändern können und stellten zwei Beispiele für Besucher-Tracking vor.

Die Herausforderungen durch ein zunehmend interkulturelles Publikum nahmen Vera Allmanritter (Doktorandin PH Ludwigsburg), Yvette Jeal (*University of Manchester Library*) und Olutwatoyin Sogbesan

(City University London) in den Blick. Vera Allmanritter präsentierte Ergebnisse ihrer empirischen Studie zum Kulturnutzungsverhalten von Menschen mit sog. Migrationshintergrund in Deutschland. Diese ergab unter anderem, dass für Kulturbesucher/-innen mit und ohne Migrationshintergrund eine wichtige Besuchsbarriere in der von ihnen subjektiv empfundenen oder sogar objektiv feststellbaren sozialen Exklusion liegt. Die Befragten mit „Migrationshintergrund" wiesen jedoch auf eine teilweise zudem vorhandene ethnische Exklusion als zusätzliche Barriere hin. Olutwatoyin Sogbesan unterstrich die Notwendigkeit, das demographische (interkulturelle) Profil von Mitarbeiterinnen und Mitarbeitern und Führungskräften innerhalb von Kulturinstitutionen zu diversifizieren, während Yvette Jeal einen Versuch der *University of Manchester Library* vorstellte, sich verstärkter auf ihre interkulturellen Nutzer/-innen einzustellen. Um den notwendigen Wandel in Kultureinrichtungen zu unterstützen, forderten Brad Irwin (*Natural History Museum*, London) und Jen DeWitt (*King's College London*) eine verstärkte Kooperation von Museums- und Vermittlungspraktikerinnen sowie -praktikern und Universitäten. Christopher Whitby (*Science Museum*, London) und Effrosyni Nomikou (*King's College London*) unterstrichen die zunehmende Wichtigkeit von Besucherforschung angesichts kultureller und ökonomischer Veränderungen und diskutierten die sich wandelnden Erwartungen von (öffentlichen wie privaten) Geldgeberinnen und Geldgebern. Eben jene Erwartungen standen auch im Zentrum der von Katey McSweeney (*Science Museum*, London) moderierten Paneldiskussion mit Amelia Robinson (*Heritage Lottery Fund*), Jane Steele (*Paul Hamlyn Foundation*) und Manisha Lalloo (*Royal Academy of Engineering*).

Unter dem Motto *Visitor Studies: What Next?* diskutierte die abschließende, von Susie Fisher (*Susie Fisher Group*) moderierte Paneldiskussion mit Elee Kirk (University of Leicester), Andrew McIntyre (*Morris Hargreaves McIntyre*), Theano Moussouri (University College London), David Francis (*The British Museum*) und Christian Waltl (*KulturAgenda*, Klagenfurt) zukünftige Aufgaben und Strategien der Besucherforschung und wie deren Notwendigkeit und Potenziale innerhalb des Kultursektors klarer kommuniziert werden könnten.

Die Konferenz bot eine Plattform für einen äußerst fruchtbaren, inspirierenden Austausch, der sicherlich für viele Teilnehmer/-innen zu Denkanregungen und neuen Ideen für ihre zukünftige theoretische und/ oder praktische Arbeit geführt hat. Begleitendes Material zur Veranstaltung ist verfügbar unter <http://visitors.org.uk>.

ZEITSCHRIFTENSCHAU

Zeitschriften Review 2013-2014
Diskurse, Daten, Methoden - Journals im Feld der Kultursoziologie

KAREN VAN DEN BERG
Lehrstuhl für Kunsttheorie & Inszenatorische Praxis, Zeppelin Universität Friedrichshafen

TASOS ZEMBYLAS
Institut für Musiksoziologie, Universität der Musik und Darstellenden Kunst Wien

Corresponding Author
Prof. Dr. Karen van den Berg
Zeppelin Universität Friedrichshafen,
Lehrstuhl für Kunsttheorie &
inszenatorische Praxis
Am Seemoser Horn 20
D-88045 Friedrichshafen
E-Mail: kvandenberg@zeppelin-university.de

Im ausnehmend interdisziplinär ausgerichteten Feld kulturmanagerialer Forschung scheint es nicht das eine leitende internationale Wissenschaftsjournal zu geben. Vielmehr berühren und kreuzen eine ganze Reihe unterschiedlicher Fachzeitschriften die Forschungsinteressen des Kulturmanagements. Um in dem mittlerweile großen Angebot der Wissenschaftszeitschriften eine Orientierungshilfe zu bieten, werden im Folgenden Einblicke in fünf ausgewählte Journals gegeben. Die Unterschiedlichkeit der Forschungskulturen, die alle die wissenschaftliche Auseinandersetzung mit Fragen der Kulturorganisation berühren, wird gerade durch einen solchen Überblick augenfällig.

Die 1982 gegründete Zeitschrift *Theory, Culture & Society. Explorations in Critical Social Science* (ISSN: 0263-2764) etwa fokussiert sich auf kultur- und sozialwissenschaftliche Themen. Das sechs bis sieben Mal im Jahr erscheinende Journal ist an der Goldsmith University in London angesiedelt und zählt mit seinem international besetzten Editorial Board zu den meistzitierten Zeitschriften im Feld der Cultural Studies. Die Beiträge sind klar diskurs- und theorieorientiert und lassen sich im Bereich einer kritischen Sozialwissenschaft situieren. Dabei werden sie – nach eigenem Bekunden – einem rigorosen Peer-review-Verfahren unterzogen. Zu finden sind hier aktuelle zeitdiagnostische Analysen, die nicht selten im Rückgriff auf die Schlüsselautoren der Humanities wie etwa Hannah Arendt, Michel Foucault, Walter Benjamin, Jacques

Zeitschrift für Kulturmanagement, 2/2015, S. 147-153
doi 10.14361/zkmm-2015-0211

Derrida oder Vertreter der Frankfurter Schule geschehen. Man trifft auf Artikel, die von international renommierten Wissenschaftlern wie Mike Savage, Ulrich Beck, Jean-Luc Nancy oder Thomas Macho verfasst sind und anregende Überlegungen etwa zur Kosmopolitisierung der Nationen (Ulrich Beck/Daniel Levy 30/2, 2013, S. 3-31) oder zur Ökonomie der Komplexität (Oliver Human/Paul Cilliers 30/5, 2013, S. 24-44) enthalten. Daneben werden etwa die Beschleunigungsthese der Netzwerkgesellschaft beleuchtet (Thomas Sutherland 30/5, 2013, S. 3-23) oder in anderen Ausgaben die Grenzen des gegenwärtigen Marktbegriffs diskutiert (William Davies 30/2, 2013, S. 32-59) bzw. das Verhältnis von Popkultur zu digitalen Archiven ausgelotet (David Beer/Roger Burrows 30/4, 2013, S. 47-71). Darüber hinaus findet man auch Diskussionen zur disziplinären fachlichen Selbstbestimmung in den Kulturwissenschaften und den Cultural Studies. Hierfür ist das Special Issue zur Konjunktur der Auseinandersetzung mit ‚Kulturtechniken' im deutschen Sprachraum (30/6, 2013) ein gutes Beispiel.

Die Zeitschrift liefert ein breites Spektrum aktueller soziologischer Theorien bzw. eine sozialtheoretisch inspirierte Kulturtheorie. Für Kulturwissenschaftler und Kulturmanager, die an einer Schärfung ihres gesellschaftswissenschaftlichen Begriffsverständnisses und an aktuellen Theoriedebatten interessiert sind, bietet diese Zeitschrift äußerst inspirierende Lektüren.

Im Falle von *Poetics. Journal of Empirical Research on Culture, the Media and the Arts* (ISSN: 0304-422X) handelt es sich um eine Zeitschrift, die sich aus der Tradition der empirischen Kultur- und Medienwissenschaft entwickelt hat. Die 1972 gegründete zweimonatlich erscheinende Fachzeitschrift, deren Advisory Editor Paul DiMaggio ist, konzentriert sich in ihrem Themenspektrum eindeutig auf den Kultur- und Medienbereich. Dabei bewegen sich die Studien zwischen den Disziplinen Soziologie, Medien- und Kommunikationswissenschaft, Psychologie bis hin zur Wirtschaftswissenschaft. In den aktuelleren Ausgaben finden sich Artikel etwa zu der Frage, welchen Coolnessfaktor Jugendliche ihrem Mobiltelefon beimessen (M. Vanden Abeele/K. Roe 41/3, 2013, S. 265-293). Ein anderes Beispiel ist eine Untersuchung zur weltweiten Wiederentdeckung zivilgesellschaftlichen Engagements (K. Beyerlein/S. Vaisey 41/4, 2013, S. 384-406) oder zur Bedeutung von kulturellem Kapital in der Gegenwartskunst (A. Newman/A. Goulding/C. Whitehead 41/5, 2013, S. 456-480). Weitere Beispiele, die das Spektrum des Journals verdeutlichen, sind eine Studie zur kulturellen Partizipation in Frankreich (P. Coulangeon 41/2, 2013, S. 177-209) sowie eine Untersuchung des sozialen Gewebes um den Gangsta-Rap in Chicago (G. Harkness 41/2, 2013, S. 151-176).

Anders als das stark theoretisch diskursiv angelegte Journal *Theory, Culture & Society* folgt *Poetics* einer datenbasierten wissenschaftlichen Tradition. Zwar handelt es sich hier um ein betont interdisziplinäres Journal, das sich themenspezifisch organisiert, gleichwohl ist den hier versammelten Beiträgen doch nicht nur das thematische Feld gemeinsam, sondern auch ein bestimmtes methodisches Spektrum. Die Beiträge sind stets datenbasiert, es fehlen nie Angaben zu den Samples, und Kapitelüberschriften wie *Research methods and data* organisieren die Argumentation ebenso wie die Integration von Tabellen und Grafiken, die Ergebnisse veranschaulichen. Damit situiert sich das Journal weniger in den Humanities als der Begriff *Poetics* vielleicht erwarten lässt. Für die kulturmanageriale Forschung erweist sich die Zeitschrift deshalb als ein Ort, an dem sich Feldstudien zur Publikumsforschung und Erhebungen zu kulturellen Strukturen und Verhaltensmustern finden lassen. Von seinem Themenfocus ist *Poetics* enger gefasst als das in seiner Debattenkultur breiter angelegte Journal *Theory, Culture & Society*, das sehr viel stärker einer geisteswissenschaftlichen Diskurstradition folgt.

Die Zeitschrift *International Review of the Aesthetics and Sociology of Music* (ISSN 0351-5796) wurde 1970 gegründet und erscheint zweimal jährlich. Der institutionelle Herausgeber, die *Kroatische Musikologische Gesellschaft*, prägt auch den Schwerpunkt der Zeitschrift, nämlich Musikwissenschaft (inkl. Musikgeschichte, Musiktheorie). Die beiden Hefte von 2013 sowie das erste Heft von 2014 enthalten Artikel zu historischen Diskursen (etwa zur Unterscheidung zwischen Kennern und Liebhabern bzw. Professionellen und Amateuren, zum Geniebegriff, Neoplatonismus im 16. Jh.), zur Kunstphilosophie und Ästhetik (etwa zum Wahrheitsbegriff bei Adorno, zum anthropologischen Verständnis von Musik, zum musikästhetischen Urteil, zur Rolle der Technologie in der Opern-Ästhetik), zur Werkinterpretation (etwa zum Werk von Carlos Cruz de Castro, zum Thema ‚Liebestod' in Richard Wagners Werk, zu Nadia Boulanger), zur Ethnomusikologie (schottische Musik, norwegische Volksmusik sowie Musik in Tansania), zur Musikpsychologie (erfinderisches Hören von Aneinanderreihungen selbstständiger Töne; Musik in der Mutter-Kleinkind-Interaktion). Bei Lesern der *Zeitschrift für Kulturmanagement: Kunst, Politik, Wirtschaft und Gesellschaft* dürften vor allem folgende Artikel auf Interesse stoßen:

• Naomi Miyamoto: *Concerts and the Public Sphere in Civil Society Through Rethinking Habermas's Concept of Representative Public-*

ness (44/2, 2013, S. 101-118). Die Autorin betrachtet Musikkonzerte als Öffentlichkeitsforen und die Konzertbesucher als Publikum im Sinne der Theorie der Öffentlichkeit von J. Habermas. Dabei richtet sich ihre Frage auf die Repräsentation im 19. Jahrhundert.

- José María Peñalver Vilar, Amparo Porta und Remigi Morant Navasquillo: *Music of the Inaugural Ceremony of London 2012: A Performance among Bells* (44/2, 2013, S. 253-276). Die Autoren thematisieren die Rolle der Musik bei nicht-genuin kulturellen Großveranstaltungen – hier am Beispiel der Olympischen Spiele 2012 in London. Musik wird als Katalysator für Emotionen verwendet; sie generiert eine Stimmung und transportiert eine Bedeutung, die mit den Interessen der jeweiligen Veranstaltung korreliert.

- Vlado Kotnik: *The Adaptability of Opera: When Different Social Agents Come to Common Ground* (44/2, 2013, S. 303-342). Der Autor thematisiert die historische Entwicklung der Oper, ihre Einbettung in konkreten kulturellen und politischen Situationen, ihre Beziehung zu ihren Publika und Stakeholdern, um zu argumentieren, dass Opernhäuser als Organisationen sich stets ihrer Umwelt angepasst haben. Das habe ihren Erfolg und ihr Überleben in den letzten vier Jahrhunderten gesichert.

Ähnlich wie *Theory, Culture & Society* folgt auch die *International Review of the Aesthetics and Sociology of Music* weniger einem empirischen Forschungsparadigma und fokussiert sich thematisch klar auf den Bereich der Musik.

Bei der Zeitschrift *Media, Culture & Society* (ISSN 0163-4437), die 1979 gegründet wurde und achtmal jährlich erscheint, handelt es sich wiederum um eine Zeitschrift mit einem breiteren thematischen Bezugsfeld. Der Schwerpunkt der Zeitschrift liegt in den Medien- und Kommunikationswissenschaften. Thematisiert werden etwa die Effekte technologischer Veränderungen, die Globalisierung in der Informations- und Unterhaltungsmedienlandschaft, die Vergesellschaftung durch Medienwirkung, Medienpolitik, Professionsentwicklung mit Bezug auf Journalismus und Medienarbeit u. a. Von Interesse erscheinen vor allem folgende Artikel:

- Philip Schlesinger: *Expertise, the Academy and the Governance of Cultural Policy* (35/1, 2013, S. 27-35). Der Artikel bezieht sich auf die britische Kultur- und Kreativwirtschaftspolitik und arbeitet dabei die Rolle von Fachexperten beim Lancieren des Kreativitätsdiskurses heraus. Dabei beobachtet er eine Grundspannung zwischen dem normativen Modell des autonomen, kritischen Intellektuellen und den wirtschaftsorientierten und marktaffinen Gruppen von Experten.

- Helen Warner: *Fashion, Celebrity and Cultural Workers: SJP as Cultural Intermediary* (35/3, 2013, S. 382-391). Die Autorin diskutiert das Phänomen ‚kulturelle Mode' und setzt es in Beziehung zur Celebrity-Kultur, die durch Medien der Kulturvermittlung effektiv verbreitet werden. Dabei beobachtet sie eine Kanonisierung des Geschmacks und eine Aufrechterhaltung sozialer Strukturen. Beide Effekte werden im Zusammenhang mit Bourdieus Kultursoziologie analysiert.

- Sergio Amadeu da Silveira, Murilo Bansi Machado und Rodrigo Tarchiani Savazoni: *Backward March: the Turnaround in Public Cultural Policy in Brazil* (35/5, 2013, S. 549-564). Der Beitrag thematisiert Veränderungen in der Kulturpolitik Brasiliens, die vor allem zwischen 2003 und 2010 stattfanden. Die Analyse bezieht sich auf programmatische Ankündigungen der zuständigen Kulturminister sowie auf die Auslegung der strategischen Ausrichtung der Maßnahmen im Bereich der Kreativwirtschaft und des Urheberrechts.

- Alan McKee: *The Power of Art, the Power of Entertainment* (35/6, 2013, S. 759-770). Der Autor verortet Kunst und Unterhaltung in zwei verschiedenen Produktionssystemen, die nach einer jeweils anderen Produzenten-Publikum-Beziehungsstruktur funktionieren. Kunst will das Publikum in einer gewissen Weise verändern, während die Unterhaltung durch das Publikum geformt werden will. Deshalb integrieren Künstler und Künstlerinnen in der Regel nicht das Publikum in den Schaffensprozess, während Produzenten von Unterhaltungsgütern das Publikum darin bestärken, sich einzubringen und neue Ideen zu liefern.

- John Downey: *Flux and the Public Sphere* (36/3, 2014, S. 367-379). Der Autor greift die Idee auf, dass Gesellschaften der Gegenwart sich vor allem durch hohe Mobilität (von Personen, Waren, Informationen, Ressourcen...) kennzeichnen und konzentriert sich auf die Mobilität von immateriellen Dingen, d. h. Ideen und Informationen, um strukturelle Veränderungen der Öffentlichkeit zu analysieren.

- James Hamilton: *Historical Forms of User Production* (36/4, 2014, S. 491-507). Der Beitrag bezieht sich auf DIY-Cultures und Konsumenten-Produktivität und entwickelt verschiedene analytische und typologische Konzepte, um die Vielfalt dieser kulturellen Aktivitäten zu erfassen.

• Stephen Coleman und Julie Firmstone: *Contested Meanings of Public Engagement: Exploring Discourse and Practice Within a British City Council* (36/4, 2014, S. 826-844). Alle kommunalen Behörden Großbritanniens bemühen sich um Bürgernähe und Involvierung der Bevölkerung bei verschiedenen Vorhaben. Die Autoren untersuchen die Motivationen und unterschiedlichen Kommunikationsstrategien von Ämtern der Stadt Leeds und plädieren für verstärkte Bemühungen zur Integration der Bürger in Planungs- und Entscheidungsprozesse.

Für alle eher empirisch orientierten Forscher bietet die Zeitschrift *Cultural Sociology* (ISSN: 1749-9755) ein breites Spektrum an Untersuchungen. Die Zeitschrift ist noch relativ jung und wird viermal jährlich seit 2007 veröffentlicht. Der Fokus liegt auf der Kultursoziologie und umfasst dabei sämtliche Aspekte der kulturellen Produktion, Distribution und Vermarktung. Unter ,Kultur' werden neben Kunst auch kulturelle Medien, Alltagskultur, DIY-Cultures und Lebensstile subsumiert. Für die Leser der *Zeitschrift für Kulturmanagement: Kunst, Politik, Wirtschaft und Gesellschaft* dürften vor allem folgende Texte von Interesse sein, die seit 2013 erschienen sind:

• Der zweite Band von 2013 (7/2) weist einen speziellen Schwerpunkt auf: *Field Analysis in Cultural Sociology* (hrsg. von Mike Savage und Elisabeth B. Silva). Darin finden sich allgemeine Beiträge zu diesem Thema sowie konkrete fallbezogene Studien etwa zur Blasmusik in Frankreich, zur Klassifikation von Musikgenres, zu Objekten in Kunstmuseen, zu Komödien im Theaterbereich, zu kulturellen Präferenzen (Cosmopolitan Taste) in den Niederlanden u. a.[1]

---

1   Das Heft umfasst ff. Artikel, die sich mit feldtheoretischen Ansätzen befassen: Mike Savage und Elizabeth B. Silva: *Field Analysis in Cultural Sociology*, S. 111-126; Vincent Dubois und Jean-Matthieu Méon: *The Social Conditions of Cultural Domination: Field, Sub-field and Local Spaces of Wind Music in France*, S. 127-144; David Beer: *Genre, Boundary Drawing and the Classificatory Imagination*, S. 145-160; Fernando Dominguez Rubio und Elizabeth B. Silva: *Materials in the Field: Object-trajectories and Object-positions in the Field of Contemporary Art*, 161-178; Sam Friedman und Giselinde Kuipers: *The Divisive Power of Humour: Comedy, Taste and Symbolic Boundaries*, S. 179-195; Sarah Nettleton: *Cementing Relations within a Sporting Field: Fell Running in the English Lake District and the Acquisition of Existential Capital*, S. 196-210; Felix Bühlmann, Thomas David und André Mach: *Cosmopolitan Capital and the Internationalization of the Field of Business Elites: Evidence from the Swiss Case*, S. 211-229; Roza Meuleman und Mike Savage: *A Field Analysis of Cosmopolitan Taste: Lessons from the Netherlands*, S.230-256; Semi Purhonen und David Wright: *Metho-*

ZEITSCHRIFTEN REVIEW 2013-2014   153

- John Vail und Robert Hollands: *Creative Democracy and the Arts: The Participatory Democracy of the Amber Collective* (7/3, 2013, S. 352-367). Die Autoren diskutieren, wie künstlerische Aktivitäten von demokratischen Werten und Praktiken beeinflusst werden. Am Beispiel eines Künstlerkollektivs im nordöstlichen England zeigen sie auf, wie kollektive Untersuchung, Deliberation und schließlich Selbstermächtigung im Rahmen von Kunstprojekten realisiert werden können. Kulturarbeit, so die Argumentation, trägt folglich zur Entstehung einer „kreativen Demokratie" (im Sinne John Deweys) bei.
- Martin Tröndle u. a.: *Is This Art? An Experimental Study on Visitors' Judgement of Contemporary Art* (8/3, 2014, S. 310-332). Der Beitrag untersucht die unterschiedlichen Faktoren, die die Begegnung zwischen Museumsbesuchern und ausgestellten Objekten beeinflussen. Die Studie basiert auf empirischen Datenanalysen ausgehend von einer künstlerischen Intervention von Nedko Solakov im Kunstmuseum St. Gallen. Die Ergebnisse verweisen auf viele Faktoren, die kunstsoziologische Theorien oft nicht berücksichtigen.

Die vorgestellte Auswahl der Zeitschriften bewegt sich unterschiedlich nah an den kulturmanagerialen Forschungsinteressen, mithin an Fragestellungen zu Arbeitsweisen, Organisationsformen und Interaktionsordnungen im kulturellen und künstlerischen Feld. Klare Bezüge und Überschneidungen in den Forschungsinteressen der Kunst- und Kultursoziologie sind gleichwohl unübersehbar. Ebenso augenfällig ist aber auch, dass ähnliche Fragestellungen, etwa nach dem Nutzerverhalten, mit ganz unterschiedlichen Instrumentarien bearbeitet werden und die Zeitschriften ganz unterschiedlichen Wissenschaftskulturen und Forschungslogiken folgen, wobei sie sich zwischen eher diskurs- und debattenorientierten Reflexionen und quantitativen empirischen Studien bewegen. Beide Ansätze folgen gleichermaßen einer strengen Eigenlogik und einem eigenen Referenzsystem.

dological Issues in National-Comparative Research on Cultural Tastes: The Case of Cultural Capital in the UK and Finland, S. 257-273.

Aktuelle Einsichten in das Kulturmarketing
Studien, Fakten und Erkenntnisse

SIGRID BEKMEIER-FEUERHAHN
Leuphana Universität Lüneburg

ULRIKE ADAM
Leuphana Universität Lüneburg

NADINE OBER-HEILIG
Leuphana Universität Lüneburg

Corresponding Author
Prof. Dr. Sigrid Bekmeier-Feuerhahn
Leuphana Universität Lüneburg
Scharnhorststraße 1
D-21335 Lüneburg
E-Mail: bekmeier-feuerhahn@uni-leuphana.de

Die vorliegende Zusammenfassung liefert einen Überblick über empirische und konzeptionelle Arbeiten zum Kulturmarketing, die ab 2014 erschienen sind. Der Schwerpunkt der Sichtung liegt auf Zeitschriften, die sich mit Kulturmarketing im engeren Sinne beschäftigen. Ebenfalls gesichtet und berücksichtigt wurden Beiträge aus dem Nonprofit-Sektor, die sich unter dieser spezifischen Perspektive auch mit Fragen des Kulturmarketings befassen.

1. Arts and the Market (AAM), vormals Arts Marketing: An International Journal

Diese Zeitschrift wurde ab 2011 bis 2014 unter dem Namen *Arts Marketing: An International Journal* herausgegeben und bot erstmalig ein wissenschaftliches Forum für einen internationalen Diskurs von Fragestellungen speziell aus dem Kulturmarketing. Aufgegriffen wurden fundamentale Fragestellungen wie bspw. „What good are the arts?" (Larsen/Dennis 2013: *Editorial* 3/2, o. S.). Ebenfalls interdisziplinär orientiert, jedoch etwas enger gefasst, wird in Ausgabe 3/1 (2013) der jeweilige Wert von Kunst und Kultur für unterschiedliche Marktteilnehmer thematisiert. Dabei wurden in den Forschungsbeiträgen relevante theoretische Zugänge wie die Social-Exchange-Theory, Diskursanalyse oder Consumer-Behaviour-Forschung genutzt und so unterschiedliche Aspekte wie Mentoring, Nachhaltigkeit, Sponsoring oder Value Creation beleuchtet. In zwei Special-Issue-Heften wurden in den beiden ersten Jahren *Business of Live Music* (2011 1/2) und *Cultural Consumers and Copyright* (2012 2/2) diskutiert.

2014 erschien unter dem alten Namen als letztes Heft mit 4/1-2 eine Doppelausgabe und zugleich Special Issue zum Thema Marken im Kunst- und Kultursektor. Diese enthält mit empirischen sowie konzeptionellen Forschungsbeiträgen einen aktuellen Überblick zum derzeitigen Stand der Kulturmarkenforschung. Zwei Beiträge stellen dabei den Künstler als Marke in den Vordergrund, einmal aus der Perspektive des Einflusses von sozialem und kulturellem Kapital bei kreativen Prozessen (Rodner/Kerrigan 2014, 4/1-2: 101-118) und einmal aus einer räumlichen Perspektive, welche den Künstler als Marke innerhalb eines bestimmten Umfelds definiert (Sjöholm/Pasquinelli 2014, 4/1-2: 10-24). Weitere Beiträge des Special Issue fokussieren die Beziehung von Kulturmarken und ihrem Publikum. In seiner Studie stellt Carsten Baumgarth einen unmittelbaren Bezug zwischen Markeneinstellung, Markenzuneigung und konkretem Besucherverhalten her. Markenzuneigung wird damit erstmals als Konstrukt in ein Kulturmarketingumfeld überführt (Baumgarth: *"This Theatre Is a Part of Me" contrasting brand Attitude and Brand Attachment as Drivers of Audience Behavior* 2014, 4/1-2: 87-100). Eine Verbindung zwischen Markenbildungszielen bei niedrig involvierten Besuchern und der Wirkung erlebniswirksamer Museumdesigns stellen Nadine Ober-Heilig et al. in ihrem Beitrag *Enhancing Museum Brands With Experiential Design to Attract Low-involvement Visitors* (2014 4/1-2: 67-86) auf Grundlage empirischer Ergebnisse einer experimentellen Studie her. Sue Vaux Halliday und Alexandra Astafyeva (2014 4/1-2: 119-135) greifen wiederum mit ihrer konzeptionellen Analyse der Millennial Cultural Consumers das Thema der Brand Communities im digitalen Zeitalter neu auf und beziehen es auf die Entwicklung eines jungen und medienaffinen Publikums. Einen weiteren interessanten Beitrag zum eher seltenen Thema der Markenarchitektur im Kulturbereich liefern Ruth Rentschler und Kerrie Bridson (2014, 4/1-2: 45-66) mit ihrer qualitativen Studie zu Ausstellungen als Untermarken von Kunstmuseumsmarken.

Seit 2015 widmet sich die Zeitschrift unter dem neuen Namen *Arts and the Market (AAM)* nach wie vor als internationale Publikation der anwendungsorientierten Forschung ganz speziell an der Schnittstelle von Kultur und Markt, mit multidisziplinären Beiträgen aus Wissenschaft und Praxis. Dabei werden alle Felder von Kultur- und Kreativwirtschaft berücksichtigt und der Diskurs bezüglich Produktion, Performance, Vermittlung und Konsum im Hinblick auf soziale, kommerzielle, kulturelle, technologische und künstlerische Praktiken in den Blick genommen. Ziel des Journals ist es, neue Forschungsfelder durch Publikationen aus Wissenschaft und Praxis in Bezug auf alle Aspekte des Kulturmarkts wie bspw. auch hinsichtlich Medien, künstlerischer Identität und Kunsterfahrungen zu eröffnen.

Die erste Ausgabe 2015 als *Arts and the Market* setzt den Anspruch einer akademisch wie anwendungsorientierten Forschungsorientierung fort, zeigt aber auch die Öffnung zu einer breiteren Betrachtung der Schnittstellen zwischen Kunst und Markt, über die Grenzen des klassischen Marketingbegriffs hinaus. Gleich zwei Beiträge greifen hier mit der Verbindung von Kunstwerk und Marktorientierung eine Grundlagenfrage des Kulturmarketings auf. Stephen Brown identifiziert in seinem Beitrag *Brands on a Wet, Black Bough: Marketing the Masterworks of Modernism* (2015, 5/1: 5-24) Marketingansätze in literarischen Werken der Moderne wie von T. S. Eliot und James Joyce. Eine globalere Perspektive zu dem Thema liefert der Beitrag *Production and Marketing of Art in China: Traveling the Long, Hard Road from Industrial Art to High Art* (2015, 5/1: 25-44) von Ruby Roy Dholakia et al., der die Verknüpfung und Spannungen zwischen Kunstproduktion und Kunstvermarktung in China behandelt.

Diesen analytischen Beiträgen stehen in der ersten Ausgabe von 2015 zwei praxisbezogene Beiträge gegenüber, die zugleich neue Erhebungsformen thematisieren. *Capturing Emotions: Experience Sampling at Live Music Events* (2015, 5/1: 45-72) von Emma H. Wood und Jonathan Moss zur erlebnisorientierten Publikumsforschung kombiniert die Ansätze der „experience sampling method" nach Mihály Csikszentmihalyi und der „day reconstruction method" nach Daniel Kahneman et al. zur Erfassung emotionaler Effekte im Kontext von Musik-Events. Mit *Videography in Marketing Research: Mixing Art and Science* (2015, 5/1: 73-102) stellt der Artikel von Christine Petr et al. wiederum eine neue Methode und zugleich Ausdrucksform für die Marketingforschung vor, welche künstlerische und wissenschaftliche Methoden verknüpft.

2. International Journal of Arts Management (IJAM)

Die im Herbst 1998 erstmals erschienene Zeitschrift publiziert Beiträge in Zusammenhang mit der *International Conference on Arts and Cultural Management (AIMAC)*, die seit 1991 von der École des hautes études commerciales (HEC) in Montreal ausgerichtet wird. Die bislang vorliegenden fünf Ausgaben aus 2014 und 2015 sind im Wesentlichen untergliedert in Beiträge zu Markt- und Marketingforschung, Marketing-Management, Marketing of Change, strategischem Management und Arts Funding; daneben gibt es in jedem Heft einen Beitrag zu einem Unternehmensprofil.

Unter dem Stichwort Marketing-Management wurde 2014 beispielsweise eine explorative Besucherstudie aus einem Schweizer Kunstmuseum publiziert, die anhand der aufgezeichneten Besucherwege im Museum wichtige Hinweise für Kuratoren zur Raumgestaltung gibt, um die Aufmerksamkeit der Besucher zu beeinflussen. (Tröndle: *Space, Movement and Attention: Affordances of the Museum Environment* 2014, 17/1: 4-17). Einem klassischen Marketingthema ist die qualitative Studie von Sofia Pusa und Liisa Uusitalo (2014, 17/1: 18-30) gewidmet: Was ist der Beitrag der Markenidentität für Kunstmuseen und wie kann diese hergestellt werden, um Einzigartigkeit beziehungsweise Unterscheidbarkeit und die Attraktivität des Museums zu verbessern? Ebenfalls unter der Überschrift Marketing-Management findet sich auch ein Beitrag zum Audience Development von Pierre Balloffet et al., *From Museum to Amusement Park: The Opportunities and Risks of Edutainment* (2014, 16/2: o. S.). Hier geht es um die Chancen und Risiken einer stärkeren Berücksichtigung von Interaktivität und Unterhaltungsaspekten im Museumssektor. Der Beitrag liefert neben einem Literaturüberblick eine Analyse explorativer Interviews, die in Empfehlungen für die Praxis und weitere Forschungsansätze münden.

Ein Schwerpunkt von Beiträgen findet sich unter den Stichworten Markt- und Marketing-Research für den kulturellen Profitsektor: Neben einer Studie bezüglich der Einflussfaktoren auf die Größe von Unternehmens-Kunstsammlungen (Yoon/Shin 2014, 16/2: o. S.) werden dort Studien aus der Konsumentenforschung vorgestellt, z. B. zur Rolle von Emotionen bei der Beurteilung von Kinofilmen (Aurier/Guintcheva 2015, 17/2: 5-18), oder zu Einflussfaktoren bei der VOD-Distribution von Filmen (Nam et al. 2015, 17/2: 19-32). Bei Nadine Escoffier und Bill McKelvey (2015, 17/2: 52-63) geht es um den Einbezug von Crowd-

Wisdom, um finanzielle Risiken bei Filmproduktion und -marketing zu minimieren.

Aber es gibt unter dieser Überschrift auch Artikel für den Nonprofit-Kultursektor. Der Beitrag von Michelle Bergadaà und Thierry Lorey, *Preservation of Living Cultural Heritage: The Case of Basque Choirs and Their Audience* (2015, 17/3: 4-15), geht mithilfe der Grounded Theory der Frage nach, welche spezielle Formen des Marketings unter Berücksichtigung des Publikums und dessen kultureller Identität regionales kulturelles Erbe erhalten können. Die Autoren sehen ihre Ergebnisse anwendbar für verschiedenartige regionale Kulturen, um deren Identität im Zuge des Globalisierungsdrucks zu stärken.

Die Studie von Anne Krebs et al., *Generativity: Its Role, Dimensions and Impact on Cultural Organizations in France* (2015, 17/3: 28-45), befasst sich mit der auch für Museen generell hochrelevanten Frage, inwiefern Testate mit Nachlässen zugunsten der Institution besser akquiriert werden können. Die Studie wurde zusammen mit dem *Louvre Museum* durchgeführt und kommt mittels Befragung von 486 Probanden zu dem Schluss, dass neben soziographischen Faktoren die Sorge um kulturelle Tradition und das Bedürfnis, diese weiterzugeben, hier als „generativity" bezeichnet, entscheidend bei der Ansprache möglicher Erblasser sind.

Zwei Beiträge befassen sich mit dem Thema Funding im Nonprofit-Bereich. Anna-Karin Stockenstrand und Owe Ander diskutieren unter dem Titel *Arts Funding and Its Effects on Strategy, Management and Learning* (2014, 17/1: 43-53) die Relevanz von Wissensmanagement und langfristig angelegtem Aufbau von hoher Qualität für die Legitimation des Fundings, dargelegt anhand einer vergleichenden Fallstudie von zwei Kammerorchestern. Der zweite Beitrag ist eine empirische Studie zu 875 Theaterprojekten, die 2011 auf einer Online-Plattform hinsichtlich Crowdfunding aktiv waren (Boeuf et al.: *Financing Creativity: Crowdfunding as a New Approach for Theatre Project* 2014, 16/3: 33-48). Als Schlüsselfaktoren für den Erfolg des Crowdfundings werden beispielsweise symbolische (im Gegensatz zu materiellen) Gegenleistungen, wie etwa die Nennung als Spender, genannt.

Unter der Rubrik Marketing-Management befasst sich Thierry Gateau mit seiner Fallstudie *The Role of Open Licences and Free Music in Value Co-creation: The Case of Misteur Valaire* (2014, 16/3: o. S.) mit dem Aufbau einer Fan-Community mithilfe eines Geschäftsmodells der Musikindustrie, das über Creative-Common-Lizenzen die User kostenfrei mit Musik versorgt. Durch begleitende interaktive Experimente und fortgesetzten Dialog mit den Fans erhöht sich auch die Sichtbarkeit der Künstler und ein Mehrwert kann geschaffen werden.

3. International Journal of Nonprofit and Voluntary Sector Marketing

Die vierteljährlich erscheinende Zeitschrift richtet sich mit Beiträgen aus Wissenschaft und Praxis (insbesondere Case Studies) an Praktiker aus dem gesamten Nonprofit-Segment, die sich sowohl mit Fundraising, Marketing, Public Relations, Kommunikation und Werbung, als auch mit der Akquise oder Betreuung von Ehrenamtlichen und auch IT-Themen beschäftigen. Dabei finden sich in den Ausgaben von 2014 und 2015 mehrere Beiträge, die sich dezidiert mit kulturellen Nonprofit-Institutionen beschäftigen; aber auch die Beiträge aus anderen Sektoren sind teilweise für das Kulturmarketing relevant, gerade auch beim Schwerpunktthema Fundraising, wie unter anderem der Beitrag von Mignon Shardlow und Alistair Brown (2015, 20/1: 71-83). Dieser beschäftigt sich mit einem strategischen Evaluations- und Berichtsmodell, das die Key-Stakeholder mit den relevanten Informationen zur Funding-Performance versorgen soll. Das dem Fundraising verwandte Spendenthema wird bspw. in zwei Beiträgen in Ausgabe 19/3 diskutiert (Burt/Williams, 2014, 19/3: 165-175 und Stephenson/Bell, 2014, 19/3: 176-186).

Besonders ertragreich für das Kulturmarketing sind drei Special-Issue-Hefte. Das jüngste davon (20/2), herausgegeben von Roger Bennet und Finola Kerrigan, befasst sich mit Nonprofit-, Social- und Arts-Marketing und enthält drei Beiträge zu Kultur- und Arts-Marketing.

Die Studie von Rita Kottasz, *Understanding the Cultural Consumption of a New Wave of Immigrants: the Case of the South Korean Community in South West London* (2015, 20/2: 100-121), ist im Feld der Audience-Development-Forschung verortet. Befragt wurden 351 Bewohner eines Londoner Stadtteils, in dem viele südkoreanische Immigranten leben. Für diese omnivoren kulturellen Konsumenten sind bspw. soziales Kapital, Leidenschaft für die Kunst und Bildung starke Einflussfaktoren für den Kulturkonsum. Ebenfalls mit einem Einflussfaktor im Bereich des Audience Development beschäftigt sich im selben Special Issue der Beitrag von Elyria Kemp, *Engaging Consumers in Esthetic Offerings: Conceptualizing and Developing a Measure for Arts Engagement* (2015, 20/2: 137-148). In vier Studien wurde das Konzept des „engagement in arts" untersucht, ein Messverfahren dafür entwickelt und im

Hinblick auf wichtige Outcomes des Kulturkonsums wie Vertrauen, Loyalität und Weiterempfehlung (Word-of-Mouth) getestet.

Das Marketinginstrument der Preisgestaltung untersucht der Beitrag *Dynamic Pricing in Subsidized Performing Arts* von Leticia Labaronne und Tilmann Slembeck (2015, 20/2: 122-136). Anhand einer Online-Umfrage bei 29 Schweizer Theatern (public theatres) wird das Potenzial einer dynamischen Preisgestaltung zur Verbesserung der Einnahmesituation untersucht. Obwohl diese der temporären Fluktuation entgegenwirkt und einer größeren Variationsbreite des Publikums dient, wird deren Umsetzung als derzeit (noch) problematisch angesehen.

In der Special-Issue-Ausgabe 19/4 (2014), herausgegeben von Richard Waters, geht es um Nonprofit-Kommunikation, und zwar aus der Perspektiven von Stakeholder Relationship, Funding, Internet-Kommunikation und Human Resources. Die Kommunikation mit internen und externen Stakeholdern ist sowohl beim Funding wie auch beim Human-Resource-Management wichtig. Während Giselle Andree Auger (2014, 19/4: 239-249) untersucht, wie mittels klar strukturierter Tweets organisationale Verantwortlichkeitsebenen erfolgreich dargestellt werden können, unterstreichen Sarah P. Maxwell und Julia L. Carboni (2014, 19/4: 301-313) mittels einer Netzwerkanalyse, welchen wichtigen Beitrag hochwertige Kommunikation für die Kooperation und Kollaboration von Angestellten und Ehrenamtlichen leistet. Mit Funding befasst sich ebenfalls Joshua M. Bentleys Beitrag *Best Practices in Noncommercial Radio Fundraising: a Practitioner Perspective* (2014, 19/4: 250-261). Er führte Tiefeninterviews mit Mitarbeitern von Radiosendern zur Frage, wie diese erfolgreich Hörerspenden sammeln. Die Spendenaufrufe lassen sich anhand seiner Datenanalyse in verschiedene Dimensionen strukturieren, beispielsweise rational versus emotional oder altruistisch versus eigennützig. Die Fallanalyse zeigt weiterhin, dass diese Radiosender mittels direkter Kommunikation und auch Massenkommunikation die Beziehung zu ihren Spendern pflegen. Bei Elizabeth Branigan und Ann Mitsis (2014, 19/4: 314-321) geht es dagegen um einen weiteren Aspekt des Audience Development: Inwiefern kann Celebrity Endorsement ein jüngeres (australisches) Publikum erreichen?

Die Special-Issue-Ausgabe 19/2 (2014), herausgegeben von Silke Boenigk, befasst sich mit Nonprofit-Relationship-Marketing. Hier ist für das Kulturmarketing besonders der Artikel *Learning and Relationship Orientation: an Empirical Examination in European Museums* (2014, 19/2: 92-109) von Ma José Garrido und Carmen Camarero relevant. Die Autoren befassen sich mit dem Ineinandergreifen von Faktoren der organisationalen Orientierung – speziell in Museen – wie der Bereitschaft zu organisationalem Lernen, Innovation und Beziehungspflege. Nach einem Literaturüberblick entwickeln sie ein Modell und testen dieses anhand der Umfragedaten von 491 europäischen Museen. Die Ergebnisse zeigen, dass organisationales Lernen einen direkten Einfluss auf die ökonomische und soziale Performance von Museen hat. Interne Innovationen und der Aufbau langfristiger externer Beziehungen sind dabei weitere relevante, mit den Lernprozessen verknüpfte Faktoren.

4. Journal of Nonprofit & Public Sector Marketing

Das vierteljährlich erscheinende *Journal of Nonprofit & Public Sector Marketing* richtet sich an Marketingfachleute, Wissenschaftler und Studierende und widmet sich vornehmlich der Übertragung von klassischen Markt- und Marketingprinzipien auf den gesamten Nonprofit Sektor. Das Gros der Veröffentlichungen sind empirische Beiträge, neben Fallstudien auch quantitative, qualitative und teilweise auch Mixed-Methods-Studien. Die untersuchten Nonprofit-Institutionen kommen aus den Bereichen Gesundheitswesen, kommunale Versorgung, Bildung oder Politik; der Kultursektor ist weniger relevant. Lediglich der Beitrag von Margee Hume, *To Technovate or Not to Technovate? Examining the Inter-Relationship of Consumer Technology, Museum Service Quality, Museum Value, and Repurchase Intent* (2015, 27/2: 155-182), bildet hier in den Jahren 2014 und 2015 eine Ausnahme. Datengrundlage dieses Artikels sind Interviews von Mitarbeitern aus 12 amerikanischen Kunstmuseen, die jeweils für Social-Network-Services verantwortlich sind. Basierend auf den Ergebnissen zur Effektivität dieses Marketinginstruments (im Sinne von Aufmerksamkeit, Einbezug, Networking) für die Beziehung des Museums zu seinen Besuchern werden verschiedene Marketingstrategien entwickelt. Weitere Artikel befassen sich mit einer Vielzahl von Kommunikations- und Marketinginstrumenten, die auch für Nonprofit Kulturinstitutionen relevant sind; neben bspw. Fundraising, Sponsoring, Einbindung von Ehrenamtlichen oder Spendenakquise bildet Social-Marketing einen leichten Schwerpunkt. Social-Marketing wird hinsichtlich seiner Wirksamkeit zur Aktivierung von Zielgruppen untersucht (Michaelidou/Moraes 2014, 26/2: 162-183; Tweneboah-Koduah 2014, 26/3: 206-225) sowie als Plattform einer Nonprofit Organisation zur Krankenversicherung von Künstlern (Jackson/Smith 2014, 26/1: 80-98).

Mit Ausgabe 26/4 (2014) liegt ein Special Issue zum Thema *Emotions and Prosocial Decision Making* vor; dieses Verhältnis wird sowohl aus der ökonomischen wie auch der sozialpsychologischen Perspektive diskutiert. Inhaltlich findet sich in den Artikeln prosoziales Verhalten v. a. als Unterstützung von Nonprofit-Organisationen in Form von Spenden wieder; als Einflussvariablen werden neben psychographischen Daten persönliche Werte und Einstellungen potenzieller Spender oder deren Empathie für das Thema der Nonprofit Organisation untersucht.

REZENSIONEN

Jochen STROBEL/Jürgen WOLF (Hgg.): Maecenas und
seine Erben. Kunstförderung und künstlerische
Freiheit – von der Antike bis zur Gegenwart.
Stuttgart (Hirzel) 2015, 272 Seiten und 26 Abb.

Hervorgegangen aus einer Marburger Ringvorlesung behandeln die
Beiträge Aspekte der Kunstförderung von der Antike bis zur Gegenwart
und spannen so einen Bogen von Maecenas, dem Förderer von Vergil
und Horaz, bis zu seinen ‚Erben‘, wie es leitmotivisch im Titel formuliert wird. Es geht dabei neben Fragen der Kunst- und Kulturförderung
um das Spannungsfeld von Förderung der Künstler und deren Freiheits-
spielräumen, womit sowohl der diachrone Aspekt einer Vergleichbarkeit
von „Szenarien der Förderung" (S. 9) in der Antike, im Mittelalter, in der
Frühen Neuzeit, der Neuzeit und der Gegenwart angesprochen ist, als
auch die Frage nach den Parametern und Einflüssen durch Interessengebundenheit, durch Ansprüche auf künstlerische Freiheit sowie durch
materielle und politische Abhängigkeiten.

Um sich der Komplexität des Feldes zu nähern unternehmen die
beiden Herausgeber in einem fundierten Problemaufriss (*Maecenas'
Erben. Das Spannungsfeld von Kunstförderung und künstlerischer
Freiheit – von der Antike bis zur Gegenwart*, S. 7-47) eine begriffsge-
schichtliche Sichtung von auf die fördernden Akteure bezogenen Modellen: Die Akteure agieren als Auftraggeber, Förderer, Gönner, Mäzene, Spender, Stifter und Wohltäter (S. 18f.), es geht um Mäzenatentum,
Patronage und Sponsoring bzw. nach einem Ansatz von Karl-Siegbert
Rehberg um das monologische Verhältnis des Mäzens zum Künstler, um
das als Austauschbeziehung verstandene Zweistellige des Auftraggebers
sowie die Dreierkonstellation des Stifters (S. 8). Neben der Klärung des
begrifflichen Inventars geht es in den Beiträgen auch um die Positionierung der Künstler, für die sich auf der einen Seite die „Idee von der
Autonomie" herausbildete, auf der anderen aber Zumutungen wie Auf-
tragskunst, Künstlerprekariat, Kunst als Ware existieren, die auf immer
neu auszutarierende Relationen verweisen (S. 19).

In Form von Fallstudien werden zunächst Beispiele für Kunstförderung in der Antike (Matthäus Heil: *Maecenatentum in der Antike*, S. 49-
70), im Mittelalter (Jürgen Wolf: *Maecenatentum im Mittelalter – eine
Skizze*, S. 71-97) und in der Frühen Neuzeit, in der es zur Verschränkung
von Hof- und Machtkunst kam (S. 28), vorgestellt. Ungeachtet einzelner Ausnahmen wie Albrecht Dürer blieben ‚normale‘ Künstler an den
Willen der Auftraggeber gebunden, auch wenn marktwirtschaftliche

Aspekte, so bei den englischen Schauspieltruppen, durchaus schon eine Rolle spielten (Sonja Fielitz: *„The onelie begetter".* *Patronage englischer Schauspieltruppen der Frühen Neuzeit diesseits und jenseits des Kanals*, S. 141-171). Auf einen Sonderfall der Kulturförderung, die Dichterkrönung, weist Claudius Sittig hin (*Die Dichterkrönung als Instrument der Literaturförderung in der Frühen Neuzeit*, S. 155-171), der von Petrarcas Krönung 1341 ausgehend dezidiert inflationäre Tendenzen rekonstruiert.

Konstatiert wird insgesamt ein „zeittypisches Wechselspiel von Gönnerschaft, Gönnersuche, Interessengebundenheit und Freiheit, von privaten Interessen und einem übergeordneten Kulturdiskurs" (S. 29), was an weiteren Beispielen zu Erasmus von Rotterdam (Christoph Galle: *Erasmus von Rotterdam und die Patronatsverhältnisse im 16. Jahrhundert*, S. 99-113) und Kaspar von Stockalper (Holger Th. Graf: *Der Mäzen als Schöpfer eines Gesamtkunstwerkes. Das Wallis, Kaspar von Stockalper (1609-1691) und seine Stiftungen*, S. 115-140), ein „privatbürgerliches Gönnerszenario" (S. 30), herausgearbeitet wird.

Die Neuzeit ist dann von dem Wechsel vom Hof- zum Ausstellungsbzw. auch Unternehmenskünstler geprägt, womit ein neues kommerzielles Modell in den Blick gelangt (S. 31), das fundiert und auf die Entwicklung des sozialen Systems Kunst bezogen von Eva-Bettina Krems herausgearbeitet wird (*Vom Hofkünstler zum Ausstellungskünstler. Künstler und ihre Mäzene in der Frühen Neuzeit und der Moderne*, S. 191-216). Begleitet wird dieser Prozess von Vorstellungen in Bezug auf Autor- bzw. Künstlerschaft, die nicht mehr als Handwerk galt, sondern der Schöpferkraft, ingenium, zugesprochen wurde (S. 35), eine wichtige Voraussetzung für das Idealbild des freien Schriftstellers resp. Künstlers. Ob diese tatsächlich so frei waren angesichts ihrer Einbindung in den Markt auf der einen, in staatliche und zivilgesellschaftliche Förderstrukturen (Preise, Stipendien etc.) auf der anderen Seite, wird auch von den Herausgebern bezweifelt (S. 36). In diesem Kontext weist York-Gothard Mix (*Sturm und Drang nach geldwerter Aufmerksamkeit oder der Göttinger Hain ‚muss in Deutschland oben an stehn'. Kulturökonomie und Öffentlichkeit im ausgehenden 18. Jahrhundert*, S. 173-189) auf die Zäsur um 1775 hin, mit der ein Wechsel vom literarischen Markt zum literarischen Wettbewerb erfolgte, da die Autonomisierung künstlerischen Schaffens im Kontext medien-, sozial- und ideengeschichtlicher Konkurrenzen stehe (S. 37), einem „Wechselspiel von innerer Freiheit und mehr oder weniger ausgeprägten äußeren Abhängigkeiten." (S. 37) „Öffentlichkeit ist die Währung, die für den Kunstwert in einer sich gegen Ende des 18. Jahrhunderts konstituierenden Ökonomie der Aufmerksamkeit in materieller und symbolischer Hinsicht definiert und etabliert." (S. 173) Damit verbunden seien die neue Dichotomie von kanonisierter und populärer Kultur, ein „antagonistisches Kultur- und Sozialmodell" (S. 176) sowie die Neukonstitution des Publikums, eine „Transformation der gebildeten Schichten in ein partizipierendes Lesepublikum" (S. 174).

Im 19. Jahrhundert wird das individuelle (Sammler und Förderer) und kollektive (z. B. Kunstvereine) Mäzenatentum zu einer Aufgabe des Bürgertums, welches eines der verbindenden Elemente zwischen Bildungs- und Wirtschaftsbürgertum darstellt (S. 43), wobei der Bürger als Mäzen zudem die Rolle eines gesellschaftlichen Korrektivs einnimmt.

Auf die diffizile Rolle freien Schriftstellertums im Dritten Reich geht der Herausgeber Jochen Strobel ein, der Literaturpolitik und Literaturförderung zwischen 1933 und 1945 anhand der Fallbeispiele Hanns Johst, Erich Kästner und Ernst Wiechert untersucht (*Wie frei war der ,freie Schriftsteller' im NS-Staat? Literaturpolitik und Literaturförderung 1933-1945*, S. 217-234).

Abgeschlossen wird der Band mit den Berichten zweier Praktiker, einer Autorin (Kathrin Schmidt: *Privilegierte Zacken im Krönchen*, S. 235-243) und einem Vertreter der *Sparkassen-Stiftung Hessen-Thüringen* (Thomas Wurzel: *Von der Dauerhaftigkeit des Förderns. Durch Stiften auf den Weg zur Ewigkeit*, S. 245-253).

Wenn natürlich auch nicht sämtliche Begriffe und Themen über diesen langen Zeitraum von der Antike bis zur Gegenwart behandelt werden können und wichtige Debatten z.B. um geistiges Eigentum und Urheberrecht kaum Erwähnung finden, so eröffnet der Band doch einen wichtigen, vor allem historischen und kulturkontrastiven Blick auf ein Themenfeld, welches in der Regel entweder unter zweckgebundenen Anforderungen bzw. aus heutigen funktionalen Perspektiven behandelt wird. Erst der historische Zugang eröffnet den Blick auf die diversen Transformationen, denen auch die Kultur- und Literaturförderung unterlagen. Insofern ist mit dem Band zu Maecenas und seinen Erben eine gute Grundlage für weitergehende Forschungen gelegt.

Steffen Höhne

Stefanie FREYER: Der Weimarer Hof um 1800. Eine
Sozialgeschichte jenseits des Mythos. München
(Oldenbourg) 2013, 575 Seiten.

Urbanität erfährt nicht zuletzt in der aktuellen Debatte um die Potenti-
ale der sogenannten kreativen Ökonomie und den damit verbundenen
kulturstädtischen Perspektiven ein vermehrtes Interesse. Gefragt wird
dabei auch nach den Institutionen politisch-ökonomischer Steuerung,
die für eine urbane Entwicklung relevant sein können. Angesichts der
Tatsache, dass die Diskussionen um Kultur- und Kreativquartiere bzw.
-städte weitgehend gegenwartsbezogen verläuft, erscheint ein historischer Blick, der die langfristig wirkenden Determinanten und Entwicklungen berücksichtigt, umso notwendiger. Dies dürfte nicht zuletzt für
Orte gelten, deren hochkulturelles Potential längst zu einem relevanten
Wirtschaftsfaktor avanciert ist, womit sich die Frage stellt, wodurch
Städte wie Bayreuth, Salzburg oder eben Weimar sich als erfolgreiche
Kulturstädte positionieren und etablieren konnten.

Hier setzt nun eine Studie an, eine Jenaer Dissertation, die sich mit
dem ‚Musenhof' Weimar befasst, einer retrospektiven, gleichwohl wir-
kungsmächtigen Charakterisierung einer Stadt, die längst zum ‚Mythos'
avancierte. Welche Rolle spielte bei dieser Positionierung der Hof?

Das Konzept des Musenhofes geht auf den Historiker Wilhelm We-
demuth zurück, nach dem die „Art und Weise, wie Carl August und
Anna Amalia ihr geselliges Leben führten" (S. 11), die Voraussetzung
bildete, so viele bedeutende Dichter, Denker und Künstler an den Hof
zu binden. Neben der bis heute verwendeten These vom unkonventionellen Musenhof prägte das Argument der Kleinheit und Beschränkung
(also der Provinzialität?) des tatsächlich geographisch überschaubaren
Herzogtums Sachsen-Weimar-Eisenach ein weiteres Deutungsmuster,
welches als Kompensationstheorie bis heute Verwendung findet. Nach
dieser habe das Weimarer Fürstenhaus „die Pflege, Ausübung und Förderung von Künsten und Wissenschaften gezielt als Surrogat für fehlende (macht-)politische Ressourcen genutzt" (S. 14), Carl August habe so
einen „protegierten Raum zur Erhaltung von Kultur und Wissenschaft
ohne Standesschranken" geschaffen. Gilt die damit begründete These
einer „vermeintlich kausalen Kontinuität von der Berufung Christoph
Martin Wielands zum Prinzenerzieher im Jahre 1772 bis zur Kunstförderung Carl Alexanders" inzwischen als widerlegt (S. 15), so bleibt das
Konzept des politisch-ökonomisch unbedeutenden Musenhofes mit seiner daher benötigten kompensatorischen Inszenierung doch erhalten.

Wie soll man es auch erklären, dass sich zentrale Teile der Klassik im kleinen Weimar, mit zu Goethes Zeiten gerade mal 6.000 Einwohnern, der Frühromantik im benachbarten Jena abspielten, und dass sich daran eine ‚silberne' Epoche mit Franz Liszt sowie eine zentrale Phase der Moderne mit zunächst Henry van de Velde und Harry Graf Kessler, später dann mit der Gründung des Bauhauses anschlossen? Fragen, die zudem eine höchst aktuelle Dimension besitzen, denkt man an moderne Stadtentwicklungskonzepte, die sich auf die sogenannten kreativen Klassen hin orientieren oder die kulturelle Entwicklung unter Standortfaktoren diskutieren.

Hier setzt nun die Studie von Stefanie Freyer an, die den Fokus auf die höfische Personalpolitik in Weimar zwischen 1790 und 1810 legt und nach den hofpolitischen Prinzipien Carl Augusts fragt, um das argumentative Konzept eines defizitären, der kulturellen Kompensation bedürftigen Hofes kritisch zu überprüfen (S. 21).

Dabei gelingt es der Verfasserin, den Stellenwert des Weimarer Hofes u. a. ausgehend von einer Analyse des Hofpersonals und seiner Funktionen, aber auch vom Rang innerhalb der Höfe des Alten Reiches vor 1806 als ranggemäßes, nach 1806 unter napoleonischer Hegemonie als rangpostulierendes Symbol zu verorten. „Denn als es darum ging, der höfischen Öffentlichkeit so schnell wie möglich den Anspruch auf die Erhebung zum Großherzog zu demonstrieren, waren nur noch drei Kriterien wichtig: Adel, Meriten und Vertrautheit." (S. 489) Ob damit natürlich schon die These der Kleinheit widerlegt werden kann, da sich an der politisch-ökonomischen Schwäche nichts änderte, sei offen gelassen.

Andererseits gelingt es der Verfasserin, die These vom moralischen Verfall des Weimarer Hofes zu entkräften. Carl August hatte offenbar durchaus Interesse an einem „reibungslos funktionierenden Hof" (S. 152) und nahm „Verfehlungen oder gar Verfall zugunsten persönlicher Freiheiten" nicht hin (S. 152). Entsprechend war die Stellung der vier wichtigsten Geistesgrößen, Wieland, Goethe, Herder und Schiller, durch ihre Positionierung zum Hof bestimmt. Nur Goethe erhielt ein wirkliches Amt, er war allerdings als Mitglied des Geheimen Konzils, als Legations- und später als Geheimer Rat Mitglied der Regierung, nicht des Hofes, zu dem er erst 1788 als Direktor der Zeichenschule qua Amt gehörte. Goethe befand sich somit als einziger in einer Doppelstruktur als Hof- und Staatsdiener eingebunden. Wieland besaß zwar den Status eines regulären Mitglieds des verpflichteten Hofverbands, Herder und Schiller besaßen lediglich den Status von Zivildienern. Dies sagt zwar noch nichts über die Präsenz am Hof aus, zu dem durchaus Zugang be-

stand, wohl aber über die bis auf Goethe nicht vorhandene Verpflichtung
am Hof (S. 170) bzw. in die Einbindung des Zeremoniells „als Garant
sozialer Distinktion" (S. 486). Insbesondere Schiller, der auf Distanz
gehalten wurde, blieb sowohl vom höfischen Personenverband als auch
von der Weimarer Hofgesellschaft ausgeschlossen. „Er war somit weder
repräsentativer Dichter noch repräsentativer Gast des Weimarer Hofes."
(S. 173) Eine zumindest überraschende These, die natürlich nur unter
einer reduktiven sozialhistorischen Perspektive funktioniert, nach der
Statuszuweisungen rein nach institutioneller, in dem Falle höfisch-zere-
monieller Zuordnung erfolgen, und nicht nach dem einer sich herausbil-
denden literarischen Öffentlichkeit, bei der Schiller natürlich sehr wohl
Repräsentativität beanspruchen darf.

Es geht der Verfasserin also vor allem um die Widerlegung des wir-
kungsmächtigen Bildes von Herzog Carl August als rebellischem jungen
Herrscher, „der aufgrund der Abneigung [...] gegen alles Höfische ohne
Rücksicht auf Stand, Rang und Zeremoniell" agierte und der im Gegenteil seinen Hof konventionell gestaltet hatte, was der Idee der Genieperi-
ode ebenso widersprach wie dem Konzept des Musenhofes (S. 483), mit
dem man bis heute gewohnt ist, ein Phänomen wie die Weimarer Klassik
zu erklären.

Und für diese Weimarer Klassik bzw. Weimar als eine herausragende
Kulturstadt liefert die lesenswerte Studie von Freyer durchaus wichtige
Erkenntnisse, die den dominanten kultur- und literaturwissenschaftli-
chen Blick auf die Stadt zu erweitern vermögen.

Steffen Höhne

Klaus Georg KOCH: Innovationen in
Kulturorganisationen. Die Entfaltung
unternehmerischen Handelns und die
Kunst des Überlebens. Bielefeld
(transcript) 2014, 398 Seiten.

Klaus Georg Koch setzt sich in seiner fast 400 Seiten schweren Abhand-
lung, die zugleich als Dissertation an der Hochschule für Musik, Theater
und Medien Hannover eingereicht wurde, mit der Frage auseinander,
inwiefern traditionelle, öffentlich geförderte Kulturinstitutionen durch
strategisch eingesetzte unternehmerische Prinzipien innovativer werden

können, um sie auch unter veränderten demografischen, ökonomischen, technologischen Bedingungen überlebensfähig zu machen.

Der Autor geht davon aus, dass öffentliche Kultureinrichtungen erst aus einer „Situation der Gefährdung heraus" Anstrengungen für Veränderungsprozesse unternehmen (S. 361).

Den größten Teil des Buches nehmen theoretische Reflexionen auf einer sehr breiten philosophischen, kultur-, wirtschafts- und politikwissenschaftlichen Basis ein, in denen der Autor abwägt, welche spezifischen Bedingungen und Eigenlogiken Kulturinstitutionen auszeichnen und inwiefern Modelle und Strategien aus den Wirtschaftswissenschaften für Kultureinrichtungen, die sich stärker als Unternehmen definieren, relevant sein können und welche Konsequenzen das hätte. Dabei ist der Begriff und das Konzept der Innovation Kernpunkt seiner Überlegungen, da dies sich sowohl auf das strategische Handeln der Organisationen wie auch auf die entstehenden Produkte beziehen lässt (S. 362).

Koch zeigt auf, warum gerade Institutionen wie Konzerthäuser und Theater tendenziell veränderungsresistent sind. Er begründet das damit, dass sich diese – nicht immer explizit – dem Auftrag verschrieben haben, kulturelles Erbe auf hohem und unverändertem Niveau zu präsentieren (s. hierzu auch Martin Tröndles Analysen des Konzertwesens): „So steht das verändernde Moment der Innovation unausweichlich in Spannung zur bewahrenden, inerten trägen Tendenz mehr oder weniger ausdrücklich formulierter Identitäten und organisationaler Handlungsroutinen, in Spannung zur Selbstreplikation oder Autopoiesis der als System verstandenen Organisation." (S. 16f.) Koch stellt unter Rückgriff auf vielfältige theoretische Schriften dar, wie „Institutionalisierungsprozesse" öffentlich geförderter Institutionen eine Eigenlogik entwickeln, die Innovationen verhindert, weil es sich zum Teil als vorteilhafter erweist, resistent gegenüber Veränderung zu sein, wenn man eine bestimmte Form gesellschaftlicher Wertigkeit einschließlich enger Beziehungen zur ‚Macht' etabliert habe.

In einem empirischen Teil hat der Autor drei Best-Practice-Einrichtungen, führende europäische Konzerthäuser: die *Berliner Philharmoniker*, das *Konzerthaus Berlin* und die *Philharmonie Luxemburg*, über den langen Zeitraum von sechs Jahren in ihren Veränderungsprozessen wissenschaftlich begleitet. Er kommt zu folgenden Ergebnissen: Alle drei untersuchten Organisationen hätten sich stärker „zu Dienstleistern" entwickelt. „Dabei wird die traditionelle Orientierung am Kunstwerk durch eine Orientierung am Kunden abgelöst." (S. 363) Es gehe stärker um „being for somebody" als um „being about something" (S. 315), also weniger um das dargebotene Kunstwerk als um die Gesamterfahrung, die Besucher in einer Kultureinrichtung machen können.

Für alle drei Häuser konstatiert der Autor eine Entwicklung zu „Veränderungen der Identität in Richtung Dienstleister," verbunden mit „Arbeit an einer Verbreiterung, Vertiefung und Diversifizierung der Publika," ferner eine „Intensivierung des Austauschs mit der gesellschaftlichen Umwelt," eine „Ausrichtung am Erlebnis" sowie ein „Ausbau vermittelnder Angebote" mit der „Tendenz zur Personalisierung." (S. 322)

Dabei gehe es den Organisationen weniger um finanzielle Zugewinne, die ebenfalls gelängen, wenngleich nur in bescheidenem Umfang, sondern eher um Zugewinn von kulturellem und sozialem Kapital (S. 329), was sich dann auch in finanzieller Belohnung durch die öffentliche Kulturförderung rechne. Innovationen würden in den Einrichtungen v. a. auf der Ebene der Publikumsgewinnung und der Erweiterung von Publikumserfahrungen stattfinden, nicht jedoch auf der Ebene der künstlerischen Produktion. Hier orientiere man sich weiterhin vorwiegend am klassischen Kanon des Musikerbes (S. 338).

Dennoch sieht Koch auch für die künstlerische Entwicklung Innovationspotential, indem diese sich durch die aktive Beteiligung des Publikums in ihrer wahrgenommenen Qualität verändere und damit die Autonomie der Künste im Sinne einer Musealisierung aufhebe (S. 346): „Der Vorrang des Publikums ist ein Moment eines umfassenden Prozess der Pluralisierung und Demokratisierung, der die Grundlagen der Werturteile verändert, Herrschaftsverhältnisse verschiebt, Konsumenten zu eigenen Wert- und Wahlentscheidungen ermächtigt, und der eine Erweiterung, Hybridisierung und Ausdifferenzierung der Umgangsformen mit Kunst und kulturellen Produkten mit sich bringt." (S. 347)

Die gezielte Einladung an ein erweitertes Publikum, mit den künstlerischen Werken eigensinnig umzugehen, und die dabei entwickelten neuen Formate der Präsentation und Rezeption würden langfristig auch zu künstlerischer Innovation führen. „In der Bewegung von den traditionellen Konzertformaten hin zu Education-Angeboten, von einer Kultur der Repräsentation von Werken hin zu Sozialformen einer partizipativen und erlebnisorientierten Pädagogik entsteht die vielleicht einzig disruptive Innovation unserer Konzerthäuser und Sinfonieorchester", so die abschließende Interpretation des Autors (S. 364).

Das Buch macht eine Fülle von teilweise erstmalig für den Kultursektor reflektierten Theorien für die Kulturmanagement-Wissenschaft zugänglich. Auch wenn sich der Autor in seinen sehr differenzierten Reflexionen zum Teil etwas verliert und das Buch unter einigen Wiederholungen und mangelnder Stringenz leidet, ist es ein weiterer Meilenstein für die theoretische Auseinandersetzung mit den Eigenlogiken von Kulturorganisationen. Dabei bietet es anschauliche Analysen, mit welchem Verständnis und mit welchen Zielsetzungen führende klassische Kunstinstitutionen Veränderungen planen und umsetzen, die sie unter ökonomischen, sozialen und auch unter künstlerischen Aspekten zukunftsfähig machen sollen.

Birgit Mandel

Kathryn BROWN (Ed.): Interactive Contemporary Art. Participation in Practice. London, New York (I. B. Tauris) 2014, 304 Seiten.

Der Sammelband *Interactive Contemporary Art. Participation in Practice* widmet sich den Themen ‚audience participation' und ‚interactive aesthetics'. Die Debatte um Partizipation, Interaktivität und aktive Teilnahme des Publikums hat in der Kunstwelt seit den sogenannten Participatory und Collaborative Turns in den 1990ern an Bedeutung gewonnen. Kunstpraktiken und Ausstellungsräume werden seither auf ihre sozialen Qualitäten untersucht. Der vorliegende Sammelband setzt bei der Diskussion um diese großen Schlagwörter an und vereint in vier thematischen Blöcken je drei Essays. Diese basieren auf Fallbeispielen und vermitteln eine breit gefächerte Übersicht zu neuen Konzeptionsmöglichkeiten partizipatorischer Projekte.

Im Titel des Bandes deutet sich bereits an, dass es sich bei dieser Zusammenstellung von Essays um eine Annäherung an die interaktive und partizipative Kunst handelt. Gemeint sind hier – im Gegensatz zu kollaborativen – Praktiken, bei denen der Beitrag des Publikums oder der Teilnehmer/-innen das Werk und dessen Darstellung beeinflusst und verändert, aber die Autorschaft des Künstlers oder der Künstlerin nicht infrage steht. Der Band versammelt internationale Case Studies, welche die politischen, sozialen, ethischen und künstlerischen Auswirkungen solcher Praktiken aufzeigen. In insgesamt 12 Beiträgen von Kunsthistorikern, Künstlern und Kuratoren wird mit verschiedenen disziplinären und methodischen Zugängen untersucht, wie partizipatives Arbeiten die Rolle des Museums in der zeitgenössischen Gesellschaft wie auch die Vorstellung von der Funktion des Künstlers und des Kunstwerks verändert.

Als zentrale theoretische Referenzen, die sich als roter Faden durch den Band ziehen, werden Nicolas Bourriaud und sein Werk *Relational Aesthetics* sowie Claire Bishops Publikationen zur Partizipation genannt. In dieser knappen Übersicht zum State of the Art von Partizipation und Interaktivität betont die Herausgeberin in der Einleitung die Vielfalt an Möglichkeiten, mit denen Kunstwerke das Publikum ansprechen und warnt davor, die partizipativen Projekte unter einem einheitlichen Konzept und universellen Anspruch zu subsumieren. Sie fordert, diese besondere Art der Kunstproduktion nicht zu generalisieren, sondern ihre individuellen und institutionellen Kontexte kritisch mitzudenken. Weiterhin gibt sie zu bedenken, dass für jedes Projekt das spezifische Verständnis von Öffentlichkeit und Publikum abzuklären sei und dabei zu beachten ist, welche Effekte dies auf das Publikum haben kann:

> In this regard, participatory art demands much of the imaginative work asked of art audiences generally. [...] participatory works can have the effect of confronting audience members with startling and direct forms of self-knowledge. (S. 7)

Der erste Essayblock mit dem Titel *Encountering Strangers* beschäftigt sich mit den sozialen Aspekten und Auswirkungen von interaktiver zeitgenössischer Kunst. Mieke Bal, Kathryn Brown und Nicola Grobler thematisieren den Einfluss von Strategien der Partizipation auf zwischenmenschliche Beziehungen innerhalb des Museums oder der Kunstgalerie und auch darüber hinaus. Mieke Bal betont den Einsatz audiovisueller Mittel, um den Besucher zu aktivieren und propagiert „affect as medium" (S. 33). Filmische Arbeiten und das Ausstellungsnarrativ schaffen Momente der Begegnung, sprechen die Besucher emotional an und eröffnen so einen Dialog mit ihnen. Brown diskutiert Computerkunstwerke, welche die zugleich individualisierende und verbindende Funktion von neuen Technologien reflektieren und Interaktivität als kollektive Tätigkeit im öffentlichen Stadtraum offerieren. Das Publikum gestaltet hier das Aussehen der Kunstwerke physisch mit und ermöglicht unerwartete Beziehungen zwischen den Teilnehmern. Grobler etwa beschreibt partizipative Projekte in der Kunstszene Südafrikas. Sie nennt zum einen die ‚feel-good'-Teilnahme, die darauf abzielt, den gesellschaftlichen Zusammenhalt zu verbessern und durch den Künstler oder die Künstlerin vorbestimmt wird. Zum anderen gibt es laut Grobler Projekte, die sie als offen, ‚disruptive' und ‚situationally responsive' beschreibt. Letztere ermöglichen es Teilnehmern, Mitautoren und Mitschöpfer zu werden. Grobler betont, dass die Emanzipation des Publikums Gefahr laufe, dieses für bestimmte Zwecke und Aussagen zu instrumentalisieren.

Im zweiten Essayblock untersuchen die Autoren Joel Robinson, Josh Ginsburg und Claudia Slanar die imaginativen Facetten interaktiver und partizipativer Kunst. Unter dem Titel *Imaginary Geographies* stellen sie vor, wie Kunstwerke reale und virtuelle Umgebungen formen. Dabei geht es insbesondere um den spezifischen Ort, an dem das partizipative Projekt stattfindet. Bei diesem Ort muss es sich nicht um einen geographischen Punkt handeln, sondern dieser kann auch ein imaginäres Gebiet umfassen. Alle drei Texte thematisieren entweder implizit oder explizit Umberto Ecos Konzept des ‚open work': Inwiefern vervollständigt das Publikum die Arbeit? Braucht es das Publikum, damit ein Werk zum Werk wird? Damit einhergehend fordert uns Partizipation auf, unser Verständnis von Kunst und Kunstwerken zu überdenken, aber auch die Bedingungen, unter denen wir leben, und die Welt.

Der dritte Block widmet sich dem speziellen Zusammenhang von Interaktivität und Performance. In *Performance und Agency* analysieren Susan Jarosi, Harry Weeks und Jennifer Kalionis Kunstwerke, Aktionen und Performances, in denen das Publikum selbst Teil der Performance, gar selbst zum Performer wird. Dabei werden Momente hervorgehoben, in denen es um ethische Fragestellungen und brisante Themen wie Nationalismus und Rassismus geht. Die Essays untersuchen Projekte, die sich zwischen Happening, Performance und Aktivismus bewegen. Die dabei feststellbaren Grenzüberschreitungen werfen Fragen auf, welche die Autoren teilweise beantworten: Inwiefern muss das Publikum wissen, dass es nicht nur Zuschauer, sondern Performer ist? Ist Partizipation eine politische und politisierende künstlerische Methode?

Das vierte Kapitel *Institutional Frameworks* thematisiert die institutionellen Rahmenbedingungen und ihre Auswirkungen auf partizipative Projekte. Juliet Styen, Margriet Schavemaker und das *Freee Art Collective* zeigen, wie Partizipation beispielsweise durch die Eventisierung oder in spezifischen kuratorischen Strategien zur Publikumsgewinnung instrumentalisiert wird. Die zentrale Frage lautet: Welche Mittel und Wege erzielen die gewünschte partizipative Erfahrung? Schavemaker stellt vier kuratorische Modelle vor, mit denen Museen sich auf Educational Projects konzentrieren, um ihre Ausstellungen interaktiver zu gestalten und einen Dialog mit Besuchern zu stimulieren. Die drei Autoren heben hervor, dass Partizipation nicht immer erfolgreich in das Programm integriert wurde. Die angestrebte Öffnung der Institution bringt einen neuen Konflikt von „audience expectations und expectations of audience" mit sich (S. 248). Insbesondere das *Freee Art Collective* beschreibt Partizipation und Interaktivität als illusorische Lösungen: In den bisherigen

Formaten partizipativer Projekte ging es nicht primär um eine Veränderung des Kunstapparats und der Institution Kunst, sondern um eine Umverteilung von Arbeit und Verantwortung. Stattdessen sollte der Apparat neu gedacht werden: mit neuen Orten, neuen Akteuren und neuen Rollen sowie einer neuen Funktion von Kunst.

Die Beiträge des insgesamt ansprechend gestalteten Sammelbandes sind durchgängig verständlich formuliert und damit auch für mit dem Thema weniger vertraute Leser zugänglich. Sie fassen die aktuellen Ansätze zu partizipatorischen Kunstwerken, interaktiven und kollaborativen Praktiken gut zusammen. Dies wird an spezifischen Beispielprojekten und Werken anschaulich dargestellt. Die thematisch gruppierten Blöcke repräsentieren die unterschiedlichen Facetten und regionalen Kontexte und geben dem Leser bereits auf den ersten Blick die wichtigsten Fragestellungen zu verstehen, beschränken sich dabei aber zumeist auf die Beschreibung des State of the Art. Das titelgebende Konzept der Interaktivität wird dabei nicht abschließend beleuchtet – eine zusammenfassende Gegenüberstellung und Differenzierung zwischen Interaktivität und Partizipation mithilfe der Fallbeispiele des Sammelbandes für die weitere Beschäftigung mit dem Thema wäre eine hilfreiche Unterstützung gewesen.

Das Buch sei besonders jenen empfohlen, die eine Einführung zu den wichtigsten Theoriepositionen im Bereich partizipativer und interaktiver Kunst suchen. In diese vielfältige Praxis gibt der Band anhand einer breiten Auswahl internationaler Fallbeispiele einen guten Einblick.

Franziska Brüggmann

Polly MCKENNA-KRESS/Janet A. KAMIEN: Creating Exhibitions. Collaboration in the Planning, Development and Design of Innovative Experiences. London (Wiley & Sons) 2013, 320 Seiten.

Kollaborative Praktiken stehen derzeit hoch im Kurs. Während sie bisher vor allem in der künstlerischen Praxis zu finden waren, setzen sie sich auch in der Ausstellungsplanung durch. Dies zeigt das 2013 bei *Johny Wiley & Sons* erschienene Buch *Creating Exhibitions. Collaboration in the Planning, Development and Design of Innovative Experiences.* Auf 320 Seiten entwickeln die beiden Ausstellungsmacherinnen Polly McKenna-Kress und Janet A. Kamien ein Konzept zur kollaborativen

Ausstellungskonzeption, -entwicklung und -umsetzung. Die Autorinnen verstehen ihr Werk als Handbuch, das aus der Praxis heraus entstanden ist. Es versammelt in neun Kapiteln Fallbeispiele, Illustrationen und Gastbeiträge von führenden Kräften des Ausstellungsfeldes, die Best-Practice-Beispiele zum Thema vorstellen.

Zunächst konstatieren die Autorinnen eine Veränderung der Funktion von Museen und Ausstellungen. Diese Vorannahme ist mittlerweile fest im Diskurs der Museum Studies etabliert, dem sich McKenna-Cress als Direktorin des Programms *Museum Exhibition Planning & Design* an der Kunsthochschule in Philadelphia zuordnet. Statt einer Themenfokussierung wird eine besucherorientierte Herangehensweise vorgeschlagen. Daraus ergibt sich die zentrale W-Frage des Buches: Wer macht wie Ausstellungen für wen? Ziel ist es, die Mittel und Strukturen herauszuarbeiten, mit denen moderne zukunftsorientierte Ausstellungen entwickelt werden können, die den Besucher anregen und ansprechen. Der Besucher mit seinen Ansprüchen und Wünschen fungiert damit als Richtschnur sowohl für die Praxis der Ausstellungsplanung als auch für den Aufbau und Inhalt des Bandes.

Die beiden ersten Beiträge führen den Leser in die Thematik ein. *Collaboration*, so der Titel des ersten Abschnitts, sei für die zeitgenössische Ausstellungsplanung zentral und gehöre neben kritischem Denken, Kommunikationsgeschick und kreativer Problemlösung zu den wichtigsten Fähigkeiten und Werkzeugen in der Kulturorganisation des 21. Jahrhunderts. McKenna-Cress und Kamien führen eine Unterscheidung zwischen Teamwork und Kollaboration ein, wobei letztere nicht nur eine Rollenverteilung vornehme, sondern als durchweg inklusiver, demokratischer, kreativer und bereichernder Prozess beschrieben wird. Der knappen Vorstellung verschiedener kollaborativer Modelle folgt eine Übersicht zu verschiedenen erfolgreichen und weniger erfolgreichen Kollaborationen. Mit diesem ersten Abschnitt wenden sich die Autorinnen bewusst von einer seit Harald Szeemann etablierten Figur des Ausstellungsmachers als alleinigem Auteur ab. Statt der kuratorischen Selbstverwirklichung soll die Erfahrung des Publikums im Zentrum stehen und die Ausstellungsentwicklung als vielstimmiger, kreativer Prozess gestaltet werden.

Unter der Überschrift *Advocacies and Action Steps* stellen die Autorinnen vor, wie ein Team sinnvoll in Verantwortungsbereiche mit Kernkompetenzen strukturiert werden kann. Hierbei wird eine Teamstruktur und Projektorientierung vorgegeben, die sich an der Einteilung in fünf Verantwortungsbereiche – sogenannten Advocacies – orientiert: Institution, Thema, Besuchererfahrung, Design und Projekt/Team. In jedem Bereich werden in einer festgelegten Abfolge bestimmte Action Steps vorgenommen, die den Ablauf bestimmen. Die Autorinnen weisen auf eine gerechte Machtverteilung hin, der zufolge jedem Verantwortungsbereich die Entscheidungshoheit für ausgewählte Teilbereiche obliegt, auch wenn im Idealfall sich alle Teammitglieder gleichermaßen verantwortlich fühlen. Je nach Teamgröße kann auch eine Person mehrere Rollen annehmen.

Die folgenden fünf Abschnitte des Buches widmen sich dann je einem dieser Verantwortungsbereiche und sprechen jeweils eine spezifische Leserschaft an: nämlich die in verschiedenen Funktionen im Ausstellungsbereich Tätigen. Die Kapitel folgen dabei einer festen Struktur mit Zwischenüberschriften, farblichen Hinterlegungen des Textes sowie Abbildungen und sind so für den Leser leicht nachvollziehbar. Zu Beginn der Kapitel nennen die Autorinnen drei wesentliche Fragen für die jeweilige Kernkompetenz und beantworten diese im Verlaufe des Textabschnitts. Im Folgenden werden diese fünf Abschnitte knapp zusammengefasst.

Das dritte Kapitel *Advocacy for the Institution* richtet sich, wie die Gastbeiträge von Leslie Swartz (ehemals Direktorin des *Boston Children's Museum*) und Charlie Walter zeigen (COO, *San Antonio Children's Museum*), an Museumsdirektoren. Ziel ist es, ideale Rahmenbedingungen für die Ausstellung zu schaffen, mit denen die Ansprüche der Institution wie des Publikums erfüllt werden. Ausstellungsprojekte sollen helfen, die Institution in der Museumslandschaft besser zu positionieren. Auch die ambivalente Rolle als ‚client' wird dabei thematisiert: Obwohl das Museum die letztgültige Entscheidung trifft, ob und wie Ausstellungen realisiert werden, muss ein gewisses Maß an Autorität an das Projektteam abgegeben werden. Das folgende Kapitel *Advocacy for the Subject Matter* findet besonders bei Kuratoren Anklang, da diese für die inhaltliche Gestaltung verantwortlich zeichnen. Den Zuschauer immer im Blick, gilt es auch hier, ein ausgewogenes Verhältnis zwischen notwendigen Informationen und Wünschen des Publikums mitzudenken. Die Kuratorinnen Jessica Neuwirth und Rachel McGarry bereichern diesen Abschnitt mit praxisnahen Positionen. *Advocacy for the Visitors* beantwortet die Frage, wie Ausstellungsideen visuell umgesetzt werden können. Ob Vermittler, Ausstellungsgestalter oder Gutachter – in ihrer Verantwortung liegt es, die Inhalte für den Besucher verständlich zu machen und sie mit einem eindeutigen Narrativ durch die Ausstellung zu führen. Ansprechende graphische

Elemente in der Ausstellung dienen ebenfalls der transparenten Publikumsleitung. Der Abschnitt *Advocacy for Design* hält den Hauptteil der Publikation bereit: Die Beiträge fokussieren auf zahlreiche Themen, die für die Ausstellungsgestaltung relevant sind und die Erfahrung des Publikums stark beeinflussen. Mithilfe von Multimedia, Graphikdesign, Lichtgestaltung und immersiven Ausstellungsenvironments können den Besuchern die Inhalte eindrücklich vermittelt werden. Auch Themen wie Nachhaltigkeit und Zugänglichkeit von Ausstellungen werden behandelt, werden jedoch eher in Exkursen behandelt, wodurch nicht weiter in die Tiefe gegangen wird. ‚Advocacy for Project and Team' behandelt Aufgabenbereiche des klassischen Projektmanagements: Team- und Projektleitung sowie Zeitmanagement und Budgetplanung.

Der letzte Themenblock *Methods and Techniques* offeriert dem Projektteam schließlich noch Anregungen, um seine Arbeitsprozesse zu optimieren und aufzufrischen. Auch der Ablauf des Gesamtprojekts wird im neunten Kapitel *Processes and Phases* behandelt. Die Autorinnen unterstreichen hier abschließend, dass Dokumentation und Evaluation der Ausstellung essentielle Komponenten eines gelingenden Projektes darstellen. Die Erfahrungen fließen wiederum in das nächste Ausstellungsprojekt ein.

Creating Exhibitions zeichnet sich durch das Praxiswissen der Autorinnen aus und fasst getestete Strategien des Ausstellungmachens sehr gut zusammen. Das Buch ist durchweg sehr verständlich formuliert, klar strukturiert und empfiehlt sich daher insbesondere als Referenzstudie für Studierende. Die vorgestellten Methoden der Projektgestaltung und -strukturierung lassen sich dabei auch in anderen kulturellen Bereichen anwenden, weshalb sich das Handbuch auch als einführendes Grundlagenbuch für angehende Kulturmanager eignet. Durch die transparente Formulierung des Anspruches als anwendungsbezogener Leitfaden schafft es der Band, die Erwartungen des Lesers zu leiten und zu erfüllen. Statt theoretischem Neuland wird ein systematischer Überblick über kollaborative Methoden der Ausstellungsplanung geboten. Wer dabei auf Hinweise zur inhaltlichen Konzeption von Ausstellungen hofft, wird eher nicht fündig.

Der Leser spürt die Begeisterung der Autorinnen für ihre Arbeit. Die Formulierungen wirken einladend und die Vielzahl an Abbildungen, Grafiken und Praxisbeispielen machen die Thematik dem in der Ausstellungsplanung unerfahrenen Rezipienten zugänglich. Leider erschwert diese reiche visuelle und typografische Umsetzung zuweilen den Lesefluss und lenkt von den Inhalten ab. Insgesamt handelt es sich um eine

ansprechende und anregende Quelle für innovative Zugänge zur Ausstellungsplanung.

Franziska Brüggmann

Markus METZ/Georg SEESSLEN: Geld frisst Kunst. Kunst
frisst Geld. Ein Pamphlet. Mit einer Bilderspur von
Ute Richter. Berlin (Suhrkamp) 2014, 496 Seiten.

Unbehagen wird formuliert, Unbehagen am Kunstwerk im Zeitalter
des totalen Kapitalismus, wie es schon im ersten Kapitel heißt, exemplifiziert am Kunstmarktboom, in dem sich Kunst und Geld wie „ma-
gische Spiegel" (S. 47) zueinander verhalten und der Kapitalist sich im
Kunstwerk die „Transzendenz seiner Gesellschaft" aneignet (S. 27). Es
ist dieser Diskurswechsel von der Gesellschaft zum Markt, auf den die
Verfasser mit ihrem Pamphlet reagieren und damit ein Feld zu vermes-
sen suchen, in dem sich neoliberale Ökonomie, postdemokratische Politik und Kunst neu formieren und der Kunstmarkt nur mehr zu einem
Teil einer „Alternativwirtschaft unter Reichen" degeneriert (S. 84). Es
geht um die Definitionsmacht des Geldes, welches die Kunst längst ko-
lonialisiert hat. Es geht um die Ökonomisierung der Kunst, die jeglichen
utopischen Gehalt längst entsorgt hat, so wie im Kultursponsoring – das
nicht gesellschaftlich, sondern zielgruppenspezifisch orientiert sei, das
lediglich der Nachrichtenproduktion diene, das die Kunst aus dem Feld
des Allgemeinen herausführe, das strategisch und nicht inhaltlich orientiert sei (S. 124-127). Um alles andere als eben um Kunst und deren
Förderung geht es.

Natürlich hält ein Pamphlet ungeachtet vieler steiler Thesen und
grandioser Einsichten nicht dem wissenschaftlichen Blick stand. Der
Behauptung, dass der „postdemokratische Staat" das Objekt seiner Fürsorge, die Kultur, so unter Spardruck setze, dass diese entweder zerstört
werde oder „zur leichten Beute der verbündeten Konzerne" (S. 127),
wird man in Deutschland angesichts von jährlich über 8,5 Mrd. € für
die Kultur durch die öffentliche Hand (bei knapp 500 Mio. € durch
Sponsoring), Spenden und Stiftungen etc. noch nicht eingerechnet, nur
schwerlich zustimmen können, zumal gerade der Kulturbetrieb von einer ungebremsten Wachstumslogik geprägt zu sein scheint – auch ein
Ausdruck der Ökonomisierung – und die Rufe nach immer mehr öffent-
lichem Geld offenbar nicht mit einem Mehr an Kultur korrelieren. Und

die Stadt Potsdam werden die Verfasser ja wohl nicht ernsthaft – ungeachtet durchaus berechtigter Kritik am Einfluss der „ökonomischen und medialen Oligarchie" (S. 329) – als ein Beispiel für eine seriöse kommunale Kulturpolitik heranziehen wollen; so wie auch die Kritik am Louvre, der sich einer Grenzziehung zwischen bildungsbeflissenen und bildungsfernen Schichten schuldig mache, in dem Moment zur reinen Polemik verkommt, in dem es letzteren – meist strafunmündigen Kindern – ja gerade nicht um die Werke im Louvre, sondern um die vor dem Eingang in Massen sich stauenden Touristen und deren monetäre und sonstige Habseligkeiten geht (S. 302)! Ebenso erschließt sich nicht die Logik der Behauptung, wer ein Konzert der Berliner Philharmoniker besuche, gebe „zugleich ein Bekenntnis zum Marken-Zeichen der Deutschen Bank" ab (S. 125). Derartige Argumente, man ist unweigerlich an Horkheimers und Adornos Kritik der Kulturindustrie erinnert, erklären weniger die Gefahren solcher Kooperationen von Kultur und Wirtschaft (die es sehr wohl gibt), sondern streben wohl eher eine fundamentale Trennung von Ökonomie und Kultur an, deren Interdependenzen gleichwohl kein Ergebnis zeitgenössischer Kunstmarktentwicklung sind. Und ob man alle Entwicklungen auf dem Kunstmarkt nur dem Kapitalismus zuordnen darf, sei ebenfalls dahingestellt. Dass ein „geradezu grotesker Überschuss an Künstlern" (S. 268) erzeugt wird, ist sicher richtig, aber ist dafür der Staat (soll dieser Akademieplätze abbauen, gar Akademien schließen?) oder der Kapitalismus verantwortlich zu machen, oder nicht doch der Einzelne, der damit von seiner Verantwortung freigesprochen würde? Man könnte höchstens falsche Anreize der Politik kritisieren, die bekanntlich so weit geht, ein bedingungsloses Grundeinkommen für Kreative zu fordern (offen bleibt leider, wer dann die nicht-kreative Arbeit macht).

Lässt man allerdings die mitunter schlichten Analogien beiseite, so hat man es ungeachtet des klassenkämpferischen Impetus tatsächlich, und hier ist man wieder bei dem eingangs konstatierten Unbehagen, mit einer tiefgreifenden Deformation zu tun, in der sich Kunst in Lebensstil und Inszenierung auflöst, in der das Kunstwerk nur noch als Zeichen der Markenpolitik seine Legitimation erhält (S. 186):

> Die Kunst dient dem Kapital auf drei Arten: im Schulden/Profitzyklus (und bei der Umverteilung von oben nach unten), in den urbanistischen Raubzügen der Immobilienwirtschaft und schließlich als Reservoir und Motor der Ressource Kreativität. (S. 235)

Quantifizierung dient eben als Voraussetzung einer Ökonomisierung, es entsteht eine privilegierte Kunstbetriebsmaschine, die strukturell jede

Art von Opposition und Avantgarde verhindert. Es ist somit konsequent, dass sich Metz und Seeßlen mit Fehlentwicklungen des Kunstmarktes, mit *kapitalen Kunstfehlern* befassen (S. 266), dem Kunstmarkt, der frei nach Marx „nur durch die Enteignung, Ausbeutung und Entfremdung der Künstlerinnen und Künstler" funktioniere (S. 267). Kunst wird tatsächlich zum distinktionsversprechenden Schmiermittel, erzeugt zugleich eine geschmeidige Verbindung von Politik und Ökonomie. Hierzu gehört die Überbewertung einzelner Werke oder Künstlerkreise, die aber eben immer mit der Unterbewertung anderer einhergeht, was prekäre Verhältnisse bei vielen produziert:

> Der Eintritt des Kunstwerks ins Zeitalter seiner fundamentalen Ökonomisierung […] betrifft alle Bereiche der Kunstproduktion, -vermittlung und -erwerbung. Wirtschaft, Staat und die Institutionen selbst teilen sich die Schuld an diesem Prozess, mehr noch aber die an dessen Verschleierung. (S. 384)

Im Ergebnis lässt sich so ein dreigeteilter Kunstmarkt erkennen: einer für die ökonomische Elite, einer für den öffentlichen Sektor der Museen bzw. einer ‚Kunst für alle', und ein dritter des Underground und der Dissidenz (S. 367). Und hier kommt nun die Utopie ins Spiel. Antizipiert wird die Perspektive eines fundamentalen Paradigmenwechsels, der aber eben weiter zu fassen ist:

> Wenn wir uns darüber einig sind, dass sich das bürgerliche Zeitalter seinem Ende zuneigt, müssen wir auch bei der Kunst von einem Diskurswechsel ausgehen, der dem vom Mittelalter zur Neuzeit ebenbürtig ist. (S. 359)

Die Verfasser schließen mit einer Auflistung subversiv-anarchistischer Auswege („Occupy Art!") und einem „Manifest zur Rettung der Kunst" (S. 471) in Form von 42 Thesen, die zweifellos einer Diskussion würdig sind:

> Die Gleichzeitigkeit von ökonomischer Aufwertung und diskursiver Abwertung nebst der daraus entstandenen Entfremdung nicht nur innerhalb der Kunst, sondern auch zwischen Kunst und Gesellschaft hat ein Diskurs-Loch erzeugt, das wir nicht länger hinnehmen können. Deshalb gilt es nicht nur, die Kunst aus der ökonomischen Umklammerung zu befreien, sondern auch, ihr die von Praxis, Betrieb und Medien geraubte Würde zurückzugeben. Es ist notwendig, das Geld aus der Kunst zu nehmen, um die Bedeutung wieder herzustellen. (S. 474)

Und das wäre ja allemal einen Versuch wert!

Steffen Höhne

Angela DIMITRAKAKI/Kirsten LLOYD (Hgg.): ECONOMY.
Art Production and the Subject in the 21st Century.
Liverpool (Liverpool University Press) 2015,
226 Seiten.

Wie hat die Kunst auf die Konsolidierung des globalen Kapitalismus nach der politischen Zäsur der Jahre 1989 / 1990 reagiert? Was kann sie zum Verständnis dieser Entwicklungen beitragen und wie kann sie dabei gleichzeitig ihre Autonomie behaupten? Diesen Fragestellungen widmet sich der vorliegende Band aus der Reihe *Value : Art : Politics*. Die Herausgeberinnen, beide an der Universität von Edinburgh lehrend, führen damit ihre Beschäftigung mit Themenkomplexen fort, die sie bereits im Rahmen der Ausstellung *ECONOMY* in der *Stills Gallery, Centre for Photography* in Edinburgh und dem *Centre for Contemporary Arts* in Glasgow im Jahr 2013 behandelt hatten.

In dem Band versammelt sind Perspektiven so unterschiedlicher Disziplinen wie der Kunstgeschichte, der kritischen Theorie und der politischen Ökonomie. Gegliedert sind die insgesamt elf Beiträge dabei entlang zweier thematischer Cluster. Im Mittelpunkt des ersten Teils steht die zunehmende Auseinandersetzung der zeitgenössischen Kunst mit den Bedingungen von Produktion – und zwar sowohl der Kunst selbst, als auch der anderer Waren, Dienstleistungen und Gedanken am Beginn des 21. Jahrhunderts. Genau in dieser Neuorientierung sehen die beiden Herausgeberinnen auch einen der entscheidenden Beweggründe, eine sogenannte zweite Phase der zeitgenössischen Kunst zu proklamieren. Hatten sich die Künstler in der ersten Phase der zeitgenössischen Kunst noch vor allem mit dem Bereich der Konsumption auseinandergesetzt (wie etwa in der Pop-Art), steht seit etwa 25 Jahren die andere Seite dieser ökonomischen Medaille verstärkt im Fokus: die Produktion. Nicht zuletzt mit diesem Perspektivenwechsel verbindet sich auch der Austritt aus dem philosophischen Regime der Postmoderne, den die beiden Herausgeberinnen durchaus begrüßen.

Die Thematisierung dieser Umwälzungen auf dem Feld der Kunst ist dabei allerdings nicht der eigentliche Schwerpunkt dieses Bandes. Vielmehr wird diese Tendenz immer wieder mit jenen Entwicklungen gespiegelt, die sich im globalen ökonomischen System in den letzten 25 Jahren ereignet haben. Die Herausgeberinnen sehen ihren Band daher auch in der geistigen Tradition von Kuratoren wie etwa Boris Groys, welcher seine Programmatik spätestens seit der *Documenta 11* im Jahr 2002 explizit auf eine dezidierte Anatomie des Einflusses des globalen

Kapitalismus stützte. Diesen Ansatz weiter verfolgend, trägt insbesondere das erste Kapitel jener Entwicklung Rechnung, dass die Wirtschaft nicht mehr bloß die Wirtschaft zu sein scheint. Vielmehr, so macht eine Vielzahl der Beiträge klar, haben ökonomische Paradigmen ihre eigenen Grenzen überwunden, um nun das gesamte Leben zu durchdringen. Diese Ausgangsthese in Verbindung mit ihren – seit Michel Foucault oft unter dem Begriff der „Biopolitik" diskutierten – Konsequenzen werden nun in vielfältiger Weise auf ihre Bedeutung für das Kunstfeld hin überprüft. Allen Beiträgen gemein ist dabei die Überzeugung, dass es als Folge dieser gesamtgesellschaftlichen Entwicklung weitestgehend obsolet ist, die Welt der Kunst als eigenständige Sphäre des ‚l'art pour l'art' abseits der Gesellschaft zu behaupten. Vielmehr, so zeigt etwa der Beitrag von Andrea Phillips, unterliegt die Kunst, auch entgegen anderslautenden Behauptungen von Akteuren aus der Kunstwelt selbst, denselben Machtstrukturen, denen im Kapitalismus letztlich alle Formen von Eigentum unterworfen sind. Verwiesen sei in diesem Kontext auf den Beitrag von John Roberts, welcher betont, dass künstlerische Autonomie in Zeiten immaterieller Arbeit neu gewonnen werden muss. Er sieht Kunst als Form freier Arbeit jedoch immer noch als eine für die Gesellschaft entscheidende kritische Ressource.

Der zweite Teil zum Thema *Subjekt* ist dagegen mit der Aufgabe befasst, die Bedeutung dieses Epochenwandels für das Individuum zu ergründen. Und zwar sowohl für das künstlerisch schaffende als auch für jedes andere; wobei sich Angela Dimitrakaki und Kirsten Lloyd hier vor allem für die Perspektive solcher Subjekte interessieren, welche sich durch die Machtstrukturen des globalen Kapitalismus an die Ränder der Gesellschaft gedrängt sehen.

Zentraler theoretischer Fixpunkt dieses zweiten Teils ist die These, dass auch die Produktion von Subjektivität letztlich der mentalen Konstitution des Kapitalismus unterworfen ist. In diesem Teil des Buches sind dabei nicht alle Beiträge explizit auf die Frage nach der Rolle künstlerischen Schaffens hin orientiert. So beschäftigt sich etwa der Beitrag von Vassilis Tsianos und Dimitris Papadopoulos damit, wie kapitalistische Sozialstrukturen auch über die konkreten Handels- und Arbeitsverhältnisse hinaus in den Menschen selbst weiter reproduziert werden und zwar in der Form eines Embodied Capitalism. Mit dieser weitläufigeren theoretischen Rahmung wird klar, dass es den beiden Herausgeberinnen ernst ist, wenn sie ihre Absicht erklären, der Kunst ihre Rolle als von der Lebenswelt geschiedene Sphäre der ästhetischen Kontemplation endgültig abzusprechen. Dadurch gewinnt das künstlerische Subjekt allerdings das Potenzial – so wird es etwa in dem Beitrag des Künstlers und Autors Gregory Sholette deutlich –, gesellschaftliche Prozesse nicht mehr bloß anzuzeigen, sondern sie selbst fortzuentwickeln oder sie gar aktiv zu initiieren.

Beinahe programmatisch haben die beiden Herausgeberinnen schließlich eine Quasi-Utopie ans Ende ihres Buches gestellt. So beschäftigt sich der Text von Massimo de Angelis mit der Möglichkeit der Reorganisation von gesellschaftlichen Austauschprozessen im Rahmen sogenannter Commons, also von Gemeinschaften, die sich nicht auf Basis des symbolisch generalisierten Kommunikationsmediums Kapital, sondern qua Vertrauen stabilisieren. Der Text darf dabei, wenn nicht sogar als konkreter Ausweg aus der kapitalistischen Allmacht, so doch in jedem Fall zumindest als Zeichen dafür gesehen werden, dass sich die Suche nach Alternativen weiterhin lohnt.

Letztgenannter Rückgriff auf eine nicht postmodern oder gar postpostmodern, sondern eher vormodern klingende Lösung einer konkreten sozialen Problematik macht auch einige der Hauptschwächen des Bandes deutlich: Zum einen wirken einige der hochkomplexen sozialwissenschaftlichen Analysen zum Teil stark vereinseitigend. Zum anderen, und das wiegt im Hinblick auf die Zielsetzung der Herausgeberinnen vielleicht sogar schwerer, erscheinen die Texte mehr durch ihre ideologische Verbundenheit zusammen gehalten zu werden, als durch ihre jeweiligen Fragestellungen – zu weit sind einige der Texte in dem Band doch von Fragen der Kunstproduktion entfernt. Dies macht vor allem den im engeren Sinne kunstinteressierten Lesern, welche nach einer treffenden Zusammenfassung der jüngsten Entwicklungen in ihrem Feld Ausschau halten, die Suche etwas beschwerlich. Wo die Verzahnung von Argumenten zu ökonomischen Entwicklungen mit denjenigen zur Kunstproduktion jedoch konsequent durchgehalten wird, wie etwa in den eigenen Beiträgen der Herausgeberinnen, ist der vorliegende Versuch einer breiten theoretischen Kontextualisierung der Kunst unserer Zeit sehr gewinnbringend.

Alexander Wilhelmi

Chantal MOUFFE: Agonistik. Die Welt politisch
denken, Frankfurt (Suhrkamp) 2012, 214 Seiten.

Mit dem Terminus Postdemokratie wurde vom britischen Politikwissenschaftler Colin Crouch (*Postdemokratie*. Frankfurt/M.: Suhrkamp 2008) ein zeitdiagnostischer Schlüsselbegriff eingeführt, der die gegenwärtige Melange aus allgemeiner Politikverdrossenheit, dem Bedeutungsverlust von Institutionen und einer alles durchdringenden Ökonomisierung umschreibt. Wenngleich umstritten ist, ob Crouchs Diagnose zutrifft, fordern solche Begriffe doch dazu heraus, den Blick auf die gegenwärtige Politik zu schärfen. So ist heute mehr denn je fraglich, was der Terminus Politik eigentlich besagt.

Die belgische Politikwissenschaftlerin und Professorin für politische Theorie an der Londoner University of Westminster, Chantal Mouffe, beleuchtet in ihrem 214 Seiten umfassenden Buch in sechs Kapiteln und einem ergänzenden, von Elke Wagner geführten Interview genau dieses Thema. Sie knüpft an die aktuellen Debatten zum Politikverständnis und zum Status der repräsentativen Demokratie an. Diese Debatten wurden – wie die Autorin zeigt – nicht zuletzt auch durch die jüngeren Protestbewegungen befeuert, weil sich diese selbst oft in Opposition zur repräsentativen Demokratie verstehen. Doch stimmt Mouffe ganz und gar nicht in deren pessimistischen Abgesang auf die Politik ein. Auch teilt sie den „Exodus-Ansatz" (S. 152) von Occupy und vergleichbaren Protestbewegungen keineswegs. Vielmehr ringt Mouffe um ein neues, radikal pluralistisches Politikverständnis einer parlamentarischen Demokratie, das sie mit dem von ihr vorgeschlagenen Begriff der Agonistik beschreibt. Von diesem leitet Mouffe auch Überlegungen für Europa ab. Denn mit allem Nachdruck möchte sie Europa wieder als visionäre politische Idee verstanden wissen – gerade als Gegengewicht zu dem in ihren Augen neoliberalen US-amerikanischen Modell.

Was nun aber für Kulturschaffende an Mouffes Buch besonders interessant scheint, ist die Tatsache, dass sie in ihrem Konzept der agonistischen Politik der Kunst eine besondere Rolle beimisst und dieser ein ganzes Kapitel widmet.

Doch zunächst erörtert sie ihren Begriff agonistischer Politik. Beschrieben wird dieses Konzept als ein Politikverständnis, das auf Widerspruch basiert. Politik richtet sich für Mouffe nicht auf einen rationalen Konsens aus; der Konsens scheint sogar gefährlich, insofern als er stets ein Wir unterstellt, das womöglich nicht existiert. Und jede Konstruktion eines Wir setzt unweigerlich ein Ihr voraus und fußt damit stets auch auf Exklusion. Politik im agonistischen Sinne bedeutet deshalb für Mouffe etwas anderes. Sie basiert – und dies arbeitet sie im ersten Kapitel des Buchs heraus – auf einer „Auseinandersetzung zwischen Kontrahenten" (S. 28). Konflikte sind dabei kein zu vermeidendes Übel, sondern gelten als unbedingte Triebfedern der Politik. Mouffe schreibt:

> Meinungsverschiedenheiten über die Interpretation der gemeinsamen ethisch-politischen Prinzipien sind nicht nur legitim, sondern notwendig. Sie eröffnen den Bürgern unterschiedliche Identifikationsmöglichkeiten und sind der Stoff, aus dem demokratische Politik gemacht ist. (S. 30)

Politik lebt mithin vom Widerstreit. Entscheidend bei diesem politischen Widerstreit ist für Mouffe, dass sich die Parteien dabei als Kontrahenten begegnen und nicht als Feinde.

> Kontrahenten bekämpfen einander, weil sie wollen, dass ihre Interpretation dieser Prinzipien hegemonial wird, stellen aber das legitime Recht ihrer Kontrahenten, für ihre Position zu streiten, nicht infrage. Dieser Widerstreit zwischen Kontrahenten stellt die ‚agonistische Auseinandersetzung' dar, die Grundbedingung einer lebendigen Demokratie ist. (S. 29)

Die Gegensätze in der Politik sind daher unauslöschlich. „Erst wenn man die Unauslöschlichkeit von Gegensätzen und Antagonismus zur Kenntnis nimmt, kann man wahrhaft politisch denken" (S. 39), resümiert sie. Der Konsens kann daher nicht das Ziel der Politik sein.

Zu Mouffes Konzept agonistischer Politik gehört deshalb ein weiterer entscheidender Aspekt, in dem sie sich auch ganz explizit von Habermas abgrenzt; gemeint ist ihre Überzeugung, dass der politische Diskurs keine ausschließlich rationale Angelegenheit ist. Weder die Durchsetzung von Interessen (das aggregative Modell von Demokratie) noch die Vernunft oder moralische Überlegungen (das deliberative Modell) können demokratische Politik in ihren Augen hinreichend erklären, denn diese würden beide „die zentrale Bedeutung kollektiver Identitäten sowie die zentrale Rolle, die Affekte bei deren Konstitution spielen" ausblenden. (S. 27) Mouffe ist folglich überzeugt, „dass man demokratische Politik unmöglich verstehen kann, ohne ‚Leidenschaften' als treibende Kraft auf dem Feld der Politik zur Kenntnis zu nehmen." (S. 27) Dem deliberativen und dem aggregativen Modell attestiert sie dagegen eine rationalistische bzw. eine individualistische Ausrichtung. Für Mouffe spielen jedoch kollektive Identitäten eine viel entscheidendere Rolle, denn ihr Verständnis von Politik stellt die Konstitution kollektiver Identität in den Vordergrund und nicht das einzelne vernunftbegabte Individuum.

Kollektive Identität denkt Mouffe dabei immer im Plural. Weder Identität noch Kultur basieren in ihren Augen auf einer vorgegebenen Essenz, sondern auf Unterschieden und Divergenzen zu anderen Kulturen und anderen Identitäten.

Entsprechend tritt Mouffe im zweiten Kapitel des Buchs für eine „multipolare Weltordnung" ein und plädiert dafür, sich von einer politischen Einigung der Welt zu verabschieden (S. 49). Demokratie könnte in ihren Augen ganz unterschiedliche Formen annehmen und sollte eine Vielzahl regionaler Pole anerkennen, statt sich auf eine zentrale Autorität und ein einheitliches wirtschaftliches und politisches Modell zu stützen (S. 49f.). „Die Kompatibilität von Scharia und Demokratie", so argumentiert sie im Anschluss an Noah Feldmann, sei mittlerweile im islamischen Mainstream angekommen (S. 67). Demokratisierung setze daher keine Verwestlichung voraus (S. 71).

Im dritten Kapitel entfaltet die Politikwissenschaftlerin dann ihre Überlegungen zu einem agonistischen Europa. Dabei macht sie sich stark für eine „europäische Alternative zum Neoliberalismus". Deregulierung und Privatisierung hätten unbestreitbar eine aktuelle Krise verursacht. Diese Krise als Krise des europäischen Projekts zu betrachten, hält sie aber gleichwohl für einen Fehler (S. 98). Denn aus „der Erkenntnis, dass die mangelnde Begeisterung für die EU auf die neoliberale Wende zurückgeht, ergibt sich die Hoffnung, dass die Formulierung einer Alternative durchaus dazu beitragen kann, die Legitimität des europäischen Projekts wiederherzustellen." (S. 98) Dabei gilt es vor allem die Gleichsetzung von Freihandel und Demokratie zu überdenken (S. 100).

Im vierten Kapitel stellt Mouffe dann eine diskursanalytische Betrachtung des Begriffs „radikale Politik" an und kritisiert dabei Hardt/ Negris Begriffe Herrschaftslosigkeit, General Intellect und Multitude. Dies vor allem deshalb – das wird auch nochmals im Schlusskapitel deutlich –, weil sie deren Idee des Rückzugs aus den bestehenden Institutionen bzw. deren Exodus-Strategien wenig abgewinnen kann. Ebenso ist sie überzeugt, dass es gilt, sich vom „Mythos des Kommunismus als transparenter versöhnter Gesellschaft" zu verabschieden (S. 131). Mouffe sieht vielmehr die entscheidende Lösung in einer neuen Zusammenarbeit zwischen dem Staat mit seinen repräsentativen Institutionen und „einer Vielzahl sozialer Bewegungen" (S. 120). Zu dieser Überzeugung gelangt sie vor allem durch die Betrachtung der modellhaften Entwicklungen in Argentinien.

Das fünfte Kapitel schließlich ist für den Kulturbetrieb das vielleicht interessanteste, weil sich Mouffe hier mit der Rolle der künstlerischen

Praktiken im Rahmen agonistischer Politik auseinandersetzt. Ihre Aus-
gangsfrage ist dabei, ob die Kunst, der in ihren Augen in unseren Gesellschaften eine immer zentralere Position zukommt, noch eine kritische Funktion wahrnehmen kann (S. 133). Nach einem Parforceritt
durch die Debatten zum Spannungsfeld von Kunst, Arbeit und Politik
von Adorno/Horkheimer über Virno, Habermas und Boltanski/Chia-
pello zeigt sie schließlich vor allem am Beispiel der Künstlers Alfredo
Jaar und der Künstlergruppe *Yes Man* auf, wie Kunst es vermag, jene
alternativen „Identitäten zu konstruieren" (S. 144), die zum Aufbau von
Gegenhegemonien unerlässlich sind. Jaars Projekte etwa beschreibt sie
als „gegenhegemoniale Interventionen", die nicht nur zu einer „„Des-
artikulation' des vorherrschenden ,Common Sense'" (S. 145) führen,
sondern es vermögen, durch imaginative Setzungen einen kollektiven
Willen zur Erneuerung zu erzeugen, ohne diesen irgendjemandem zu
oktroyieren. Dabei betont Mouffe, dass einen solchen Impuls nicht allein
aktivistische Ansätze bewirken können; im Gegenteil: Auch den klassischen Institutionen kommt in Mouffes Augen eine entscheidende Rolle
zu. Gerade Museen würden einen privilegierten Kontext bieten, der eine
Unterscheidung erzeugt zu „kommerziellen Produkten". Auch seien Museen Orte für das ästhetische Urteilen, für das es so kennzeichnend sei,
dass es eben gerade nicht auf Übereinkunft ziele (S. 158). Deshalb ist
für Mouffe klar, dass künstlerischer Aktivismus oder eine Versammlung
der Empörten allein nicht „das Ende der neoliberalen Hegemonie her-
beiführen" kann. „Eine pluralistische demokratische Gesellschaft kann
ohne Repräsentation nicht existieren" (S. 185), lautet ihr Resümee.

Für all diejenigen, die sich mit der politischen Dimension des Kulturbetriebs auseinandersetzen, stellt Mouffes Band aktuelle und kluge theoretische Überlegungen bereit. Besonders einleuchtend ist dabei, dass
sie eine kritische interventionistische Kunstpraxis nicht in Opposition
zu einer autonomen Sphäre denkt, welche durch staatliche Institutionen
gesichert wird, sondern beide Modelle als sich gegenseitig ergänzende
vorstellt. Die in dem Band zusammengestellten Textbeiträge sind für all
diejenigen, die Mouffes ältere, gemeinsam mit Ernesto Laclau verfasste
Schriften kennen, nicht unbedingt neu. Sie sind in dem vergleichsweise schmalen Band aber ungemein flüssig und eingängig formuliert und
stärker auf den Kultursektor bezogen. Ihre optimistischen Bemerkun-
gen zur Demokratisierungsbewegung im arabischen Frühling sind durch
die aktuellen politischen Entwicklungen eingeholt worden. Das mag
man jedoch eher mit Blick auf die politische Wirklichkeit bedauern, als
dass man es der Autorin vorhalten möchte. Die impulsgebende Kraft, die

sie künstlerischen Projekten im Rahmen eines politischen Umbaus der Gesellschaft zutraut, ist nicht nur ermutigend, sondern vor allem auch überzeugend.

Karen van den Berg

Abstracts

LUTZ FELBICK

Das ‚hohe Kulturgut deutscher Musik'
und das ‚Entartete' / ‚hohe Kulturgut
deutscher Musik' and the ‚Entartete'
Über die Problematik des Kulturorchester-Begriffs /
On the problem of the ‚Kulturorchester'

Orchester – Musik – Kulturpolitik – Kulturfinanzierung – Kulturgeschichte
orchestras – music – cultural policy – financing – cultural history

Für die Sicherstellung einer nachhaltigen Musikpflege werden in Deutschland Mittel durch die öffentlichen Haushalte bereitgestellt. Zur Stabilität des Musiklebens tragen weiterhin tarifliche Absicherungen für die Mitglieder von Sinfonieorchestern bei. In größeren Städten werden die kommunalen Mittel für Musikförderung vor allem für diese Klangkörper eingesetzt, die schwerpunktmäßig die großen Orchesterwerke des 19. Jahrhunderts aufführen. Die existenzielle Absicherung von anderen Kulturschaffenden, die sich z. B. der großen Bandbreite früherer Musikepochen oder der musikalischen Vielfalt des 20./21. Jahrhunderts inklusive des Jazz widmen, spielt in der Kulturpolitik eine untergeordnete Rolle. Ein wichtiger historischer Meilenstein für die Entwicklung dieses kulturpolitischen Profils ist in der Etablierung des deutschen ‚Kulturorchestersystems' zu suchen, welches seit 1938 kontinuierlich ausgebaut wurde.

In diesem Beitrag wird die Begriffsgeschichte des ‚Kulturorchesters' skizziert. Dieser Abgrenzungsbegriff wurde während der Amtszeit des Präsidenten der Reichsmusikkammer, Peter Raabe, zum rechtlichen Terminus erhoben. Der Ausdruck impliziert den damaligen Kulturbegriff, insbesondere die musikideologischen Anschauungen Raabes.

Angesichts dieses historischen Befundes kommt die Studie zu dem Ergebnis, der Begriff des ‚Kulturorchesters' sei nicht mehr tragbar. Die Analyse führt zwangsläufig auch zu der Fragestellung, warum nach 1945 eine grundsätzliche Kurskorrektur in der Verteilung öffentlicher Mittel zugunsten der Förderung von musikalischer Vielfalt ausblieb.

In Germany there is a long tradition of public funding of musical culture. Further support is given by collective agreements for the members of symphony orchestras. In larger cities, municipal funds for music promotion are mainly used for those orchestras who emphasize the performance of major orchestral works of the 19th century. The existential security of other artists plays a minor role in the concept of cultural policy, for example,,musicians who specialize in a wide range of earlier musical eras or are focused on the musical diversity of the 20th/21st century, including jazz. An important historical milestone for the development of the German cultural profile was the establishment of the 'Kulturorchestersystem', which has been continually expanded since 1938.

In this paper the history of the expression 'Kulturorchester' is outlined. The term implies the former concept of culture, especially the ideological beliefs of Peter Raabe, who was President of the Nazi institution 'Reichsmusikkammer'. In Raabe's tenure this term was raised to a legal concept.

Given these historical findings, the study concludes that the use of the legal Nazi term 'Kulturorchester' is no longer acceptable. The analysis leads inevitably to the question of why after 1945 the policy has failed to enforce a fundamental course correction in the distribution of public funds for the development of musical diversity.

THOMAS HESKIA
Money Talks
Über die Nichtneutralität von Geld in der Kulturfinanzierung /
On the non-neutrality of money in funding the arts

Theorieentwicklung – Kulturfinanzierung – Kulturökonomie – Kultursoziologie – Staat
Theory development – cultural finance – cultural economics – sociology of culture, state

Von der Kulturfinanzierung wird oft gefordert, dass sie sich nicht auf die künstlerischen Inhalte niederschlagen darf. Nur so könne die Freiheit der Kunst gewahrt bleiben. Tatsächlich wird von Förderern, Sponsoren und Mäzenen in der Regel behauptet, dass sie objektiv agierten und keinesfalls Einfluss auf künstlerische Inhalte ausübten. Eine solche Verleugnung greift jedoch zu kurz: Finanzierung ist multidirektionale Kommunikation und Geld selbst ein semantisches System. Es transportiert Bedeutung und beeinflusst dadurch stets das Ergebnis kultureller und künstlerischer Produktion. Im Rahmen eines gesellschaftlichen Dreisektorenmodells untersucht der vorliegende Artikel den über das Interaktionsmedium Geld vermittelten Transport von Bedeutungen aus Markt, Staat und Zivilgesellschaft in das gesellschaftliche Teilsystem Kunst.

As freedom of art should not be questioned, cultural financing is required to not interfere with artistic content. Thus, public funders, sponsors and donors claim objectivity, denying any influence. Unconsciously this is never the case: financing is multidirectional communication. Being its medium, money functions as a semantic system transporting meaning. Therefore, it always interacts with cultural and artistic production. Using a 3-sector model of society, this article investigates the transfer of meaning from the spheres of market, state and civil society into art, mediated through money.

TOBIAS J. KNOBLICH
**Die Thüringer Kommunen und die Bürde der Kultur /
The Thuringian municipalities and their problems
in the cultural sector**

Kulturpolitik – Kulturverwaltung – Kulturgeschichte – Kulturfinanzierung
cultural policy – arts administration – cultural history – financing

Der Kulturbereich ist ein sehr frei gestaltbares und für die Identität der Kommunen wichtiges Feld. Dennoch scheinen die Spielräume eng, regiert ein starker Haushaltsdruck. Der Beitrag zeigt die Ursachen dessen, diskutiert Reformstaus und Handlungsoptionen, die auch die Rolle der Länder und speziell die Thüringer Situation beleuchten. Er plädiert für ein System, bei dem alle Ebenen von Kulturpolitik besser ineinandergreifen, und setzt sich für konzeptbasiertes Arbeiten ein. Schließlich bietet er einige Thesen zum neuen Landeskulturkonzept Thüringens an.

The cultural sector is a field offering a high degree of individual conception and is thus crucial to a municipality's identity. Its scope, nonetheless, appears increasingly narrowed by budgetary strains. This article identifies causes of this situation, debates reform logjams and presents courses of action that also illuminate the role of the 'Länder' (federal states) and especially the situation in Thuringia. It argues for a system to better interlock all levels of cultural policy, and advocates a more concept-based work approach. Ultimately, it offers some theses on the new Thuringian Cultural Concept.

MONIKA MOKRE
Kulturpolitik in der Demokratie /
Cultural Politics in Democracy

Kulturpolitik – Recht – Staat – Zivilgesellschaft – Kulturfinanzierung
cultural politics – law – state – civil society – cultural financing

Der Beitrag fragt, wie sich staatliche Kulturpolitik aus demokratiepolitischer Sicht legitimieren lässt. Diese Frage wird grundsätzlich anhand der bekannten Lincoln-Formel „Regierung des Volkes, für das Volk und durch das Volk" bearbeitet. Demokratische Gleichfreiheit ist nur auf der Grundlage von Solidarität der Bürger/-innen untereinander und mit dem Staat umsetzbar; Kunst und Kultur können zur Schaffung einer solchen Solidarität beitragen, etwa durch die Konstruktion einer nationalen Kultur. In zeitgenössischen Migrationsgesellschaften ist diese spezifische Leistung von Kunst und Kultur allerdings kritisch zu hinterfragen und neu zu definieren. Auch wird Kunst und Kultur eine Bildungsfunktion zugeschrieben, die auch im politischen Bereich wirksam werden kann und damit „Regierung durch das Volk" ermöglicht. Schließlich schaffen Kunst und Kultur Räume, in denen unterschiedliche Konzipierungen des Gemeinwohls aufeinandertreffen können, also Vorstellungen dessen, was „Regierung für das Volk" bedeutet.

Der zweite Teil des Artikels analysiert unterschiedliche Formen der Finanzierung von Kunst und Kultur aus demokratiepolitischer Sicht – Finanzierung durch die öffentliche Hand, Mäzenatentum und Sponsoring, Crowdfunding, Kultur- und Kreativwirtschaft – und konfrontiert auf diese Weise die demokratietheoretischen Überlegungen des ersten Teils mit kulturpolitischer Praxis.

The present article investigates the legitimacy of cultural politics from the perspective of democracy politics. This question is dealt with on the basis of the Lincoln formula, "government of the people, for the people, and by the people." Democratic equal liberty can only be implemented on the basis of solidarity among citizens and of the citizens towards the state; culture and the arts can contribute to these forms of solidarity, e.g. by constructing national cultures. In contemporary migration societies, this specific achievement of culture and the arts has, however, become doubtful, and has to be re-defined. Furthermore, culture and the arts are said to contribute to civic education, thereby enabling "government by the people". Finally, culture and the arts create spaces in which conceptions of the public good can be confronted with each other, i.e. different meanings of "government for the people".

The second part of the article analyses different forms of financing culture and the arts out of the perspective of democracy politics – public financing, philanthropy, sponsoring, crowdfunding, and cultural and creative industries. In this way, the theoretical considerations of the first part are confronted with practices of cultural politics.

Verzeichnis der Adressen / adress directory

Ulrike Adam	Leuphana Universität Lüneburg Scharnhorststraße 1 D-21335 Lüneburg adam-ulrike@uni.leuphana.de
Vera Allmanritter	info@allmanritter.de
Prof. Dr. Sigrid Bekmeier-Feuerhahn	Leuphana Universität Lüneburg Scharnhorststraße 1 D-21335 Lüneburg bekmeier-feuerhahn@uni-leuphana.de
Prof. Dr. Karen van den Berg	Im Fallenbrunnen 3 D-88045 Friedrichshafen karen.vandenberg@zu.de
Franziska Brüggmann	f.brueggmann@zeppelin-university.net
Dr. Lutz Felbick	lutz@felbick.de
Dr. Thomas Heskia	thomas.heskia@kunsthochschule-mainz.de
Prof. Dr. Steffen Höhne	Hochschule für Musik FRANZ LISZT Weimar Friedrich-Schiller-Universität Jena Institut für Musikwissenschaft Weimar-Jena Kulturmanagement Platz der Demokratie 2 D-99423 Weimar steffen.hoehne@hfm-weimar.de
Tobias J. Knoblich	Stadtverwaltung Erfurt Kulturdirektion Benediktsplatz 1 D-99084 Erfurt tobiasjknoblich@web.de
Dr. Annette Löseke	annette.loeseke@nyu.edu

Prof. Dr.
Birgit Mandel

Institut für Kulturpolitik
Universität Hildesheim
Marienburger Platz 22
D-31141 Hildesheim
mandel@uni-hildesheim.de

Dr. Monika Mokre

Institut für Kulturwissenschaften und Theater-
geschichte
Österreichische Akademie der Wissenschaften
Postgasse 7/4/3
A-1010 Wien
Monika.mokre@oeaw.ac.at

Dr.
Nadine Ober-Heilig

Leuphana Universität Lüneburg
Scharnhorststr. 1
D-21335 Lüneburg
ober-heilig@leuphana.de

Thomas Renz

Universität Hildesheim
Institut für Kulturpolitik
Universitätsplatz 1
D-31141 Hildesheim
renz@uni-hildesheim.de

Brigitte Schaffner-
Senn

SKM – Studienzentrum Kulturmanagement
der Universität Basel
Steinengraben 22
CH-4051 Basel
brigitte.schaffner@unibas.ch

Prof. Dr.
Martin Tröndle

Zeppelin Universität
WÜRTH Chair of Cultural Production
Am Seemoser Horn 20
D-88045 Friedrichshafen
martin.troendle@zu.de

Alexander Wilhelmi

Zeppelin Universität
Am Seemoser Horn 20
D-88045 Friedrichshafen
alexander.wilhelmi@zu.de

Prof. Dr.
Tasos Zembylas

Institut für Musiksoziologie
Universität für Musik und darstellende Kunst
Anton von Webern-Platz 1
A-1030 Wien
zembylas@mdw.ac.at